Die Kultur der französischen Küche

Für meine Frau Jeanette und meine Tochter Babette

Die Kultur der französischen Küche

Ein Begleiter durch 14 kulinarische Provinzen

Fotos von Robert Freson

Texte von Adrian Bailey · Arabella Boxer
Caroline Conran · Alan Davidson · Nathalie Hambro
Douglas Johnson · Jill Norman · Richard Olney
Anne Willan

Zusammenstellung der Rezepte von
Jacqueline Saulnier

DuMont Buchverlag Köln

Die Texte dieses Buches über die französischen Provinzen erschienen zuerst als Artikelserie in »The London Sunday Times Magazine«, die von Jacqueline Saulnier zusammengestellten Rezepte in der französischen Zeitschrift »Marie Claire«.

Frontispiz: Château de Nobles bei Brancion in Burgund

Rechts: Zutaten für Brouillade aux champignons (S. 210)

Karte: David Lindroth

Design: James Wageman

Aus dem Englischen von Sascha Mantscheff
Titel der Originalausgabe: The Tast of France
Druck und Buchbinderische Verarbeitung: Amilcare Pizzi, Mailand
Satz: Rasch, Bramsche

Printed in Italy   ISBN 3-7701-1576-7

Inhalt

ENGLAND
Ärmelkanal
BELGIEN
LUXEMBURG
DEUTSCHLAND
SCHWEIZ
ITALIEN
ATLANTIK
Golf von Biskaya
SPANIEN
MITTELMEER
Dunkerque
Calais
Boulogne
Lille
Valenciennes
Cambrai
Baie de la Seine
Fécamp
Dieppe
Amiens
Cherbourg
Le Havre
Yvetot
Rouen
Beauvais
Laon
Deauville
Honfleur
Trouville
Bayeux
Caen
Pont-l'Evêque
Vimoutiers
ILE DE FRANCE
Chantilly
Reims
Marne
Meuse
Verdun
Metz
Golf de St-Malo
NORMANDIE
CALVADOS
Paris
Meaux
Epernay
Châlons-sur-Marne
CHAMPAGNE
Brest
BRETAGNE
Saint-Malo
Mont-Saint-Michel
Camembert
Versailles
Rungis
Nancy
Strasbourg
ELSASS
Rhein
Seine
Chartres
Troyes
Pointe du Raz
Quimper
Pont-Aven
Rennes
Le Mans
Sens
Vittel
Riquewihr
Ammerschwihr
Colmar
Vannes
Orléans
CHABLIS
Auxerre
Mulhouse
Saône
Chambord
Chaumont-sur-Tharonne
Angers
Chenonceaux
Blois
La Motte-Beuvron
Loire
ANJOU
TOURAINE
Cour-Cheverny
Avallon
Nantes
Saumur
Chinon
Romorantin
SOLOGNE
BURGUND
Dijon
Besançon
Bourges
POUILLY
Beaune
JURA
MUSCADET
Chalon-sur-Saône
Poitiers
Vienne
Moulins
Charolles
BURGUND
La Rochelle
Mâcon
Saint-Christophe-en-Brionnais
Genf
Vichy
Bourg-en-Bresse
Roanne
LE LYONNAIS
BEAUJOLAIS
Annecy
Cognac
Limoges
Gironde
Angoulême
Clermont-Ferrand
Lyon
PERIGORD
Vienne
Chambéry
Pauillac
Périgueux
Saint-Etienne
BORDELAIS
Les Eyzies
Collonges-la-Rouge
Grenoble
Margaux
Bordeaux
Saint-Emilion
Sarlat
Aurillac
Le Puy
Dordogne
Bergerac
Souillac
Arcachon
Rhône
LE BORDELAIS
LANGUEDOC
Durance
Cahors
ARMAGNAC
Agen
Châteauneuf-du-Pape
Digne
GAILLAC
Avignon
PROVENCE
Garonne
Albi
Roquefort
Cavaillon
Nice
Bayonne
BASKENLAND
Nîmes
Saint-Jean-de-Luz
Biarritz
Toulouse
Montpellier
Aigues-Mortes
Arles
Monaco
Pau
MUSCAT
Aix-en-Provence
Cannes
JURANÇON
Castelnaudary
Béziers
Sète
Cassis
CAMARGUE
Marseille
Toulon
Carcassonne
Bandol
ROUSSILLION
Perpignan
Weinanbaugebiete

Einleitung

Die gastronomischenKostbarkeiten Frankreichs erkundete ich zum ersten Mal, als ich den Auftrag bekam, die reizvollen französischen Provinzen und ihre kulinarischen Spezialitäten zu fotografieren. Bei dieser mehrjährigen Arbeit bemühte ich mich um ansprechende und sinnliche Fotos, die den Menschen und ihrer erlesenen Küche gerecht werden sollten. Da einige unserer schönsten Reiseerinnerungen mit dem Essen zusammenhängen, wollte ich mit meinen Bildern diese Eindrücke lebendig werden lassen.

In Frankreich zählt das Essen zu den größten Freuden des Lebens, und jeder, der einige Zeit dort verbracht hat, ist beeindruckt von der Sorgfalt und Aufmerksamkeit, die man aufgrund einer langen Tradition der Zucht und dem Anbau, dem Verkauf und der Zubereitung von Nahrungsmitteln widmet.

Der besondere Reiz der französischen Kochkunst liegt zum Teil in ihrer enormen Vielfalt. Der spezielle Charakter jeder regionalen Küche wird durch das Klima, den Boden, ausländische Einflüsse und die typischen Erzeugnisse der jeweiligen Provinz bestimmt. So kann man zum Beispiel an der Felsenküste der Bretagne ein herzhaftes *Gigot à la bretonne* oder deftige Buchweizen-*Galettes* probieren. Ein raffiniertes Entrecôte, *Cèpes à la bordelaise* und erlesene Weine sind die Produkte des reichen Bodens des Bordelais. In der Normandie werden *Sole à la normande* und *Tarte aux pommes* mit Zutaten der Gegend bereitet und mit Cidre serviert. In Burgund, wo die ausgezeichnete und mehr als üppige *Cuisine bourgeoise* regiert, ist häufig Wein Bestandteil solch wohlbekannter Gerichte wie *Bœuf à la bourguignonne* und *Coq au vin*. Ob *Cuisine paysanne, bourgeoise* oder *haute*, der Reichtum der landwirtschaftlichen Erzeugnisse ist die Grundlage der französischen Küche.

Dieses Buch war eine beglückende Gemeinschaftsarbeit. Ich hatte den Vorzug, mit einer äußerst geduldigen und tatkräftigen Entdeckerin der kulinarischen Landschaft Frankreichs, Jacqueline Saulnier, zusammenzuarbeiten. Mme Saulnier überredete Bäuerinnen und Wirte kleiner Dorfherbergen und Café-Restaurants, ihre Rezepte preiszugeben, von denen einige noch nie aufgeschrieben worden waren. Sie hat eine umfassende Sammlung authentischer Rezepte für die meisten charakteristischen Gerichte der regionalen französischen Küche angelegt.

Die Textbeiträge über die französischen Provinzen stammen von einigen der bekanntesten europäischen Food-Journalisten: Adrian Bailey, Arabella Boxer, Caroline Conran, Alan Davidson, Nathalie Hambro, Douglas Johnson, Jill Norman, Richard Olney und Anne Willan.

Weil mir das Reisen in Frankreich und das Fotografieren der kulinarischen Köstlichkeiten viel Freude gemacht und mich Neues gelehrt hat, widme ich dieses Buch all den namenlosen französischen Bauern, Gärtnern und Fischern wie auch den Müttern der Töchter und Söhne, welche die großen Küchenchefs Frankreichs wurden. R. F.

NORMANDIE & BRETAGNE

Normandie

Die Normandie ist eine der großen gastronomischen Regionen Frankreichs und eine der fruchtbarsten. Sie ist nicht nur ein Land, wo Milch und Honig fließen, auch Sahne, Eier, Butter, Käse und Cidre bilden die Grundlagen der normannischen Kochkunst. Man findet sie auf jedem kleinen Bauernhof mit seinen Apfelbäumen und der Kelter, seinen weißbraunen Kühen und seinem Gemüse. Und ein Gericht *à la normande* kann eine oder mehrere der typischen Zutaten der regionalen Landwirtschaft enthalten – nicht zuletzt den als *Calvados* bekannten starken Apfelbranntwein.

In der Ferme de la Grande Cour, einem schlichten Restaurant bei Honfleur, kann man zwischen gackernden Hühnern unter den Apfelbäumen im Garten sitzen und *Tripes à la mode* und Hühnchen in Sahne genießen. Überall in der Normandie und auch in der Bretagne wird dem Gast Apfelkuchen angeboten. Im Hotel Domaine de Villequier an der Seine flambiert man die *Tarte aux pommes* mit Calvados; mit tanzenden blauen Flammen geschmückt, wird sie mit der leicht säuerlichen, elfenbeinfarbenen Sahne der Normandie serviert. Der Appetit der Normannen ist legendär, und es freut die Franzosen festzustellen, daß sich *normande* fast auf *gourmande* reimt.

Der Frankreich-Reisende zieht also seinen Reiseführer zu Rate, in dem er einige ausgewählte Restaurants angestrichen hat, und nähert sich erwartungsvoll dem Land von Sahne und Butter. Ist die Normandie nicht das Land, wo Männer zwischen zehn und elf Uhr morgens dampfende Schüsseln von Kutteln nach Caener Art verschlingen, als wären sie eine Vorspeise? Und gibt es zum Mittagessen nicht höchstwahrscheinlich *Sole à la normande* oder ein *Canard à la rouennaise* und von üppigen Sahne-Saucen bedeckte, mit Calvados flambierte und mit Cidre-Äpfel abgeschmeckte Gerichte?

Im Hotel de la Poste in Domfront, einer kleinen Stadt im Herzen der Bocage-Region, einer Gegend heckengesäumter Wiesen, Weiden und Wälder, werden Sie feststellen, daß die Männer tatsächlich zwischen Frühstück und Mittagessen noch Platz

---

Die Gezeiteninsel Mont-Saint-Michel (vorherige Doppelseite), gekrönt von einer gotischen Benediktinerabtei, liegt auf der Grenze von Normandie und Bretagne. Im Norden und Osten erstrecken sich die fetten Weiden der Normandie; im Süden und Westen ragt die Halbinsel der Bretagne in den Atlantik. Beim normannischen Dorf Tancarville melkt ein Bauer seine Guernsey-Kühe (oben).

Aus der rahmigen Milch der Normandie macht man einige der hervorragendsten Käse Frankreichs, unter ihnen Camembert, Pont-l'Evêque *und (ausgepackt, rechts unten) den quadratischen* Neufchâtel *und den runden* Livarot. *Fette Bauernbutter und Sahne sind für die klassischen Gerichte der Normandie unerläßlich.*

LA FERME D'ANTIGNAC
CAMEMBERT NORMAND
PONT-L'EVEQUE FABRIQUÉ EN NORMANDIE
Le Bon Normand
PONT-L'EVEQUE FABRIQUÉ EN NORMANDIE
LE BON NORMAND
AFFINÉ
R. DINKLA A PONT-AUDEMER
Beurre Fermier Malaxé
Marcel SWERTVAEGER
LA NOÉ-POULAIN (Eure)
par LIEUREY

PONT-L'ÉVÊQUE
FERMIER
EXTRA 50% M.G.
Robert FÉREY
Coudray-Rabut par
PONT-L'ÉVÊQUE
(CALVADOS)
4F00

CAMEMBERT
FABRIQUÉ EN

SPÉCIALITÉ AU CALVADOS
Véritable Petit Péché Normand
Spécialité Normande
GARANTI 100% DÉLICIEUX ET NATUREL

Die Besitzer der Ferme du Lieu Marot, *Auberge, Bauernhof und Obstgarten zugleich, sind M. und Mme Coisels (rechts). Sie teilen sich das Kochen, er füllt den Cidre ab, und sie bereitet das Gebäck zu (sie präsentiert eine ihrer Erdbeertorten). Ihre* Cuisine du pays *wird mit eigenen Milchprodukten, frischem Gemüse, Obst – insbesondere Äpfeln – und Fisch der Region zubereitet.*

Auf der linken Seite einige Szenen und Eßwaren der Normandie (reihenweise von links nach rechts): Apfelblüten; eine flambierte Crêpe Benedictine; *Käse vom Bauernhof auf dem Markt von Pont-l'Évêque; ein Camembert im Bestzustand; ein Trio von Mädchen vor der ersten Kommunion, die nach der Messe à la* normande *feiern werden: mit einem Familienfestmahl; eine Platte mit typisch normannischen Süßigkeiten einschließlich Marzipanäpfeln und mit Calvados gefüllter Schokolade; ein Haus, zur Hälfte aus Fachwerk; Radieschen und Butter; ein Korb von M. Coisels herbem Cidre.*

für *Tripes à la mode* finden. Dieser Imbiß wird sehr ernst genommen; er ist zu jeder Tageszeit erhältlich und mehr oder minder beliebt. Das Hotel ist auf traditionelle normannische Küche spezialisiert, und die Rezepte lernte die Herrin des Hauses, Madame Le Prisé, von ihrer Mutter, die sie wahrscheinlich wiederum von *ihrer* Mutter übernahm. Daher findet man auf der Speisekarte neben solchen Spezialitäten wie *Andouille*-Wurst und *Poulet vallée d'Auge* einen Apfel- und Birnen-Kuchen, der *La portugaise de Grand-mère* heißt; das Wort *Grand-mère* auf einer Speisekarte bedeutet im allgemeinen das Althergebrachte und meint ›hausgemacht‹.

Es wird jedoch immer schwieriger, den authentischen Charakter der regionalen Spezialitäten zu wahren, insbesondere wenn sie Sahne und Butter erfordern; Milchprodukte sind zu sehr Massenware geworden. Madame Le Prisé zum Beispiel muß 50 Kilometer weit fahren, um beim Bauern Sahne zu kaufen, die weder zu dünn noch zu sauer ist und sich in der Sauce behaupten kann. Marktstände mit Sahne und Butter vom Bauern sieht man in der Normandie nicht mehr, da die Bauern ihre Erzeugnisse heute direkt an Molkereien und Großhändler schicken.

Traditionelle Gerichte werden heutzutage von den Restaurants bewahrt, sagt die Wirtin des Hotel de la Poste, da die berufstätige französische Hausfrau keine Zeit mehr hat, um zum Beispiel regelmäßig einen Vorrat von *Graisse normande* zuzubereiten – ausgelassenem Rinder- und Schweinefett, das mit Kräutern und Gemüse gesotten wird. Das abgeschöpfte Fett braucht man, um Kartoffeln zu braten, Omelettes zu backen und der normannischen Küche ihr unverwechselbares Aroma zugeben.

Für Popularität und Pflege der traditionellen regionalen Kochkunst leistete der »Guide Michelin«, der fast von seiner ersten Ausgabe im Jahre 1900 an lokale Spezialitäten aufführte, Pionierarbeit. Der Normandie-Führer von 1913 empfiehlt Autofahrern, wegen des *Canard à la rouennaise* und den *Pieds de mouton farcis* nach Rouen zu fahren. In der Bretagne sollte man wegen *Alose à l'oseille* Nantes und um der *Sardines*, des *Thon* und der *Petits pois* willen Concarneau besuchen. Die Sterne, die seit den 20er Jahren vergeben werden, führten zu einem

CALVADOS
Calvados

lebhaftem Wettbewerb unter den Restaurants und ermutigten die Küchenchefs, ihr Können eher mit ›haute cuisine‹ als mit Hausmannskost zu demonstrieren. Trotzdem wurden viele einheimische Rezepte vor dem Vergessen bewahrt, wenn auch einige von ihnen durch anspruchsvolle Saucen zur ›haute cuisine‹ verwandelt wurden.

Eine Untersuchung über die französischen Eßgewohnheiten enthüllte vor kurzem, daß die Beliebtheit von Saucen nachläßt, insbesondere junge Leute bevorzugen einfache Gerichte mit Obst und Gemüse, für diese Entwicklung ist die ›nouvelle cuisine‹ in nicht unerheblichem Maße verantwortlich. Während der Ferienzeit, wenn das Interesse der Touristen an ›plats régionaux‹ wiedererwacht, werden diese Trends teilweise außer Kraft gesetzt, und es stellt sich heraus, daß die Favoriten solche lang kochenden Eintöpfe und Schmorgerichte wie *Bœuf bourguignon*, *Tripes* und *Civet de lapin* oder *Lapin à la havraise* sind, Gerichte, die im modernen französischen Haushalt nur selten auf den Tisch kommen. In den meisten Restaurants bietet die Speisekarte mindestens *ein* Gericht der Region an, insbesondere entlang der touristischen Routen, wo man solch klassische Beispiele wie *Sole à la normande* findet, eines der berühmtesten, vielleicht *das* berühmteste Rezept im französischen kulinarischen Repertoire. Nach Audots »La Cuisinière de la Campagne« (1818) erhielt das Gericht seinen Namen »wegen der Vorzüglichkeit der normannischen Seezungen«, und nicht, weil es in der Normandie entstanden sei. Einige behaupten, der große Koch Carême habe es erfunden, der ein altes normannisches Rezept adaptierte, ein *Matelote* – ein in Cidre und Sahne gekochter Seezungeneintopf. Später übernahm Langlais (der für Alexandre Dumas kochte), der Chef des berühmten Pariser Restaurants ROCHER DE CANCALE, sein Rezept und ergänzte es mit Austern, Miesmuscheln, Trüffeln und gebratenem Stint. Ein englischer Gourmet der viktorianischen Ära, der sich ›Fin Bec‹ nannte, hatte eine abweichende Theorie. Weder Câreme noch Langlais seien es gewesen, sondern der Koch eines kleinen Restaurants, mit Namen PHILLIPE gegenüber dem ROCHER DE CANCALE, der die *Sole à la normande* wirklich perfektionierte. Doch wer auch immer das Gericht erfunden hat: von seinen bescheidenen Ursprüngen ist es heute weit entfernt.

Theoretisch können Sie die ganze Küste entlang reisen, um die ortsüblichen Rezepte für Seezunge zu probieren: Sie beginnen in Dieppe, wo Sie *Sole à la dieppoise* finden: Seezunge in Weißwein-Sahne-Sauce, garniert mit Miesmuscheln (für die Dieppe berühmt ist), Pilzen und Krebsen. Die Muscheln kommen aus dem Meer, die Krebse aus den Flüssen des Umlandes – oder in Dosen aus Paris. Die Küstenstraße führt Sie 80 Kilometer weiter südlich nach Fécamp, wo Maupassant geboren wurde, wo man Benedictine-Likör macht und wo Ihre Reise mit einer *Sole à la fécampoise* belohnt wird, die der Diepper Spielart ähnelt, deren Sauce aber mit Krabbenbutter angemacht wird. In Le Havre wird die *Sole à la Havraise* mit Krabben statt mit Krebsen garniert (da es hier keine nennenswerten Flüsse gibt), und manchmal verzichtet man auf die Muscheln. In Trouville läßt man Pilze und Muscheln weg, behält die Krabbenbutter bei und serviert eine Krabbensauce, in Port-en-Bassin gibt man noch Kammuscheln hinzu.

Die Fischmärkte von Trouville und Honfleur bauen täglich ein unendlich vielfältiges Angebot an Meeresfrüchten auf, die vor Frische glänzen. Die Fische werden in den kleinen, mit grauem Schiefer

Poulet vallée d'Auge – *nach dem Tal des kleinen Flusses Auge benannt, wo es erfunden wurde – ist ein Gericht, das Calvados und Sahne erfordert, der Inbegriff normannischer Zutaten (linke Seite). Das Hühnchen wird zerlegt und in Butter geschmort, mit frischem Estragon, Salz und Pfeffer gewürzt und mit einer reichlichen Portion Pilze fertiggegart (rechts).*

gedeckten und verkleideten Restaurants und Cafés, die sich um den Hafen drängen, tischfertig zubereitet. Hier können Sie *Plats de fruits de mer* frisch aus der See essen – Krabben, Austern, Miesmuscheln, Schnecken, Herzmuscheln, Garnelen, Krabben und Langusten; und wenn Sie ein *Plat impérial* bestellen, ist auch Hummer dabei.

Dieser mondäne Abschnitt der normannischen Küste von Honfleur über Deauville bis Houlgate grenzt an das Pays d'Auge, vielleicht die reichste Gegend der Normandie, eine Landschaft der fetten Hühner, des Käses – des Camembert von Pont-l'Evêque und Livarot – und des besten Calvados und Cidre. Wer würde bezweifeln, daß der Camembert das berühmteste Erzeugnis der Normandie ist? In

Die Einkaufskörbe des Küchenchefs vom Restaurant Au Bon Accueil *in Yport (rechts) enthalten frische* Tourteaux *(Krebse),* Bouquets *(Garnelen) und* Homards *(Hummer).*

Die Crevettes au cidre, *die man in der* Ferme du Lieu Marot *serviert (unten), werden in Cidre und Wasser mit Kräutern gekocht; man ißt sie mit Roggenbrot und Butter, dazu trinkt man ein Glas des gleichen Cidres.*

Vimoutiers beim Dorf Camembert steht ein Denkmal für Marie Harel, die ›Erfinderin‹ jenes Käses. Marie Harel hat den Camembert nicht wirklich erfunden – seit den Zeiten William des Eroberers war er in der Gegend bekannt –, aber sie war die erste, die ein genaues Rezept entwickelte und die Herstellung standardisierte. Als 1890 Monsieur Ridel, ein Käsemacher aus Vimoutiers, die Spanschachtel für den Versand des Käses entwarf und patentieren ließ, wurde der Camenbert von einem einheimischen Erzeugnis zu einer internationalen Delikatesse.

Die Städte Rouen und Caen wetteifern um den Titel der gastronomischen Hauptstadt der Normandie, aber ihrer Ehre wird Genüge getan, wenn man Rouen als Hauptstadt der nördlichen und Caen als die der südlichen Normandie bezeichnet. Beide standen für ein Gericht Pate, das in ganz Frankreich häufig gekocht wird: Caen gab den *Tripes à la mode de Caen* ihren Namen, die von einem Koch des 14. Jahrhunderts namens Benoit, einem Bürger der Stadt, vervollkommnet, wenn nicht gar erfunden wurden. Die Kutteln werden mit Rinderfett und Ochsenfüßen gekocht, dazu kommen Wurzelgemüse, Knoblauch,

Kräuter, Nelken, Cidre und Calvados in eine spezielle *Tripière*, die zwölf Stunden lang zum Köcheln im Ofen gelassen wird. Kutteln waren ursprünglich ein ›Fertiggericht‹, das Erzeugnis einer für ihre *Charcuterie* bereits berühmten Stadt, das in Garküchen und Bäckereien in großen Mengen zubereitet wurde.

Rouens Spezialität heißt *Canard à la rouennaise* – die Enten werden im etwa 50 Kilometer entfernten Yvetot gezüchtet. Um das Blut zu bewahren, das unerläßlicher Bestandteil der Sauce ist, werden den Enten die Hälse umgedreht. Das Gericht wurde als *Canard au sang* ins Repertoire der ›haute cuisine‹ aufgenommen, als gegen Ende des 19. Jahrhunderts Frédéric, der Küchenchef des hochgepriesenen Restaurants TOUR D'ARGENT in Paris, das Rezept übernahm.

Eine regionale Spezialität von Cherbourg, Avranches und Mont-Saint-Michel sind die *Moutons* oder *Agneaux pré-salé* – Hammel- und Lammfleisch, das von Schafen stammt, die auf den vom Salzwasser überspülten Weiden an der Küste der Cotentin-Halbinsel grasen. Man findet das Fleisch in Menüs wie *Gigot de grèves du Mont-Saint-Michel*, es hat einen delikaten, leicht salzigen Geschmack.

Am Fuß der engen, mittelalterlichen, holprigen Straße, die steil zum Kirchturm des Klosters von Mont-Saint-Michel hinaufführt, liegt das Restaurant von Mère Poulard, die seit mehr als einem Jahrhundert den Reisenden Omelettes serviert. Auf Wunsch der Gäste druckt und verteilt sie das Rezept in mehreren Sprachen, obwohl die einzige Besonderheit am *Omelette de la Mère Poulard* das Eichenholzfeuer ist, über dem es nach alter Art zubereitet wird. Hier das Rezept: Man nehme pro Person zwei Eier (sie sollten Zimmertemperatur haben) und schlage sie gründlich, dann zerlasse man reichlich gesalzene Butter in einer beschichteten Kupferpfanne. Man backe das Omelett auf sehr kleiner Flamme und löse es ab und zu mit einer Gabel vom Rand; es ist hin und wieder vom Feuer zu nehmen, damit es wie ein Soufflé aufgeht. Man hebe es aus der Pfanne, klappe es zusammen und serviere es sofort. Eine *Omelette*

Barbue à l'oseille *(Glattbutt) kommt, wie ihn der Koch des* PETIT COQ AUX CHAMPS *in Pont-Audemer zubereitet, von Sauerampfercreme bedeckt auf den Tisch (links). Die Zutaten (unten) sind einfach: der auf Eis frischgehaltene Butt, die gewaschenen Sauerampferblätter, Salz und Pfeffer. Weißwein dazu ist fast unerläßlich.*

normande genannte Abwandlung benutzt Sahne und sieht vor, daß man das Eiweiß vom Eigelb trennt, das Weiß schlägt und den Eischnee vor dem Backen unter das Eigelb hebt.

Vire in der Bocage-Region ist für seine schwarzhäutigen, prähistorisch aussehenden Würste aus Innereien bekannt, die man *Andouilles* nennt. Auf einem steilen Hügel erbaut, erfreut sich das Städtchen eines regen Fleischwaren-Handels – in den Schaufenstern hängen in gefälliger Anordnung Würste und Schinken. *Andouilles* und die kleineren Kuttel-Würstchen, die *Andouillettes*, werden in den Restaurants der Stadt serviert; *Andouilles* mit Sauerampferpüree, *Andouillettes* mit Kartoffelpüree. In Scheiben geschnitten sieht die graue *Andouille de Vire* wie Marmor aus; ihr Geschmack ist fade und nicht weiter bemerkenswert. Warum sie zum Luxusartikel wurde, bleibt ein Geheimnis.

Ungefähr die Hälfte der Kuchen, die Mme Coisels von der Ferme du Lieu Marot *herstellt, werden mit Äpfeln vom eigenen Bauernhof gebacken. Sowohl ihre* Tarte aux pommes *wie ihre* Tarte aux fraises *(rechts) serviert sie gewöhnlich mit dem Cidre ihres Mannes. Ein* Carré feuilleté aux pommes, *verschiedene kleine Apfeltörtchen, Marzipanäpfel und andere Köstlichkeiten stammen alle aus ihrer Küche. Ihr unverzierter Schokoladenkuchen (links) kommt frisch aus dem Ofen.*

Bretagne

Die Bretagne und die Normandie hängen zwar geographisch zusammen, sind aber in Bräuchen, Temperament und Religion äußerst gegensätzlich: die Geschichte der Bretagne reicht zurück bis in die Epoche der Megalithkultur, deren steinerne Zeugen – Menhire und Dolmen – besonders in Carnac den Reisenden stark beeindrucken. Beide Regionen sind einander zwar in den Erzeugnissen und der Kochkunst in gewissem Grade ähnlich, aber trotz der gegenteiligen Behauptungen des »Larousse Gastronomique« besitzt die Bretagne keine bedeutenden kulinarischen Traditionen, obwohl die Nahrungsmittel von ausgezeichneter Qualität sind. Der Cidre-Apfel ist ein so wichtiges Gewächs, daß man bis vor kurzem von Pont-Audemer bis Brest keinen einzigen Dessertapfel finden konnte. Die Landstraßen sind von knorrigen Apfelbäumen gesäumt, deren Zweige im Spätsommer kleine, goldene, süßsaure Früchte tragen, aus denen man später Cidre und noch später in der Bretagne *Lambig (eau-de-vie)* und in der Normandie *Calvados* herstellt.

Calvados aus der Region Pays d'Auge kann sich zu einem vorzüglichen, hellen und starken Apfelbranntwein entwickeln – wenn man ihm Zeit läßt. In der Normandie und auf der ganzen Armorica-Halbinsel (Armorica: keltischer Name der Bretagne) kann man *Eau-de-vie de Cidre* kaufen, der von Bauersfrauen in klapprigen Destillierapparaten gebraut wird. Es geht das Gerücht, daß die normannischen Bauern unter dem Bett kleine Fäßchen lagern, um sich beim Aufstehen aufzumuntern.

Wenn die Normannen sich nicht für hundertprozentige Franzosen halten – sie stammen ursprünglich von den Wikingern ab –, so könnten nach diesem Maßstab die Bretonen ebensogut auf einer Insel mitten im Atlantik leben. Die bretonische Sprache, die Verwandtschaften mit dem Walisischen und Kornischen aufweist, wird in einigen Teilen der Bretagne noch gesprochen. Bretonische Erzeugnisse wie Gemüse und Hummer werden nach Frankreich und in andere ›fremde‹ Länder ›exportiert‹, während französische Käse und Weine ›importiert‹ werden.

Anders als ihre normannischen Nachbarn messen die Bretonen der schönen Kunst des Kochens keine grundlegende Bedeutung bei. Noch zu Beginn dieses Jahrhunderts kam – bis auf gepökeltes Schweine-

Mit ihrem westlichsten Punkt, dem Cap Finistère, ragt die zerklüftete Küste der Bretagne mit Hunderten zackiger Felsspalten, Buchten und steinigen Landzungen am weitesten in den Atlantik vor. Die Fische und Schalentiere, die die Bretonen aus dem Meer holen, sind die Hauptzutaten einiger ihrer besten Gerichte.

Die geputzte Makrele (rechts) wird in Öl mit Zwiebeln, Möhren, Zitrone, Lorbeer, Thymian und Fenchel mariniert. Eine stark gewürzte Weinsauce wird dazugegeben, dann wird das Gericht weitere zwei Tage mariniert und kalt gegessen.

fleisch und nach Fisch schmeckende Gans – kaum Fleisch auf den Tisch, jedoch gab es stets viel Butter: »Jeder Bretone glaubt«, schrieb Edward Harrison Barker, der in den 90er Jahren des vergangenen Jahrhunderts die Bretagne bereiste, »daß das Menschenleben keinen einzigen Tag weiterbestehen könnte, wenn es nicht reichlich mit Butter geschmiert wird«.

Dieses Zitat erinnert daran, daß die Kochkunst das Ergebnis traditioneller Zubereitungsmethoden, des Geschmacks und der wirtschaftlichen Verhältnisse ist. Als Barker die Bretagne bereiste, gehörten zu den

Pot-au-feu de homard Breton *(links) vereinigt vier Arten von Schalentieren – Garnelen, Kammuscheln, Austern und Miesmuscheln – mit dem Hummer in einem Sud. Die Schalentiere werden in Calvados und Weißwein mit Porree und Schalotten leicht gekocht (rechts), und im letzten Moment gibt man* Crème fraîche *dazu. Koch ist M. Corre vom* Restaurant a la Pointe de Saint-Mathieu *im gleichnamigen Städtchen. Die Hauptzutaten des* Cotriade *genannten bretonischen Fischeintopfs (unten): ein reichhaltiges Sortiment von Fischen und Schalentieren, möglichst auch Aal. Sie werden mit Knoblauch, Zwiebeln und Kartoffeln in einem Fisch-Gemüse-Sud mit Calvados und Weißwein gekocht. Im* Relais la Coquille *im Hafen von Concarneau wird die* Cotriade *noch traditionell serviert: mit einer Tasse der eigenen Brühe, geröstetem Brot, geriebenem Käse und einer scharfen* Sauce rouille.

Hauptnahrungsmitteln Roggenbrot, Buchweizen-Pfannkuchen und Blutwurst. Es gab Kutteln, gekochten Schinken, Sardinen und Kaffee. Heute ist das bretonische Essen kräftig, nahrhaft und einfach und basiert auf solchen Gerichten wie *Pré-salé*-Hammel mit grünen Bohnen, dem berühmten *Gigot aux haricots à la bretonne*. Der Buchweizen blieb Grundnahrungsmittel. In einem Baumwollsäckchen gekochter, *Kik a'farz* genannter Buchweizenpudding, wird mit dem Familien-*pot-au-feu* gekocht, in Scheiben geschnitten und zum Fleisch serviert. Überall in den Städten und Dörfern der Bretagne backen *Crêpe*-Verkäufer ihre hauchdünnen *Crêpes* auf runden Eisenplatten, indem sie den dünnflüssigen Teig geschickt mit einem hölzernen *Rabot* verteilen. Die *Crêpes* werden aus Vollweizenmehl, Eiern, Milch und Wasser, Zucker und Vanille gemacht und mit Marmelade, Schokolade, Apfelmus, Kastanienpüree oder Obst phantasievoll gefüllt.

Es ist bemerkenswert, wie in diesem Teil Frankreichs Sitten und Temperament die Landschaft widerspiegeln. Die Normandie mit ihrer Landwirtschaft, ihren Fachwerkhäusern und bewaldeten, sanft geschwungenen Hügeln zeigt sich zahm und lieblich, die Bretagne hingegen wild und ungezähmt. Aber die neuen, ausgezeichneten Autobahnen an der Küste beweisen, daß die Bretonen sich der Bedeutung des Tourismus und der fortschrittlichen industriellen Entwicklung bewußt sind. Einige Charakteristika werden sich vielleicht niemals wandeln – das überall zu findende Schwein ist immer noch die ›Hauptstütze‹ der Durchschnittsfamilie, beziehungsweise das beliebteste Fleisch in der bretonischen Ernährung. Angesichts des Überangebots an guten Fischrezepten und -restaurants sind die Bretonen dem ›Fleisch für Fastenzeit und Freitag‹ gegenüber überraschend gleichgültig: Fisch ist etwas für Touristen.

Die Bretagne besteht zu fast gleichen Teilen aus bäuerlichen und Küstengemeinden. Die Bauern beginnen den Tag sehr früh mit Kaffee. Nachdem sie die Tiere versorgt haben, kehren die Männer gegen acht Uhr zum Frühstück zurück und nehmen eine Mahlzeit aus Buchweizengrütze, Schweine-Pâté und

Diese drei Gâteaux Bretons *(unten) sind typische einfache schmucklose Süßigkeiten der Region: die gezuckerte* Gwen amman *(oder* Kouing*) links;* le Far *in der Mitte, mit reichlich Eiern, schmeckt etwa wie ein Fladen und die* Galette bretonne *mit gemusterter Kruste. Auf der rechten Seite Eindrücke von den Märkten und Städten der Bretagne (reihenweise von links nach rechts): Ein Gemüsestand in Quimper; Muscheln auf dem Fischmarkt von Saint-Malo; zwei Frauen aus Combrit in traditioneller Tracht, deren Herkunftsort anhand der Spitzenmuster ihrer gestärkten* Bigoudène-*Hüte bestimmt werden kann; Garnelen in Quimper; im Hafen von Le Conquet werden zwei Hummer aus einem Frischhaltebecken genommen; Krebse in Saint-Malo; Pâtisserie-Zeichen in Quimper;* Palourdes *und* Amandes *auf dem Markt in Quimper; ein lebender Hummer erwartet den Koch.*

MOULES
DE BOUCHOTS
9,00 F

CREVETTES
ROSES DU PAYS
100g
14,00 F

ROLLAND

vielleicht einer Scheibe kaltem, durchwachsenen Speck mit Brot und Wein. Mittags ißt die Familie Schweinefleisch und Kartoffeln oder eine *Galette*, zu der *Lait ribot* (Buttermilch), Bier oder Cidre getrunken wird. Nur die Städter trinken mittags Wein, obwohl nie klar gewesen ist, warum sich die Bauern den Wein, den sie zum Frühstück trinken, zu Mittag versagen. Das Mittagessen wird überall mit einem *Mic* beendet – Kaffee und ein Glas *Eau-de-vie*.

Die Bretagne besitzt kulinarische Ähnlichkeiten mit Wales. Die Waliser trinken wie die Bretonen Buttermilch zum Pfannkuchen, obwohl sie die ihren mit Hafer- statt Weizenmehl backen. Den bretonischen Bauern würde das walisische *Cawl* schmecken, ein Eintopf aus Speck, Kartoffeln, Kohl, Porree und Bohnen, der mit Hafermehl angedickt wird. Obwohl in der Bretagne kein Wein wächst – die *Muscadet*- und *Gros Plant*-Weinberge liegen südlich von Nantes –, wird auf der Halbinsel Rhuys unterhalb von Vannes ein starker Wein und ein noch stärkerer Weinbrand hergestellt. Ein Bretone, der in eine Flasche Rhuys-Brandy steigt, braucht, wie man sagt, vier Leute, die ihn stützten, und eine Mauer, die die fünf am Umfallen hindert.

Um der bretonischen Kochkunst Gerechtigkeit widerfahren zu lassen: die Küsten- und Fischereihäfen haben einige ausgezeichnete Gerichte entwickelt – *Cotriade*, die *Bouillabaisse* der Bretagne, wird nach altem Brauch aus dem Fanganteil gekocht, der jedem Fischer zugeteilt wird, wenn der größte Teil des Fangs verkauft ist. Dazu können Knurrhahn, Meeräsche, Petersfisch, Meerteufel, Meeraal, Weißfisch, Klippfisch, Muscheln und Garnelen gehören. Diese werden mit Kartoffeln, Zwiebeln, Möhren, Knoblauch, Kräutern, Muscadet und Eau-de-vie gekocht. Fischrestaurants spezialisieren sich auf gefüllte Muscheln – *Palourdes farcies* –, Rochen mit schwarzer Buttersauce, Miesmuscheln aus Cancale und vor allem bretonischem Hummer.

Wie zu erwarten, liegen die besten Restaurants der Bretagne an der Küste, und hauptsächlich führen sie Fischspezialitäten. In Pont-Aven, wo Gauguin die Bauernmädchen in ihren Spitzenhauben malte (deren Form von Region zu Region wechselt), liegt das Restaurant MOULIN DE ROSAMADEC, wo der

Eine Galette wird gebacken wie eine Crêpe und mit Eiern, Fleisch oder Fisch gefüllt zum Hauptgericht. Der Besitzer und Küchenchef der CRÊPERIE DES ARTISANS *in Dinan, M. Moncet, hat die einfachen Zutaten einer Galette – Buchweizenmehl, Wasser und Salz – mit Rührutensilien und einer Pfanne zusammengestellt (links). Die Galette wird mit einem rohen Ei und vielleicht mit Schinken- oder Wurstfüllung über einem Holzfeuer gebacken (unten). Die Dessert-Crêpe (rechts) wird mit weißem Mehl, Milch, Butter und Zucker zubereitet.*

Mühlbach hinter blühenden Fuchsien und hängenden Weidenzweigen herabrauscht, und in dem ohne Zweifel Steinforellen weilen. In der umgebauten Mühle gibt es rosa Blumen, rosa Kerzen, rosa Servietten und passende Tischdecken. Man bekommt reichlich frisches Brot und eine große Scheibe gesalzener Butter. Der dicke, saftige Steinbutt wäre eine vorzügliche Wahl, weil er mit *Beurre blanc* serviert wird, einer Spezialität von Nantes, der Südbretagne und auch der Loire. Die, wie man sagt, schwierig herzustellende Beurre blanc ist eine reine Landbutter-Sauce, die mit Schalotten, Essig oder Weißwein von der Hand eines erfahrenen Kochs angerührt wird. Bevor die strengen Gesetze der Hygiene eingeführt wurden und der Ginster, auf dem die Kühe weideten, Mais und Getreide weichen mußte, hatte die bretonische Butter einen sehr ausgeprägten, eigenen Geschmack. Vielleicht kam die Beurre blanc von Nantes deshalb zu besserem Ruf als die der Loiregegend; fade, massenweise produzierte Butter ist, so sagt man, ungeeignet für Beurre blanc – man braucht gute Landbutter nach alter Art mit all ihren ehrlichen ›Unreinheiten‹, weil eben diese Geschmacksstoffe das ihre zur Sauce beitragen.

Beurre blanc wird wie Mayonnaise gerührt, Schalottenpüree und Kasein (Milcheiweiß), Molke und Laktose der Butter wirken als homogenisierende Mittel. Obwohl es absolut gegen die Regeln ist (und wahrscheinlich trotzdem in vielen Restaurants Usus), kann man die Butter mit einem Eigelb anrühren. Man braucht einen Teelöffel feingehackter Schalotten, die man in Essig oder Weißwein kocht, bis die Flüssigkeit verdampft ist und die Schalotten weich, fast püreeartig sind. Dann rührt man sie in einer Schüssel unter ein Eigelb und gibt tropfenweise vier bis sechs Eßlöffel zerlassener Butter hinzu, während man das Eigelb mit einem Mixer oder Schneebesen schlägt. Das ergibt eine passable Beurre blanc, die man zu pochiertem oder gebackenem Fisch servieren kann.

Nantes, einst der Sitz der bretonischen Herzöge, ist seit der Französischen Revolution die Hauptstadt des Loire-Gebiets; doch für viele Bretonen ist Nantes noch eine bretonische Stadt. Selbst der »Guide Michelin«, der es besser wissen sollte, beschreibt Nantes als »größte Stadt der Bretagne«. Die Spezialitäten von Nantes geben der bretonischen Küche eine bestimmte, vielleicht unbeabsichtigte Verfeinerung: mit Pflaumen gekochte Neunaugen, *Civelles* genannter Aalrogen, mit jungen Rüben und Erbsen gekochte Entchen, *Berlingots* mit Pfefferminze, Alse oder *Alose* – der heringsartige Fisch der Flußmündungen – mit Beurre blanc.

In der Bretagne gibt es mehr erstklassige Restaurants als in der Normandie und dem Loiredistrikt zusammen. Es ist ein neues Bewußtsein für die Bedeutung der traditionellen Erzeugnisse wie Buchweizen, Schweinefleisch, Sardinen und Cidre entstanden. Während des letzten Jahrhunderts haben die Bauern an der Bretagneküste aus dem Meer gebaggerten Dünger verwendet, die Grundlage für den Anbau von ausgezeichnetem Gemüse und Obst: frühe Erbeeren aus Plougastel und um Saint-Malo felderweise Blumenkohl, Artischocken, Porree, Zwiebeln, Knoblauch, Möhren, Kohl und Rote Beete, angepflanzt in hübschen Rechtecken von prächtigem Karminrot, Grün und Blau.

Mit diesen Schätzen haben die bretonischen Köche ihre schlummernden Talente entdeckt und erweitern ihr Repertoire mit eindrucksvollen Beiträgen. So kann der Reisende durch die Bretagne bummeln und die Wonnen eines *Pot-au-feu de homard breton* in einem progressiven, modernen Land genießen, dem es gelungen ist, sich die Wesenszüge eines bäuerlichen Arkadien zu bewahren.

Zwei Sorten Kohl reifen im Herbst auf dem Feld eines bretonischen Bauern bei Cancale (linke Seite). Der Boden der Bretagne ist insbesondere an der Küste wegen der salzigen Gischt und der starken Seewinde schlecht. Nur robuste Pflanzen wie Kohl, Blumenkohl und Artischocken gedeihen hier.

Die weggeworfenen äußeren Kohlblätter werden als Kaninchenfutter verwendet (unten).

CREVETTES AU CIDRE *Krabben in Cidre*

Crevettes sind die delikaten, durchsichtigen Garnelen, die auf den Märkten der Normandie, wo sie lebend verkauft werden, in den Kisten wie Flöhe hüpfen. In diesem Rezept werden sie statt in Wasser in Cidre gekocht.

500 g frische Krabben oder Garnelen, ½ l trockener Cidre
Salz, frisch gemahlener Pfeffer
1 Bouquet garni (s. Anhang)

Den Cidre und 2 Tassen Wasser zum Kochen bringen, reichlich salzen und pfeffern und mit dem Bouquet garni 10 Minuten kochen lassen. Die Krabben hineingeben, erneut aufkochen und 5 Minuten garziehen lassen.

Abgießen und dampfend heiß mit Brot, Butter und Cidre servieren.

Für 4 bis 5 Personen – Abbildung Seite 16

BARBUE A L'OSEILLE *Glattbutt mit Sauerampfer*

1 ganzer Butt (oder Seezunge oder Scholle), geputzt und ausgenommen (2 kg)
1 kg Sauerampfer
¼ l Schlagsahne
Salz, frisch gemahlener Pfeffer

FÜR DAS COURT-BOUILLON
500 g Kopf, Gräten und Flossen von festem weißen Fisch (Hechtdorsch, Schellfisch, Seezunge oder Scholle)
1 Zwiebel in Ringen
1 Möhre in Scheiben
1 Bouquet garni (s. Anhang)
⅜ l trockener Cidre oder Weißwein
Salz, frisch gemahlener Pfeffer

In einem großen, flachen Topf bereite man aus den Fischköpfen, -gräten und -flossen, Zwiebel, Möhre, Bouquet garni, Cidre, 1½ Tassen Wasser, Salz und Pfeffer das *Court bouillon* und lasse die Mischung 30 Minuten leicht kochen. Die Unreinheiten von der Oberfläche abschöpfen und die Filets 10 Minuten oder den ganzen Butt 45 Minuten leicht pochieren.

Den Sauerampfer putzen und waschen. Die Blätter 30 Sekunden in einen großen Topf mit kochendem Wasser geben. Abgießen und alle harten Blätter und Stiele entfernen. In einer Bratpfanne unter ständigem Rühren mit der Sahne erhitzen. Mit Salz und Pfeffer würzen. Wenn ein dickes, grünes Püree daraus geworden ist, über oder neben den Fisch auf den Teller geben.

Für 6 Personen – Abbildung Seite 17

ESCALOPES CAUCHOISES
Kalbsschnitzel mit Pilzen und Sahnesauce

6 Kalbsschnitzel
75 g Butter
1 Zwiebel in Ringen
500 g Champignons in Scheiben
¼ l herber Cidre
⅛ l Calvados
⅛ l Crème fraîche (s. Anhang) oder Schlagsahne
Salz, frisch gemahlener Pfeffer

Die Schnitzel müssen nicht geklopft werden. Die Hälfte der Butter in der Pfanne zerlassen und die Schnitzel von beiden Seiten je 3 Minuten braten, bis sie goldbraun sind. Mit Salz und Pfeffer leicht würzen, vom Feuer nehmen und warmstellen. Die Zwiebelringe in derselben Butter leicht bräunen. Die Pilze in der restlichen Butter in einer anderen Pfanne garen. Wenn ihre Flüssigkeit teilweise verdampft ist, vom Herd nehmen.

Den Cidre in die Pfanne zu den Zwiebeln geben und auf die Hälfte einkochen lassen. Den Calvados dazugießen und noch etwas einkochen, dann Pilze und Crème fraîche unterheben. Die Schnitzel mit dem Fleischsaft in die Pfanne legen, würzen und 5 Minuten bei schwacher Hitze ziehen lassen. Mit kurz in Butter gedünsteten Erbsen in der Schote und Bratapfelscheiben servieren.

Für 6 Personen – Abbildung links und rechte Seite

FILETS DE SOLE NORMANDE *Seezungenfilets normannische Art*

2 kg Seezunge, filetiert

FÜR DAS FUMET (den Sud)
500 g Köpfe, Gräten und Flossen von festem weißen Fisch (Hechtdorsch, Schellfisch, Kabeljau, Seezunge oder Scholle)
1 Möhre in Scheiben
2 Schalotten in Ringen
3/8 l trockener Cidre oder Weißwein
1 Bund Petersilie
Salz, frisch gemahlener Pfeffer

FÜR DIE GARNIERUNG
350 g rohe Garnelen oder Krabben in der Schale oder 1 kg Miesmuscheln oder 6 Kammuscheln

FÜR DIE SAUCE
500 g Pilze
Saft einer Zitrone
4 Eßl. Butter
1 Eigelb
1/4 l Crème fraîche (s. Anhang)
Salz, frisch gemahlener Pfeffer

Für das *Fumet* die Zutaten in einem großen, flachen Topf 30 Minuten kochen. (Wenn man Miesmuscheln, als Garnierung verwendet, diese kochen und den Saft zum Sud gießen.) Den Schaum abschöpfen, die Fischfilets 10 Minuten im Topf leise kochen lassen und auf eine gefettete Gratinierplatte legen. Den Fischsud passieren und beiseite stellen.

Als nächstes die Garnierung zubereiten. Die Garnelen in dem Cidre und 1 Tasse Wasser 5 Minuten mit einer großzügigen Prise Salz kochen (siehe auch das Rezept *Crevettes au Cidre*, Seite 30). Die Muscheln sollten 1 bis 2 Minuten im Fischsud pochiert werden. Den Backofen auf 180 °C vorheizen.

Die Pilze in Scheiben schneiden, mit Zitronensaft beträufeln, um eine Verfärbung zu verhindern, und in 2 Eßlöffeln Butter leicht schmoren. Die Pilze mit den Garnelen, Miesmuscheln oder Kammuscheln zu den Fischfilets geben.

Das Eigelb mit der Sahne schlagen und die Sauce mit 1 bis 2 Eßlöffeln Sud verdünnen. Mit Salz und Pfeffer würzen, über den Fisch gießen, mit den restlichen 2 Eßlöffeln Butterflocken bestreuen, im Ofen 10 Minuten überbacken.

Für 6 Personen

TARTE AU SUCRE D'YPORT *Apfelkuchen*

1 Portion Pâte brisée sucrée (s. Anhang)
800 g mürbe Äpfel (z. B. Reinetten), geschält, entkernt und in Stücke geschnitten
60 ml Calvados
60 g Zucker
3 Eigelb
1/4 l Crème fraîche (s. Anhang) oder saure Sahne
2 Eßlöffel Mandelsplitter

Die Apfelstücke 1 Stunde in Calvados marinieren. Den Backofen auf 220 °C vorheizen. Eine gefettete Kuchenform von 22 cm Ø mit der Pâte brisée sucrée auslegen, mit einer Gabel einstechen und 15 Minuten backen; die Hitze auf 180 °C reduzieren. 2 Eßlöffel Zucker über den Tortenboden streuen. Den Calvados von den Apfelstücken abgießen und beiseite stellen und die Äpfel auf den Zucker legen. 30 Minuten im Ofen backen, auf 220 °C aufheizen.

Das Eigelb, die Sahne, den restlichen Zucker und den Calvados aufschlagen und die Mischung über die Äpfel gießen. Die Mandeln darauf streuen und noch 15 Minuten backen. Mit einer Schüssel Crème fraîche oder Schlagsahne und einer Flasche kühlem Cidre heiß servieren.

Für 6 Personen – Abbildung rechts und linke Seite

COTRIADE *Fischeintopf*

1½ kg ganze Fische – Meerteufel, Meeraal, Hechtdorsch, Weißfisch oder Scholle – filetiert, mit Köpfen und Flossen
350 g Muscheln, gesäubert
225 g Langustinen oder große Garnelen
4 Zwiebeln, gehackt
4 Möhren, kleingeschnitten
50 g Butter
2 Knoblauchzehen, gepreßt
60 ml Eau-de-vie de Cidre oder Calvados
¼ l Muscadet oder ein anderer trockener Weißwein
1 Bouquet garni (s. Anhang)
1 Eßlöffel Tomatenmark, mit etwas Wasser verdünnt
Salz, frisch gemahlener Pfeffer, Cayennepfeffer
750 g Kartoffeln in dünnen Scheiben
Frische Kräuter (Thymian, Lorbeer, Salbei, Basilikum, Petersilie)
Eine Prise Safran

Man bitte den Fischhändler, die Fische zu filetieren und die Gallen herauszunehmen, die bitter schmecken. Die Köpfe, Gräten und Flossen aufbewahren.

Die Möhren und 2 Zwiebeln in einem großen, schweren Topf mit Butter und 1 Knoblauchzehe anbraten. Das Gemüse auf kleiner Flamme unter gelegentlichem Umrühren 10 bis 15 Minuten anschwitzen, die Fischköpfe, -gräten und -flossen dazugeben. Umrühren, zudecken und weitere 10 bis 15 Minuten kochen lassen, dann Eau-de-vie de Cidre, Muscadet, das Bouquet garni und das Tomatenmark zugeben.

Genug Wasser auffüllen, um die Fischteile zu bedecken und 1½ Stunden leicht kochen zu lassen. Durch ein feines Sieb streichen und mit Salz, Pfeffer und Cayennepfeffer gut würzen. Restliche Zwiebeln und Knoblauch in eine große Kasserolle legen, mit den Kartoffelscheiben bedekken, mit Salz, Pfeffer und Cayennepfeffer würzen und mit Safran und den gewiegten Kräutern abschmecken. Die Fischfilets darauf drapieren und mit Brühe auffüllen, bis sie bedeckt sind.

Den Backofen auf 200 °C vorheizen. Den Fisch auf dem Herd bei mäßiger Hitze 10 Minuten ankochen, dann die Muscheln und Langustinen darauf legen und alles 20 Minuten überbacken. Muscheln, die sich nicht öffnen, sind zu entfernen. Geröstete Baguettescheiben leicht mit Knoblauch einreiben, zum ofenwarmen Fisch servieren.

Für 6 bis 8 Personen – Abbildung Seite 23

POT-AU-FEU DE HOMARD BRETON *Hummer-Pot-au-feu*

1 lebender Hummer (ca. 1 kg)
6 Herzmuscheln
6 Austern
6 Langustinen oder große Garnelen, geputzt
500 g Miesmuscheln, gut gesäubert
25 g Butter
1 Eßlöffel Olivenöl
60 ml Calvados oder Eau-de-vie de Cidre
¼ l trockener Weißwein
2 Porreestangen, nur die weißen Teile, in dünnen Scheiben
3 Schalotten, feingehackt
1 Bouquet garni aus Petersilie, Estragon und Dill
Salz, frisch gemahlener Pfeffer
⅛ l Crème fraîche (s. Anhang)

FÜR DAS FUMET
⅕ l Weißwein
1 Zwiebel
1 Möhre
1 Schalotte
1 Bouquet garni (s. Anhang)
Salz
6 schwarze Pfefferkörner
500 g Fischgräten, -köpfe und -flossen

Die Fumet-Zutaten bis auf die Gräten vermengen und mit etwas Salz würzen. Mit reichlich Wasser bedecken und 40 zusammenkochen. Den lebenden Hummer kopfüber in kochendes Salzwasser werfen, nach einigen Sekunden herausnehmen und vom Kopf bis zum Schwanz der Länge nach halbieren. Das Hautsäckchen am Kopf entfernen und die Scheren abtrennen. Diese aufbrechen und die Hummerhälften entzweischneiden.

Butter mit Olivenöl in einer großen Pfanne zerlassen und den Hummer schmoren, bis er hellrot wird. Auf eine Plattte legen und warmhalten. Calvados oder Eau-de-vie de Cidre, Weißwein und drei Tassen Sud in die Pfanne gießen und 15 Minuten bei starker Hitze kochen lassen. Porree, Schalotten und das Bouquet garni hinzugeben. Mit Salz und Pfeffer würzen und weitere 15 Minuten bei mäßiger Hitze kochen, dann die Austern, Langustinen und Muscheln dazugeben und etwa 10 Minuten kochen, bis sie gerade gar sind. Ungeöffnete Muscheln entfernen.

Den Hummer auf einer vorgewärmten Platte mit den Austern, Muscheln und Langustinen anrichten. Die Kochflüssigkeit durchseihen und Crème fraîche unterheben, abschmecken und über den Hummer gießen. Mit Reis oder Salzkartoffeln servieren.

Für 4 Personen – Abbildung Seite 22

GIGOT A LA BRETONNE *Lammkeule mit Bohnen auf bretonische Art*

1 Lammkeule mit Hachsenknochen, aber ohne Schlußknochen (2–2½ kg)
2 Knoblauchzehen in Scheiben
50 g weiche Butter
Salz, frisch gemahlener Pfeffer, Thymian
6 Schalotten in Ringen
2 Möhren in Scheiben
⅛ l Weißwein
¼ l Lamm- oder Rinderbrühe oder Wasser

FÜR DIE BOHNEN
500 g getrocknete weiße Bohnen, über Nacht in Wasser eingeweicht
Etwa 3 Eßlöffel Butter
1 Möhre in Stücken
3 Schalotten, gehackt
1 Zwiebel
1 Bouquet garni mit Selleriespitzen (s. Anhang)
Salz, frisch gemahlener Pfeffer
2 Eßlöffel gehackte Petersilie

Die Lammkeule ein paarmal einschneiden und mit Knoblauchstückchen spicken, mit Kordel zusammenbinden Nach dem Würzen mit Salz und Pfeffer 2 Eßlöffel Butter über das Lamm geben.

Den Backofen auf 230 °C vorheizen. Die restliche Butter in einer Pfanne zerlassen, eine Schicht Schalotten und Möhren darauf legen. Mit Salz und Pfeffer würzen und mit Thymian bestreuen. Die Lammkeule auf das Gemüse legen, im heißen Ofen 10 Minuten braten und die Hitze auf 200 °C zurücknehmen. Pro Pfund Fleisch etwa 10 bis 12 Minuten braten, wenn es blutig bleiben soll, sonst 15 Minuten pro Pfund, oft begießen. Vor dem Zerlegen 10 Minuten an einem warmen Platz ruhen lassen.

In der Zwischenzeit koche man die Bohnen: 2 Eßlöffel Butter in einer Gußeisen-Kasserolle zerlassen und die Möhre und die Schalotten 10 Minuten anschmoren, bis sie weich sind. Die Bohnen, die Zwiebel mit ihrem Lauch, das Bouquet garni dazugeben und mit Wasser auffüllen. 1 Stunde kochen lassen, mit Salz und Pfeffer würzen und weiterkochen, bis die Bohnen weich sind. Das Bouquet garni herausnehmen. Die gekochte Zwiebel hacken und mit einigen Bohnen und etwas Flüssigkeit durch ein Sieb streichen, um eine sämige Sauce zu erhalten. Die restlichen Bohnen abgießen und das cremige Bohnenpüree, Petersilie und den restlichen Eßlöffel Butter darunterheben. Abschmecken und anwärmen.

Das Lamm auf einer vorgewärmten Platte servieren. Das meiste Fett von der Sauce abschöpfen und den Bratensatz mit Wein und Brühe ablöschen. In einen kleineren Topf durchseihen. Restliches Fett von der Sauce abschöpfen, diese 5 bis 10 Minuten leicht kochen lassen und abschmecken. Das Lamm in Scheiben schneiden, mit den Bohnen und der Sauce sehr heiß servieren.

Für 6 bis 8 Personen – Abbildung nebenstehend

ANJOU & TOURAINE

Anjou & Touraine

Anjou und Touraine erstrecken sich von Angers im Westen bis nach Blois an der Grenze zur Sologne. Dieses vergleichsweise kleine Gebiet von nicht mehr als 170 Kilometern Luftlinie liegt an den Ufern der Loire. Das Essen der Region beruht auf zwei natürlichen Gegebenheiten: dem Fluß und seinem Reichtum an Süßwasserfischen und dem extrem fruchtbaren Boden. Das erlaubt in Verbindung mit dem außerordentlich milden Klima die Ernte von *Primeurs* (Frühgemüse und -obst) etwa zwei Wochen früher als in der Ile de France, der Gegend um Paris. Der weiche Kalktuff der Flußufer bei Saumur birgt zahllose Höhlen, die für Pilzkulturen bestens geeignet sind. So wurde er für ganz Frankreich zum Haupterzeugergebiet für *Champignons de Paris*.

Die Weine der Gegend sind zu Recht berühmt, vor allem die Weißweine, die zu den besten Frankreichs zählen. Zu den größtenteils aus der *Chenin Blanc*-Traube gekelterten gehören *Muscadet*, *Vouvray*, *Savennières* und *Saumur*. Auch milde Weißweine sind zu finden, zwei der besten sind *Quart de Chaumes* und *Bonnezeaux*. Anjou ist wohlbekannt für seine Rosés, die früher alle recht lieblich waren, nun aber für den heutigen Geschmack etwas trockener gehalten werden. Die Rotweine der Region sind international nicht so bekannt, da sie in relativ kleinen Mengen produziert werden und den Transport nicht gut vertragen. Sie sind ungewöhnlich, leicht und blumig im Charakter, fast wie Weißweine. Zu den besten gehören *Chinon*, *Bourgeuil*, *Saint-Nicolas-de-Bourgeuil* und *Saumur-Champigny*. Sie werden aus der *Cabernet-Franc*-Traube gewonnen, die auch den meisten Rosés als Basis dient.

Zwischen Angers und Blois fließen nicht weniger als 13 Nebenflüsse in die Loire, sie gestalten eine merkwürdige, fast einzigartige Wasserlandschaft. Einige von ihnen wie Vienne, Cher, Indre und Loir sind fast so breit wie die Loire selbst. Andere wie die Authion sind kleiner, fließen aber dicht bei der Loire parallel zu ihr. Im Loirestrom selbst erheben sich Landstreifen aus dem Wasser und bilden mit den Ufern gewundene Kanäle, was ein verschlungenes Muster von Land und Wasser ergibt. Bäume wach-

---

Der ländliche Friede des alten Frankreich ist aus dem Anjou und der Touraine noch nicht verschwunden; bei Bauernhöfen wie diesem bei Langennerie (vorige Doppelseite) wird er spürbar, wo der Bauer eine hausartige Meule *(Heuschober) gebaut hat. Die Loire und ihre Nebenflüsse bewässern diese fruchtbaren Felder, und ihre Fische sind Teil vieler berühmter einheimischer Gerichte.*

Ein Angler in seinem flachen Boot wartet, daß Barsch, Karpfen und Hecht anbeißen (oben). Zur einheimischen Charcuterie *(rechts) gehören* Andouillettes *(Hintergrund), Blutwurstringe,* Pieds de porc farcis *(auf dem Tablett), lange rote* Saucisses sèches au Vouvray, Rillettes *und* Rillons *(in den Töpfen) und die dreieckigen* Jarrets de porc.

1970
Vouvray
Appellation contrôlée

Auf dem außerordentlich fruchtbaren Boden und im milden Klima von Anjou und Touraine, die weder unter den langen Wintern des Nordens noch unter den sengenden Sommern des Südens leiden, gedeihen Bauernhöfe in Familienbesitz. Ein Gehöft im Tal des Cher (oben) ist in traditioneller Manier um einen Innenhof gebaut. Vor Jahrhunderten wurde der Reichtum eines Bauern (und die Steuern, die er zahlen mußte) nach der Höhe seines Misthaufens bestimmt; heute legt man andere Maßstäbe an. Die Bauern von Archigny (unten) produzieren immer noch eine überquellende Vielfalt von Obst und Gemüse, für die die Region bekannt ist.

sen auf den schmalen Inselchen, und im spätherbstlichen Nebel macht die ganze Region einen märchenhaften Eindruck, weil es fast unmöglich ist, zu erkennen, wo das Wasser endet und das Land beginnt.

Der Osten der Touraine ist dicht bewaldet; hier gibt es die großen Wälder von Blois, Russy, Amboise, Loches und Chinon wie auch viele kleinere Gehölze. Die französischen Wälder sind sehr licht; selbst im Hochsommer ist das Laubwerk zart und beweglich und flirrt beim leisesten Lufthauch. Das kommt daher, daß die meisten Bäume kleine Blätter haben, wie die Pappeln und Weiden, die im Val de Loire vorherrschen. Diesen Waldungen verdankt die Touraine ihre einstige Bedeutung, denn sie waren voller Wild. Viele französische Könige teilten mit ihren Adligen die Jagdleidenschaft, und diese war – zusammen mit der Schönheit der Landschaft – der Hauptgrund für den Bau der zahllosen Schlösser an den Ufern der Loire.

Die Franzosen haben noch immer eine Leidenschaft für die Jagd; die Saison beginnt am 20. September, und Ende Oktober ist kaum noch Wild übrig. Wenn man im Spätherbst den Wald von Loches oder den nördlich von Langeais durchstreift, wird man kein einziges Tier, nicht einmal einen Vogel sehen, die Wälder sind unheimlich still. Im Wald von Loches gibt es noch Rehe, gejagt werden

Honoré de Balzac lebte und schrieb im Dorf Saché in der Touraine, wo eine Frau ihre kleine Herde Ziegen hütet (oben). Aus deren Milch macht sie eine der Kostbarkeiten Frankreichs: Fromage de chèvre. *Abends melkt sie die Ziegen, läßt die Milch gerinnen und gießt sie in perforierte Schalen. Ein paar Tage später, wenn der Käse entwässert ist, verkauft sie ihn auf einem Markt der Umgebung wie in Vernantes als* Chèvre frais *(unten). Käse, den sie nicht verkauft, läßt sie reifen. Eine Vielzahl von* Chèvres, *von rahmigen, jungen Käsen bis zu scharfen, braunen, alten, füllt die Marktstände.*

Fasanen, Rebhühner und Wachteln, aber auch Drosseln und Lerchen. Diese kleinen Singvögel hat man in Frankreich stets für Freiwild gehalten, im Topf sind sie hochgeschätzt. An den Flußufern leben Wildenten: Stock- und Krickenten. Fasanen werden heutzutage meist zum Verkauf gezüchtet. Wenn man durch das Weideland beim entzückenden Château d'Useé fährt, kommt man an einem großen Feld voller Drahtkäfige mit Fasanen vorbei. Lebende Wildvögel sind ein seltener Anblick. Die meisten Wildvögel sieht man in Fleischerläden hängen. Rebhühner lassen sich jedoch nicht züchten. In Frankreich gibt es zwei Rebhuhnrassen: die graubeinigen sind besser, sie werden normalerweise gebraten, während die rotbeinigen, die etwas zäher sind, eher geschmort werden. Die Fasanen bereitet man ebenso zu: junge Vögel werden gebraten, die älteren im Topf gekocht, *au chou* geschmort oder zu *Terrines* oder Suppen verarbeitet. Für letzteres ist die *Potage Saint-Hubert* ein gutes Beispiel, in der ein älterer Vogel mit grünen Linsen gekocht wird. Auch Hasen und Kaninchen sind beliebt: aus Hasen macht man *Terrines* und *Pâtés*, und wilde oder Hauskaninchen werden mit Kräutern und Weißwein, manchmal auch mit Pflaumen zubereitet.

Eine Delikatesse des Val de Loire ist der Fisch. Die Fischer verkaufen ihren Fang direkt an die besten Restaurants und auf den örtlichen Märkten. Dazu gehören Seeforelle, Barsch, Karpfen, Hecht und Alse. Ein besonders delikater Fisch ist der *Sandre*, eine Art großer Barsch mit sehr zartem Fleisch. Wie der Hecht wird er gewöhnlich in *Court-bouillon* pochiert und mit *Beurre blanc* serviert. Die Moden wechseln selbst in ländlichen Gegenden wie dieser: vor einigen Jahren standen in fast jedem besseren Restaurant *Quenelles de brochet* (Hechtklößchen) auf der Karte. Obwohl dies genaugenommen ein Gericht aus Lyon ist, machte es der Reichtum an hervorra-

Chinon
Chinon

genden Loire-Hechten auch in dieser Region beliebt. Heute gibt es die *Quenelles* viel seltener, obwohl man sie noch in einem bezaubernden kleinen Restaurant namens LE BON LABOUREUR ET CHATEAU in Chenonceaux finden kann. Hier ist die fette, wie ein kleines Schokoladenéclair geformte *Quenelle* so leicht wie die sprichwörtliche Feder. Die klassische Begleitung zur *Quenelle de brochet* ist *Sauce Nantua*, eine helle, rötliche, cremige Sauce aus Fisch-Sud, Sahne und zerstoßenen Krebsen. Normalerweise servieren die Restaurants Hecht und *Sandre au nature* mit *Beurre blanc*.

Nicht nur der Loire-Lachs wird wegen seiner Güte gepriesen, auch exzellente Forellen fängt man hier. Leider haben Forellen in jüngerer Zeit an Qualität

Die Matelote d'anguilles et de carpe *(linke Seite und unten), ein Eintopf mit Aal und Karpfen, erhält ihr ausgeprägtes Aroma und die satte Farbe durch den fruchtigen, roten* Vin du pays, *in dem sie mit Pilzen und Zwiebeln gekocht wird. Es ist ein Lieblingsgericht M. Barriers, des Küchenchefs des Zwei-Sterne-Restaurants* BARRIER *in Tours.*

Rechts sieht man die Zutaten für Sandre et perche de Loire beurre blanc *des Restaurants* JEANNE DE LAVAL *in Les Rosiers. Das Schmorgericht ist eine Spezialität des Anjou. Die kulinarische Legende behauptet, daß die* Beurre blanc *im Jahre 1900 geboren wurde, als ein unbekannter Koch eine* Sauce béarnaise *ruinierte, was sich als glücklicher Zufall herausstellte.*

verloren, da sie heutzutage auf Fisch-Farmen gezüchtet werden, und wirklich kaum eine hat je den Fluß gesehen. Sie erinnern an jungen Lachs, ihr Fleisch ist fest genug, um geschnitten und in dicken Scheiben gekocht zu werden. Die Flußforellen, die man in den kleineren Nebenflüssen der Loire und in größeren Bächen findet, sind dagegen ausgezeichnet; sie werden oft in Weißwein, gewöhnlich einem *Vouvray*, pochiert und entweder warm oder, im Sommer, *en gelée* serviert.

Lachse werden mit dem Netz gefangen, während man Alsen von flachen Booten aus fischt. *Alose à l'oseille* – Alse mit Sauerampfer – ist ein beliebtes regionales Gericht. Eine gute Vorspeise ist eine Platte kleiner, kurz gebratener Flußfische. In den tiefen Becken der Loire und ihrer größeren Nebenflüsse werden Karpfen und Barsche gefangen, Aale und Krebse findet man in den Kanälen. Aale sind sehr beliebt, eine der bekanntesten örtlichen Spezialitäten ist *Matelote d'anguilles au vin de Bourgeuil*, ein Aaleintopf mit dem Rotwein der Gegend, der ihm seinen unverwechselbaren Charakter gibt. Andere Beispiele für einheimische Gerichte sind *Andouillettes grillées au vin de Vouvray* – herzhafte weiße Bratwürstchen, mit Weißwein abgelöscht –, *Coq au vin de Chinon* und *Lapin poêlé au vin blanc d'Anjou*. Der halbtrockene Weißwein verwandelt die Kaninchen-Kasserolle in ein ungewöhnliches Gericht.

Sauerampfer wird überall angepflanzt und in vielen einheimischen Gerichten verwendet. Außer der bereits erwähnten Alse gibt es ein berühmtes Reh-Gericht mit Sauerampfer *(Chevreuil à l'oseille)*, aber leider ist es schwierig bis unmöglich, ein Restaurant zu finden, das es serviert.

Die bekanntesten Spezialitäten der Region sind, insbesondere in und um Tours, *Rillons* und *Rillettes*. Man findet sie bei den örtlichen *Traiteurs* und *Charcuteries*, da sie heutzutage öfter gekauft als hausgemacht werden. *Rillons* sind recht große Streifen fetten Schweinefleisches, die man als *Hors d'œuvre* heiß, warm oder kalt ißt. *Rillettes* sind, wie der Name vermuten läßt, kleinere Versionen der *Rillons*. Beide sind im Grunde eine Art Schmorfleisch von Schweinerippe oder -bauch, das einige Stunden im eigenen Fett langsam gegart wird. *Rillettes* zeigen von Ort zu Ort erhebliche Unterschiede: in Tours werden sie zu einer weichen Masse zerstampft, in Angers und Saumur haben sie mehr Struktur, da kleinere Fleischstücke in der *Pâté* belassen werden. Mit Toast als *Hors d'œuvre* passen sie vorzüglich zu den einheimischen Rot- und Weißweinen.

Das Anjou und die Touraine sind berühmt für ihre Gemüsegärten; ein ausgesprochen mildes Klima zusammen mit extrem fruchtbarem Schwemmlandboden – das Resultat der vielen Flußbetten, die im Lauf der Zeit entweder natürlicherweise oder wegen der Kanäle ihren Lauf änderten – begünstigt hier den Anbau. Ein besonders ertragreicher Landstrich liegt zwischen der Loire und der Authion östlich von Angers. Das Château von Saint Maturin, im 15. Jahrhundert das Heim König Renés und der Jeanne de Laval, gehört heute dem großen Gemüseproduzenten Vilmorin. Hier wachsen viele der *Primeurs* für die Pariser Märkte.

An den Ufern der Loire liegt nördlich von Saumur ein Gebiet, das für seine Erdbeeren bekannt ist. Auch Melonen, Pfirsiche, Aprikosen und Pflaumen wachsen im Überfluß. Die Trauben sind von bester

In den ruhigen Wassern der Vienne zu angeln, macht Durst und erfordert einen erfrischenden Schluck eines Weines der Gegend wie Bourgeuil *oder* Vouvray.

Andere Ansichten und Gerüche des Anjou und der Touraine umfassen (rechte Seite, reihenweise von links nach rechts): die ›Grange de Meslay‹, eine Scheune für den Kornzehnten aus dem 13. Jahrhundert, durch das befestigte Tor gesehen; Süßigkeiten der Touraine bei Barrier in Tours; reife Anjou-Birnen; Williams-Duchesse-Birnen; eine Crème renversée, *großzügig mit Karamelsauce überzogen; ein Marktstand in Tours; Trauben aus einem Weinberg an der Loire; pflückreife Anjou-Äpfel; ein teilweise aus Fachwerk erbauter dörflicher Gemüseladen.*

Williams
Duchesse

Trés Belle
Pintade
de Grains

ALIMENTATION

Qualität; und die Leser von Balzacs »Eugénie Grandet« werden sich an die tragische Gestalt Eugénies erinnern, die auf den Dachboden eilt, um ein paar Trauben zu holen, mit denen sie ihren geliebten Cousin Charles verführen will. Im Winter werden die Trauben auf originelle Weise konserviert: jede Traube wird am Stengel eingeschnitten und auf ein Gestell gehängt, wobei der Schnitt in Wasser gelegt wird – so verhindert man ihr Austrocknen.

Tours ist berühmt für seine Pflaumen; und eine besondere Sorte wird speziell zum Dörren angebaut. In vielen einheimischen Gerichten kommen Dörrpflaumen vor – nicht nur im Dessert, sondern auch zu Schwein, Kalb, Wild, Kaninchen und sogar Aal. Auch Dessertpflaumen und diverse Birnensorten werden angebaut. Viele der Früchte tragen pittoreske Namen, die in direktem Bezug zum alten französischen Adel stehen. Eine der besten Pflaumen ist die *Reine Claude*, benannt nach der Frau Francois' I., die im Château d'Amboise lebte. Die *Bon-Chrétien*-Birne kam aus den Gärten Louis' XI. bei Tours, wo der heilige Franziskus von Paola, der geistliche Ratgeber des Königs, sie aus einem Ableger züchtete. Eine andere Birne der Region ist die *Jeanne d'Arc*, benannt nach der heiligen Johanna, deren tragischer Feldzug sich hier abspielte.

Einer der besten Wege, die Küche des Landes zu entdecken, ist ein Gang über den Markt. In Saumur, einer hübschen, auf einer Loire-Insel und beiden Ufern erbauten Stadt, gibt es einen Wochenmarkt, der zwar klein ist, aber hohe Qualität bietet. Die meisten Stände verkaufen Gemüse und Früchte; es gibt aber auch einige *Charcuterie*-Stände, die viele Sorten von *Andouilles* und *Andouillettes* anbieten, darunter auch solche aus Pferdefleisch oder Aal. Einige Stände verkaufen ausschließlich Waldpilze; diese werden vornehmlich von alten Frauen angeboten, die Zeit zum Pilzesammeln haben und wissen, wo sie danach suchen müssen. Einige freiwachsende Pilze wie die *Girolle* (Eierschwamm) sprießen immer an derselben Stelle, und die Pilzsammlerinnen hüten ängstlich ihr Geheimnis.

Im Oktober, zum Höhepunkt der Pilzsaison, wird man Pilze auf viele verschiedene Weisen zubereitet finden. Die allerbesten, die *Trompettes de la mort* (Herz- oder Totentrompete), können einfach geröstet als Beilage zu Kalbsleber oder gegrillten Lammkoteletts serviert werden. *Cèpes* (Steinpilze) können gebraten und mit Wildente serviert oder mit gehackten Schalotten, Petersilie und Schinken gefüllt werden, um ein Perlhuhn in Champagner zu begleiten. Ein kleines Hotel in Richelieu serviert ein Omelett, das fast bis zum Bersten mit *Champignons sauvages* gefüllt ist, während die gewöhnlichen *Champignons de Paris* zu *Duxelles* zubereitet werden.

Vielleicht möchten Sie einige Zeit in den Wäldern verbringen, um Pilze zu suchen. Dann sollten Sie sichergehen und sie in einer Apotheke identifizieren lassen. Diesen Service bieten während der etwa einmonatigen Pilzsaison alle Apotheker: sie stellen große Tafeln in ihre Schaufenster, und in den Läden liegen auf Klapptischen lebensgroße Modelle aus. Samstagabends bildet sich in der Kleinstadt Loches vor der Apotheke eine lange Schlange von Sammlern mit Körben und Kisten voller Pilze, die sie klugerweise überprüfen lassen, bevor sie damit nach Hause gehen.

In Lencloître, an der Grenze zwischen der Touraine und dem Poitou, wird einmal im Monat ein großer Landwirtschaftsmarkt abgehalten. Hier findet man ein breites Warenangebot, von Landmaschinen bis zum weißen Charolais-Bullen. Rosa Schweine werden zu je acht in Lattenkisten gezwängt, in denen sie aussehen wie fette *Quenelles*. Ein Stand verkauft sechs verschiedene Sorten von Erdbeerpflanzen, von denen einige noch Früchte tragen. Bauern bilden Gruppen an den kleinen kioskartigen Bars, wo sie *Vin du pays* trinken. An einem

Im Restaurant LES CORMORANS *am Ufer der Loire macht die Besitzerin und Köchin Mme Pitou ihre* Pâté de foie de volailles *(linke Seite) mit den Lebern zweier verschiedener Geflügelarten, rohem Schinken, Branntwein und Kräutern. In den Höhlen des Anjou (unten), wo Temperatur und Feuchtigkeit stets konstant bleiben, wachsen* Champignons de Paris.

Die Zutaten für Tournedos à la tourangelle *(links) mit Artischokken und* Champignons de Paris *hat Mme Yvette Marchand zusammengestellt, die gemeinsam mit ihrem Mann Torhüter an der ›Grange des Meslay‹ bei Tours ist. Anjou und Touraine beliefern ganz Frankreich mit Pilzen aus den feuchten Höhlen an der Loire, die für ihren Anbau bestens geeignet sind. Freiwachsende Arten wie Pfifferlinge (rechts) findet man im Wald; sie werden oft angebräunt und mit Crème fraîche serviert.*

Stand verkauft ein Paar *Anguilles grillées au charbon*, eine Spezialität des Poitou. Dies Grillen der Aale über einem Holzkohlenfeuer ist ein merkwürdig archaisch anmutender Anblick: Der Mann tötet die Aale, indem er sie mit dem Kopf an die Wand schlägt, und legt sie zu je 24 auf einen schweren Eisenrost. Seine Frau hält das Holzkohlenfeuer in heftiger Glut; und die Aale werden sechs Minuten gegrillt, während sie mit Eisenstücken niedergehalten werden. Dann werden sie vorsichtig gewendet, wozu man einen gespaltenen Stock wie eine primitive Pinzette gebraucht, und von der anderen Seite gegrillt, bis sie knusprig und leicht angekohlt sind. Der Duft ist köstlich; obwohl die Aale ziemlich teuer sind, gibt es keinen Mangel an Käufern.

Einer der interessantesten Stände verkauft Ziegenkäse. Diese Region, insbesondere das Plateau de Sainte-Maure zwischen Loches und Richelieu, ist berühmt für *Chèvres*. Die Ziegen sind elegante, dunkelbraune Tiere mit einem sehr dunklen Streifen entlang des Rückgrates. Man sieht sie überall ruhig auf den Feldern grasen; oft tragen sie ein hölzernes Dreieck um den Hals, das sie daran hindern soll, sich durch Zaunlücken zu quetschen. Die Ziegenkäse unterscheiden sich in Form und Zustand. Es gibt sechs verschiedene Formen, die ihre Herkunft anzeigen: rund und flach, gewölbt, quadratisch, herzförmig, wurstförmig und pyramidenartig. Je nach persönlichem Geschmack kauft man sie verschieden alt. Einige werden unmittelbar nach dem Dränieren *frais* verkauft; sie sind noch in den quadratischen, durchlöcherten, weißen Plastikkartons. Andere hingegen haben eine feste, cremige Haut und sind nur ein paar Tage alt. Wiederum andere haben eine grünliche, mit weißem Schimmel gesprenkelte Rinde; sie sind etwa einen Monat alt. Die ältesten zählen vier Monate und haben eine harte, braune Rinde angesetzt.

Wenn man den Markt verläßt und nach Loches zurückfährt, kommt man durch Spargelfelder und Viehweiden. Zuweilen bietet sich sogar der bezaubernde Anblick von gemeinsam fressenden Kühen und Hühnern, darunter auch die *Géline noire*, eine kleine schwarze Henne mit purpurrotem Kamm. Ihr Fleisch ist köstlich, man ißt sie gefüllt oder in Weißwein oder im *Pot-au-feu* gekocht.

Beim Château d'Amboise überschaut die Kapelle des Heiligen Hubertus, wo Leonardo da Vinci begraben liegt, den Fluß. Über der Tür befindet sich ein wunderschöner, gemeißelter Steinbalken, der die Vision des heiligen Hubertus, des Schutzpatrons der Jäger, zeigt. Hubertus wird abgebildet, wie er erstaunt vor einem Hirsch kniet, der zwischen seinem Geweih ein Kruzifix trägt. Die verschiedenen Elemente dieses Bildes – der Wald, das Tier und das Kreuz – scheinen die Region von Anjou und Touraine zu symbolisieren, mit ihren Wäldern und Jagden, ihren zahllosen Kirchen, Abteien, Klöstern und Stiften und ihrer geheimnisvollen Atmosphäre.

In den Desserts von Anjou und Touraine ist Obst die Regel. Zu den Zutaten der Tarte aux poires Belle Angevine *(nächste Doppelseite rechts) gehören Belle Angevine-Birnen, eine Sorte mit süßem Fruchtfleisch. Die in Zuckersirup geschmorten Birnen werden auf einer* Crème pâtissière *verteilt (nächste Seite links oben).*

Eine andere regionale Spezialität, Tarte aux prunes *(nächste Seite rechts oben) wird mit Reineclauden zubereitet. Kleine goldene Mirabellen werden oft mit Soupe dorée (nächste Seite links unten) serviert, ähnlich ›Armen Rittern‹.*

Die Aromastoffe der Crêpe angevine *(nächste Seite rechts unten) sind Angevine-Birnen, Vanille und Orangenschale.*

MATELOTE D'ANGUILLES ET DE CARPE *Eintopf von Aal und Karpfen*

1 kg ganzer Aal
1 kg ganzer Karpfen
⅛ l Weißwein
2 Bouquets garnis
1 Zwiebel in Ringen
Salz, ganze Pfefferkörner
1 l Rotwein, vorzugsweise Chinon
1 Schalotte in Ringen
1 Knoblauchzehe
80 g Butter
Salz, frisch gemahlene Pfefferkörner
60 ml Cognac

FÜR DIE SAUCE
25 g Butter
1 Eßlöffel Mehl
⅛ l Crème fraîche (s. Anhang) oder saure Sahne

FÜR DIE GARNIERUNG
Eine Handvoll fein gehackte Petersilie
100 g Champignons, leicht in Butter gedünstet
100 g kleine Zwiebeln, glasig gebraten
6 herzförmige Brotscheiben, in Butter geröstet

Den Aal in kurze Stücke schneiden, den Karpfen putzen und ausnehmen und in Scheiben schneiden; Kopf und Flossen aufbewahren. Einen Sud zubereiten: Kopf und Flossen mit Weißwein, einem Bouquet garni, den Zwiebelringen, Salz und Pfefferkörnern 30 Minuten im Topf kochen; wenn nötig, mit etwas Wasser auffüllen.

In einem anderen Topf den Rotwein mit einer Schalotte in Ringen, einer Knoblauchzehe und einem Bouquet garni aufkochen und 30 Minuten leicht kochen lassen.

80 g Butter in einer großen Bratpfanne zerlassen und die Aal- und Karpfenstücke anbraten, ohne sie zu bräunen. Mit Salz und Pfeffer würzen und mit Cognac flambieren. Den Sud und den eingekochten Rotwein durchseihen und über den Fisch gießen. Langsam aufkochen und vom Feuer nehmen – der Fisch wird in der heißen Flüssigkeit gar.

Für die Sauce die Butter anschwitzen, bis sie schaumig wird, dann das Mehl einrühren. Ausreichend Kochflüssigkeit vom Fisch hinzugeben, um eine sämige Sauce zu erhalten, und die Crème fraîche einrühren.

Die Aal- und Karpfenstücke auf einer vorgewärmten Platte anrichten und reichlich mit Sauce begießen. Mit gewiegter Petersilie bestreuen und mit herzförmigen Brotscheiben, kleinen glasierten Zwiebeln und leicht angerösteten Pilzen servieren. Zu dieser ausgezeichneten *Matelote* sollte man einen guten roten *Chinon* trinken.

Für 6 Personen – Abbildungen Seite 42 und 43

CUL DE VEAU A LA FAÇON DE GRAND-MERE *Kalbsschmorbraten Hausmacher Art*

1½ kg entbeinter, gerollter Kalbsbraten
50 g Butter
2 Zwiebeln in Ringen
100 g geräucherter, durchwachsener Speck in Streifen
2 Möhren in dünnen Scheiben
2 Selleriestauden, dünn geschnitten
2 Tomaten, geschält und zerkleinert
1 Bouquet garni
2 große Prisen frischer Salbei
Salz, frisch gemahlener Pfeffer
½ l trockener Weißwein, vorzugsweise Anjou
⅛ l Schlagsahne

Die Butter in einer Kasserolle zerlassen und die Zwiebeln anbraten; achtgeben, daß die Butter nicht braun wird. Den Speck dazugeben, wenn das Fett beginnt zu zergehen, den Braten hineinlegen und von allen Seiten anbräunen.

Möhren, Sellerie und Tomaten mit dem Bouquet garni und Salbei in den Topf geben. Mit Salz und Pfeffer würzen, das Gemüse umrühren, um es mit Butter und Fett zu überziehen, mit Wein auffüllen. Aufkochen, auf reduzierter Hitze köcheln lassen und zudecken.

Das Fleisch auf dem Herd oder im Backofen fertiggaren. Wenn man es auf dem Herd gart, ab und zu wenden. Sonst den Backofen auf 160 °C vorheizen. Das Fleisch 1½ Stunden braten lassen, dann mit einem Spieß prüfen, ob es gar ist. In dicke Scheiben schneiden und mit etwas Fett aus dem Topf sofort servieren oder Sahne einrühren und schnell einkochen, bis die Sauce dick wird.

Eine gute Beilage sind grüne Bohnen, frische Waldpilze (während der Saison) oder glasierte Möhren mit ein wenig Sauce.

Für 6 Personen – Abbildung rechte Seite

CROUTES AUX PRUNES OU SOUPE DOREE *Brioches mit Pflaumenmus*

Die *Croûtes* werden genauso wie ›Arme Ritter‹ zubereitet, doch statt Brot nimmt man Brioche oder Kastenblatz, womit man wesentlich delikatere Resultate erzielt. Diese goldenen Küchlein mit ihren abgerundeten Ecken sind außerordentlich hübsch und schmecken köstlich.

1 große Brioche oder 1 Kastenblatz
3 Eier
25 g Puderzucker
50 g Butter

FÜR DAS PFLAUMENMUS
250 g Dörrpflaumen, in kaltem Wasser eingeweicht, bis sie aufquellen
100 g Zucker
1 Teelöffel Eau-de-vie de prunes

Zuerst das Pflaumenmus vorbereiten. Die Pflaumen in wenig Wasser etwa 20 Minuten kochen, bis sie weich sind. Entkernen, pürieren und den Zucker und das Eau-de-vie einrühen. Abkühlen lassen.

Das nicht zu frische Brot in etwa zentimeterdicke horizontale Scheiben schneiden. Ein ganzes Ei und zwei Eigelb mit dem Puderzucker aufschlagen. In einer großen Pfanne die Butter zerlassen. Die Brotscheiben in den Eischaum tunken und von beiden Seiten leicht backen, bis sie golden sind.

Das Pflaumenmus auf einer Platte anrichten und die *croûtes* um den Rand drapieren.

Für 6 Personen – Abbildung Seite 50, unten links

ARTICHAUTS FARCIS *Gefüllte Artischocken*

6 Artischocken
½ Zitrone
6 dünne frische Speckscheiben
25 g Butter
2 Eßlöffel Olivenöl
½ Flasche trockener Touraine-Wein

FÜR DIE FÜLLUNG
150 g mageres Schweinegehacktes
150 g Kalbsgehacktes
250 g Pilze, gehackt
1 Eßlöffel Schlagsahne
2 Eßlöffel gehackte Petersilie
Salz, frisch gemahlener Pfeffer

Die Artischocken vorbereiten: Die zähen äußeren Blätter abschneiden und die Spitzen aller Blätter mit einem rostfreien Messer entfernen. Die Schnittstellen mit Zitrone abreiben, damit sie sich nicht verfärben. Die Artischocken mit einem Teelöffel aushöhlen und die inneren haarigen Blütenkelche entfernen. 10 Minuten in kochendem Salzwasser blanchieren, abgießen.

Die Füllung vorbereiten: Fleisch und Pilze vermengen und mit Salz und Pfeffer würzen. Die Füllung mit der Sahne binden und die Petersilie dazugeben. Die Artischocken damit füllen. Jede Artischocke mit einer Speckscheibe verschließen, indem man diese um die Artischocke wickelt und zubindet. In einer feuerfesten Kasserolle Butter und Öl zerlassen, die Artischocken hineinlegen. Leicht anbräunen und den Wein aufgießen. Zudecken und 1½ Stunden bei mäßiger Hitze dünsten.

Die Fäden entfernen und den Speck, die Artischocken umgeben von gebratenen Pilzen servieren.

Für 6 Personen – Abbildungen links und rechte Seite

1970
SEC
Vouvray

SALADE TOURANGELLE *Salat nach Art der Touraine*

Dieser Salat wird aus verschiedenen, rohen und gekochten Gemüsearten gemacht, die einzeln zubereitet, aber zusammen serviert werden.
Man kann dazu nehmen:
Spargelspitzen – gekocht und mit einer Vinaigrettesauce aus Walnußöl und weißem Essig mit Salz und Pfeffer, einigen fein gehackten Schalotten und ein wenig gewiegter Petersilie; gekochte Artischockenherzen – deren Vinaigrette ist etwas kräftiger und enthält Senf, frischen gewiegten Estragon, Schnittlauch, Kerbel, Salz und Pfeffer; gekochte grüne Bohnen – mit derselben Vinaigrette angemacht wie der Spargel; Staudensellerie – die grünen Blätter entfernen und roh mit Zitronensaft und Salz servieren; rohe Champignons – in dünnen Scheiben mit Zitronensaft beträufelt. Mit Sahne und Senf anmachen und mit Salz und Pfeffer würzen. Mit gewiegtem Kerbel bestreuen.

Den Salat mit Toast und frischen Walnüssen servieren.

Abbildung linke Seite

TOURNEDOS A LA TOURANGELLE *Lendenschnitten nach Art der Touraine*

Für dieses Rezept kann man unter zwei Zubereitungsmethoden wählen. In beiden Fällen kümmere man sich zuerst um die Sauce und die Garnierung.

EINFACHES REZEPT:
4 Tournedos (Lendenschnitten vom Rind)
4 Eßlöffel Butter
4 Schalotten, gehackt
4 dünne Scheiben feines, festes Weißbrot
⅕ l weißer Loire-Wein
1 Eßlöffel Öl
Salz, frisch gemahlener Pfeffer

REZEPT FÜR BESONDERE ANLÄSSE:
4 Tournedos (Lendenschnitten vom Rind)
4 Artischockenherzen, gekocht
2 Eßlöffel Mehl
Etwa 1 Eßlöffel Zitronensaft
100 g Butter
4 Schalotten, gehackt
1 Zweig frischer Estragon
⅕ l weißer Loire-Wein
1 Rindermarkknochen, etwa 12 cm lang
4 dünne Scheiben feines, festes Weißbrot
3 Eßlöffel Cognac
250 g Pilze
1 Eßlöffel Öl
Salz, frisch gemahlener Pfeffer
⅛ l Crème fraîche (s. Anhang) oder Schlagsahne

EINFACHES REZEPT: 1 Eßlöffel Butter zerlassen und die Schalotten anbräunen. Mit Wein aufgießen und 15 Minuten auf schwacher Hitze einkochen.

Inzwischen den Backofen auf 180 °C vorheizen. Die Brotscheiben rösten. Die Tournedos in 2 Eßlöffeln Butter und Öl von beiden Seiten 3 bis 4 Minuten braten. Auf die Brotscheiben legen, mit Salz und Pfeffer würzen und warmstellen. Den Bratensatz mit der Sauce ablöschen und den restlichen Eßlöffel Butter einrühren. Abschmecken, über die Tournedos gießen und sofort servieren.

Das REZEPT FÜR BESONDERE ANLÄSSE ist etwas länger, aber nicht komplizierter. Die Garnierung vorbereiten: Artischockenherzen waschen. Das Mehl in einem Saucentopf (Emaille, rostfreier Stahl oder beschichtetes Kupfer) mit etwas kaltem Wasser zu einer weichen Paste anrühren. Etwa 1 l Wasser und den Zitronensaft dazugießen und salzen. Aufkochen, 5 Minuten köcheln lassen und die Artischockenherzen hineinlegen. Bei geringer Hitze 30 bis 40 Minuten kochen lassen, bis die Herzen beim Prüfen mit einer Gabel weich sind. Abgießen und mit 2 Eßlöffeln heißer Butter in eine Bratpfanne geben. Braten, bis die Herzen durchgewärmt sind, beiseite stellen.

In einem anderen Topf die Schalotten und das Estragon in 1 Eßlöffel Butter anbräunen. Den Wein aufgießen und 15 Minuten auf kleiner Flamme einkochen.

Den Markknochen längs halbieren und das Mark herausnehmen. Das Mark 2 Minuten in kochendem Salzwasser kochen. Herausnehmen, in 4 Stücke zerteilen und mit Salz und Pfeffer würzen, beiseite stellen.

Die Pilze in 2 bis 3 Eßlöffeln Butter leicht anbräunen. Mit Zitronensaft abschmecken und warmstellen.

Die Brotscheiben rösten und vor dem Servieren aufwärmen. Die Tournedos in 2 Eßlöffeln Butter braten. Wenn sie gar sind, mit Salz und Pfeffer würzen und mit Cognac begießen, diesen warm werden lassen und flambieren. Die Tournedos auf die Brotscheiben legen, darauf die Artischockenherzen drapieren. Mit einer Markscheibe bedekken und mit Pilzen anrichten.

Den Fond in den benutzten Pfannen mit der eingekochten Weinsauce ablöschen. Die Crème fraîche einrühren und die Sauce abschmecken. Die Tournedos mit Sauce bedecken und auf sehr heißen Tellern sofort servieren.

Für 4 Personen – Abbildung Seite 48

NOISETTE DE PORC AUX PRUNEAUX *Schweinskoteletts mit Pflaumen*

4 Schweinskoteletts
250 g Dörrpflaumen, wenn nötig, ein paar Stunden in Wasser eingeweicht
60 g Butter
1 Eßlöffel Pflanzenöl
Gehackte Petersilie

FÜR DIE SAUCE
1 Möhre, 1 Zwiebel
1 Sellerieknolle
2 Eßlöffel Butter
1 Bouquet garni (s. Anhang)
1 Nelke
Salz, frisch gemahlener Pfeffer
2 Eßlöffel Rotweinessig
⅕ l Rotwein
1 Eßlöffel erweichte Butter
1 Eßlöffel Mehl

Zuerst die Sauce zubereiten: Das Gemüse kleinschneiden und in 2 Eßlöffeln Butter mit dem Bouquet garni, der Nelke und ein wenig Salz und Pfeffer anschwitzen. Wenn es goldbraun ist, Essig und Rotwein aufgießen und 20 Minuten köcheln lassen. Die Sauce durchseihen.

Inzwischen die Pflaumen mit Wasser gerade eben bedecken, 20 Minuten dünsten und abgießen.

In einer großen Pfanne Butter und Öl zerlassen und die Koteletts von beiten Seiten braten, mit Salz und Pfeffer würzen. Wenn sie durch und goldbraun sind, vom Feuer nehmen und warmstellen.

Butter und Mehl mit den Fingern zu einer *Beurre manié* vermengen und diese bröckchenweise in die Sauce geben. Die Sauce ein paar Minuten ziehen lassen, bis die Zutaten gut gemischt sind und die Sauce andickt. Die heißen Pflaumen dazugeben und abschmecken.

Zum Servieren die Koteletts auf eine Platte legen, mit Sauce übergießen, die Pflaumen um den Rand drapieren und mit gewiegter Petersilie bestreuen. Als Beilage eignen sich Salzkartoffeln.

Für 4 Personen – Abbildung rechte Seite

TARTE AUX POIRES BELLE ANGEVINE *Birnentorte*

Die französische Birnensorte Belle Angevine eignet sich besonders gut, doch man kann alle süßen, reifen Birnen verwenden.

FÜR DEN TORTENBODEN
125 g gesiebtes Mehl
75 g Zucker
Eine Prise Saz
60 g Butter

FÜR DIE BIRNEN UND DEN SIRUP
750 g Birnen
100 g Zucker

FÜR DIE KONDITORCREME
3 Eigelb
150 g Zucker
25 g Mehl
¼ l Milch
1 Vanillestange

FÜR DIE GLASUR
3 bis 4 Eßlöffel Aprikosen- oder Himbeermarmelade
Ein paar Tropfen Eau-de-vie de poire (nach Wunsch)

Den Teig rechtzeitig zubereiten: Mehl, Zucker und Salz in einer Schüssel vermengen, die Butter untermischen und etwa 1 Eßlöffel Wasser zugeben. Mindestens eine Stunde kühlen.

Die Birnen mit Zucker in einen Topf geben und mit Wasser bedecken; 5 Minuten kochen. Die Birnen schälen, entkernen und halbieren und in den Sirup geben. Aufkochen, die Hitze reduzieren und etwa 10 Minuten kochen, bis sie gerade weich sind. Die Birnen vorsichtig herausnehmen und den Sirup über kleiner Flamme langsam einkochen, bis er dick wird.

Die Creme zubereiten: Das Eigelb mit Zucker aufschlagen und unter ständigem Rühren das Mehl zugeben. In einem anderen Topf die Milch mit der Vanillestange aufkochen, vom Herd nehmen und unter heftigem Rühren in die Eigelbmischung gießen. Die Mischung in den Milchtopf zurückgießen und erwärmen, gut rühren, bis sie weich und dick ist. Abkühlen lassen, ab und zu umrühren, um Hautbildung zu vermeiden.

Den Backofen auf 190°C vorheizen. Den Teig etwa 4 mm dick und 5 cm größer als die Springform ausrollen. Eine 20-cm-Springform buttern und mit Mehl bestäuben; mit Teig auslegen, der mit der flachen Hand angedrückt wird. Den überstehenden Teig mit dem Nudelholz abtrennen, indem man damit über den Rand der Form fährt. Den Rand recht dick formen, Boden und Rand mit einer Gabel einstechen, damit sie keine Blasen werfen.

Den Teig 20 bis 25 Minuten backen. Leicht abkühlen lassen und mit Creme gleichmäßig füllen. Die Birnenhälften mit den Spitzen zur Mitte darauf drapieren. Den eingekochten Sirup mit der Aprikosenmarmelade zu einer Glasur mischen, die Birnen damit überziehen und mit ein wenig *Eau-de-vie de poire* beträufeln. Auf Zimmertemperatur servieren.

Für 6 Personen – Abbildungen Seite 50 und 51

137 FRUITS · PRIMEURS 137
1 kg

ILE DE FRANCE

Ile de France

Aus gastronomischer Sicht hat die Ile de France mit dem Zentrum Paris die ideale Lage: Sie wird von den Domstädten Chartres, Beauvais, Soissons und Sens begrenzt und schließt den schweren Boden des Pariser Beckens ein, seit Jahrhunderten Gemüsegarten, Brotkorb und Molkerei der Hauptstadt. Eine Stunde von Notre Dame entfernt liegt das große Käseland Brie, eine halbe Stunde der Großmarkt von Rungis, der den Spitznamen »der Bauch von Frankreich« trägt, und ringsum eine einzigartige Konzentration exzellenter Restaurants.

Die Ile de France ist natürlich keineswegs eine Insel, obwohl sie von Flüssen wie Seine, Oise und Marne umschlossen ist. Der Name tauchte zuerst im 15. Jahrhundert auf und wurde ein Synonym für das ›richtige Frankreich‹ in den Zeiten, als das ursprüngliche Königreich der Franken von den mächtigen und neidischen Dynastien der Normandie, Burgunds und Aquitaniens eingeschlossen war. Der Name ist geblieben, weil Paris und seine Umgebung genau im Herzen Frankreichs liegen.

Für viele ist die Nähe von Paris zum Land überraschend. Bei Poissy blühen Spalierobstgärten fast in Sichtweite des Eiffelturms, und im Wald von Fontainebleau leben noch Wildschweine. Orly war einst eher für seine mehligen Kartoffeln als für den Flughafen bekannt, und viele einstige Dörfer – heute Vororte von Paris – haben Beilagen ihren Namen gegeben: Argenteuil war für seinen Spargel berühmt und Clamart für seine Erbsen, Montmorency für seine Kirschen und Montreuil für seine Pfirsiche. Heute noch gehören zu einem Gericht *à la parisienne* fast immer Pilze, obwohl nur ein einzelner Züchter irgendwo bei Paris überlebt hat und der Rest zu den friedlichen Höhlen an der Loire gezogen ist. Arpajon jedoch im Süden von Paris ist noch die stolze Heimat der besten grünen *Flageolet*-Bohnen. Vor 100 Jahren durch selektive Kreuzung entwickelt, wurden diese Bohnen von einer eigenen Eisenbahn den Boulevard Saint-Michel hinab direkt zum Markt in Les Halles transportiert.

Der Reichtum der Hallen spiegelte sich in den Läden und Straßenmärkten von einem Dutzend

Auf der Rue Mouffetard in Paris, nicht weit von der Sorbonne, kaufen Restaurantchefs ebenso wie Hausfrauen – von Studenten, die nach günstigen Angeboten suchen, ganz zu schweigen – frisches Gemüse, Fleisch, Fisch, Käse, Gewürze und fast alle anderen Zutaten einer französischen Mahlzeit einschließlich Gebäck und Brot ein (vorige Doppelseite).

Drei klassische Erzeugnisse des französischen Bäckerhandwerks (rechts) sind die schlanken Baguettes, *die butterreichen Croissants und ein* Couronne d'épis *genannter Brotkranz.*

Weizen und anderes Getreide wächst in der Ile de France im Überfluß, besonders in der Region La Beauce im Süden von Paris, in deren Mitte Chartres mit seiner Kathedrale liegt (oben).

MUSCADET DE
SERVIR
1976
AU PIED DE COCHON

Pariser *Quartiers* wider. Der nächste Metzger, Geflügelhändler, Bäcker oder *Charcutier* war stets in wenigen Minuten erreichbar – ganz zu schweigen von den zahllosen Gemüseläden oder sogar Märkten. Eine Liste der Pariser Spezialitäten von 1828 zählt auf: »Rindfleisch, Pfirsiche, Melonen, Krebse, Aal, *Goujons* (kleine Fische), Karpfen, *Barbillons* (Fische), Gebäck, Likör, Schokolade, Fleisch in Aspik, Marmelade und Süßigkeiten. Alles was mit Geld zu bezahlen ist«, schließt die Liste, »sogar frische Eier aus Lyon« – eine Bemerkung, die heute an Gültigkeit noch gewonnen hat. Die Geschäfte um die Madelaine – CAVIAR KASPIA, LA MAISON DE LA TRUFFE, HEDIARD (exotische Früchte und Gewürze), FERME SAINT-HUBERT (Käse) und das COMPTOIR GOURMAND des Michel Guérard (Delikatessen und *Foie gras*) – liefern für Geld fast alles.

1969 erzwang die städtische Enge die Verlegung der Hallen nach Rungis, strategisch günstig neben dem Flughafen Orly gelegen. Ein Besuch in Rungis ist ein Genuß, denn hinter den glatten, modernen Fassaden wartet ein kulinarisches Erlebnis, das einen jedesmal erneut in seinen Bann zieht. Vor Ihnen liegen die Pavillons dessen, was mit 600 Hektar durchaus der größte Lebensmittelmarkt der Welt sein könnte. Im Inneren erstreckt sich die unzweifelhaft größte Vielfalt des Angebots: Geflügel aus 15 französischen Provinzen, *Foie gras* aus dem Périgord und Israel, Mangos aus Peru. Ein Pavillon ist ausschließlich Würsten gewidmet.

In einer der Fleischhallen können Sie einen Küchenchef der La Varenne-Kochschule beobachten, der mit wachem Blick das Fleisch prüft. Werfen Sie einen Blick auf die Würste – und folgen Sie dem Chef in den Geflügelpavillon. Eine Tafel kündet an, daß 431 Tonnen Geflügel angeliefert wurden und daß 83 Tonnen vom Vortag übrig sind. Die Kisten mit Hühnern sind mit roten Aufklebern versiegelt, die ihre einwandfreie Herkunft bescheinigen. Wenn Sie zum Obst und Gemüse kommen, sehen Sie, wie der Chef eine erste Runde dreht und hier und da hineinpiekt – es reicht nicht, die Körbe nur oberflächlich anzuschauen. Er sammelt kistenweise Birnen und Pflaumen, Körbe mit einem halben Dutzend verschiedener Gemüse, die eine Hilfskraft dann zu seinem Lastwagen hinausschleppt. In Rungis findet man auch eine beträchtliche Menge mittelmäßiger Ware zu (theoretisch) niedrigeren Preisen. Aber gerade die Suche nach einem Schnäppchen macht den Reiz des Einkaufs aus.

Die letzte Station des Chefs der La Varenne-Kochschule ist bei den Gemüse-Erzeugern, die winzige, von Kanälen im Zickzack durchfurchte Moorland-Gärten intensiv bestellen. Hier wachsen die bekannten *Primeurs* – Minimöhren und -rüben, walnußgroße Kartoffeln, zarte Baby-Kopfsalate und kaum fingerlange Porreestangen. Eine weitere Spezialität ist Kresse, die in zehn Grad Celsius kalten

Wo einst ein Bistro Metzger und Gemüsehändler der Halles *zu jeder Nachtstunde bediente, ist heute das Restaurant* AU PIED DE COCHON, *ein großes, vornehmes Etablissement, zu dessen Spezialitäten jedoch immer noch eine herzhafte Zwiebelsuppe gehört:* La gratinée *(linke Seite).*

Ein Geflügelladen in der Rue Sainte-Dominique (oben) bietet alle Arten Vögel an. Eine erstklassige Charcuterie *in der Rue Furstemberg (unten) wartet an einem Winterabend auf späte Kunden.*

Ein alter Spruch sagt, daß die Märkte von Paris der ›Bauch von Frankreich‹ sind, da hier Nahrungsmittel aus dem ganzen Land verkauft werden, hier Wild in einem Geschäft am linken Seineufer (oben).

Auf der rechten Seite (reihenweise von links nach rechts): Delikateßbrote bei POILANE; *Bauern-*Chèvre *von Loir und Cher auf dem Markt von Rungis; wiederum in Paris Schalentiere (im Vordergrund Jacobsmuscheln mit ihrem Rogen); herzförmige* Chèvres *aus dem Indre-Gebiet südwestlich von Paris; abendlicher Blick auf die Türme von Paris; Coulommiers- und Brie-Käse, die man* Fromage de rois *nennt;* Baguettes *und* Pain de deux *fertig zum Austragen; Darstellung alter Champagnerflaschen auf einer Mauer im alten Weinmarkt von Porte de Bercy; sogenannte* Champignons de Paris, *die zum größten Teil in Höhlen an der Loire wachsen.*

(aber idealen) Bächen gezogen wird – das *Vert pré* oder die Kresse-bouquet-Garnierung für gegrilltes Fleisch und Huhn ist typisch für Paris. Für Kresse und für Dutzende von Obst- und Gemüsearten gab es einen gereimten ›Ruf von Paris‹, den die Straßenhändler intonierten, wenn sie durch die Straßen der Hauptstadt zogen. So pflegte zum Beispiel der Artischocken-Mann seine Ware vor vier Jahrhunderten als »erwärmend für Leib und Seele, hält den Unterleib warm!« anzupreisen.

Dank der Gemüse zeichnet sich die Küche der Ile de France durch einige großartige Suppen aus: einige davon, wie die Zwiebelsuppe, sind im französischen Sinne *Soupes,* die mit Brot bereichert eine komplette Mahlzeit darstellen. Andere sind üppige, cremige *Potages:* zum Beispiel die *Potage Saint Germain* (aus frischen grünen Erbsen) und die aus Möhren gemachte *Potage Crécy* (ein Dorf östlich von Paris). Herzhafter ist die *Potage soissonnaise,* mit Speckstreifen und weißen Bohnen aus Soissons. Die *Potage aux primeurs,* eine besonders schmackhafte Suppe, stammt von Marie-Antoine Carême, dem Koch Tayllerands, des Prinzregenten und des Zaren Alexanders I.

Die Suppe war tatsächlich *das* Gericht der ersten Pariser Restaurants, die so genannt wurden, weil sie *Bouillons restauratifs* servierten. Seit 1467 war der Verkauf von gekochtem Fleisch *(Chair cuite)* innerhalb der Stadtmauern das Vorrecht der städtischen *Charcutiers,* doch um 1765 soll ein gewisser Boulanger diese Anordnung umgangen haben, indem er Schafsfüße in einer weißen Sauce servierte. 30 Jahre später, unmittelbar nach der Revolution, konnte man in Paris über 500 Restaurants finden. Das CAFE ANGLAIS, das aus der Zeit des kurzlebigen Friedens von Amiens (1802) stammt, ist trotz seines Verschwindens im Jahre 1913 noch heute wegen seiner hinreißend guten Küche berühmt. Während vieler Jahre wurde es von Adolphe Dugléré geleitet, dem Schöpfer der *Sole Dugléré.* 1867 bat er bei einem denkwürdigen Essen den russischen Zaren, den Zarewitsch, den König von Preussen und Otto von Bismarck zu Tisch.

Typischer ist das wechselhafte Schicksal des TOUR D'ARGENT, der 1582 außerhalb der Stadtmauern gegründet wurde (und daher gekochtes Fleisch verkaufen durfte). Als bevorzugtes Lokal der Steuereintreiber wurde der TOUR D'ARGENT während der Französischen Revolution zerstört, doch um 1860 wieder aufgebaut. Berühmt wurde er mit Frédéric, dessen würdige Gestalt bei der Zubereitung von *Canard au sang* auf Ansichtskarten verewigt ist. 1912 übernahm André Terrail das Restaurant und verlegte es an seinen jetzigen Standort, wo man Notre Dame und die Ile de la Cité überblickt – damals ein kühner Schritt, angeregt durch einen Besuch in den USA. Vor kurzem setzte ein anderer Terrail, Andrés Sohn Claude, einen neuen jungen Küchenchef mit seiner fast ein Dutzend Mann starken Brigade ein – ein unerhörter Vorgang, wenn man bedenkt, daß ein Chef normalerweise bis auf ein paar Leute den Stab seines Vorgängers übernimmt. Das Urteil über diesen Wechsel steht noch aus: Es hängt

Brie de Meaux

vom »Guide Michelin« sowie Henri Gault und Christian Millau ab, die jede gastronomische Landmarke der Ile de France erfaßt haben – und deren gibt es viele, da etwa ein Drittel der 100 besten Restaurants Frankreichs in und bei der Hauptstadt liegt.

Von den Führern im allgemeinen ignoriert werden die Cafés, Bistros und Brasseries mit ihren »Tausenden gutgekleideter Leute, die den ganzen Tag und einen Großteil der Nacht dort sitzen, in und vor den Boulevardcafés rauchen, trinken, Karten und Domino spielen und sich sonstwie amüsieren« (George Sala), die weit wichtiger für das Pariser Leben sind. Die heutigen Cafés reichen von den eleganten Boulevardcafés wie dem CAFE DE LA PAIX neben der Opéra bis zur bescheidensten Bar, doch die besten davon haben sich die clubähnliche Atmosphäre erhalten, welche die frühe Generation der Cafés im Palais Royal charakterisiert haben muß. Hier vor dem CAFE FOY geschah es, daß Camille Desmoulins die Kokarden an die Menge verteilte, die danach die Bastille stürmte.

Wenn Sie lange genug in Paris bleiben, werden Sie sich wahrscheinlich ein Stammcafé auswählen – vielleicht eines der vielen freundlichen, funktionalen Lokale mit der traditionellen, verzinkten Theke und den Tischen mit Eisenfüßen. Jeden Morgen können Sie die vertrauten Gesichter begrüßen und sich beim Kaffee mit der Zeitung niederlassen, während der Wirt telefonisch seine Bestellungen abwickelt. Jeden Tag bieten die kleinen Cafés ihren Gästen eine *Plat du jour* mit einer Auswahl von zwei oder drei Vorspeisen an; mittwochs gibt es zum Beispiel *Petit salé* (eine Art Pökelfleisch) mit Linsen, am Donnerstag Lamm mit *Flageolets,* und freitags könnte es Rochen mit brauner Butter oder Seezunge *meunière* sein, oder auch *Brandade,* das provenzalische Püree aus gepökeltem Kabeljau; zum Abschluß selbstgemachte Schokoladenmousse oder *Crème caramel* oder statt dessen Käse und Obst. Mit Kaffee und einer kleinen Karaffe Wein beläuft sich die Rechnung auf ungefähr 25 DM. Um 12.30 Uhr ist das Lokal bereits voll besetzt.

Mit dem Wort ›Café‹ ist der Ausdruck ›Bistro‹ mehr oder minder austauschbar, ein Wort zweifelhaften Ursprungs, vielleicht von *bistrouiller* abgeleitet, was bedeutet: schlechte Weine verschneiden. Eine ›Brasserie‹ (Brauhaus), größer und nicht so persönlich wie ein Café, pflegte ursprünglich ihr Selbstgebrautes an Ort und Stelle zu verkaufen. Viele Brasseries wurden von elsässischen Köchen geführt – daher gehören *Coq au Riesling, Choucroute garni* und *Saucisses frites* zum Standardangebot. Jeder Bahnhof und viele große Straßenkreuzungen bieten Platz für eine Brasserie, und einige davon wie die BRASSERIE LORRAINE an der Place Wagram sind teuer, mit weißen Leinentischdecken, Champagner im Eiskübel und riesigen *Cartes,* die einfaches, traditionelles Essen anbieten – ein Dutzend verschiedene Austern, *Langoustines mayonnaises,* gebratene Schweinshaxe, gewaltige Steaks, kaum kleinere Lammkoteletts, und zu allem die allerbesten *Frites.*

Sonntags zieht es viele Pariser zum Mittagessen aufs Land zu jenen ›petites auberges‹, welche die City in einem mit den besseren Verkehrsmöglichkeiten wachsenden Ring umgeben. Der verführerische Zauber ihrer flußnahen Lagen wurde schon von den Impressionisten verewigt. Bereits zu Beginn des 19. Jahrhunderts pries der Gastronom Grimod de la Reynière die reine Luft von Saint-Germain-en-Laye, deren »Frische den Appetit und die Verdauung anregt.« Das Ambiente stimmt; aber heute sind die meisten *Auberges* der Ile de France nur noch von geringem kulinarischen Interesse – viele gleichen Imbißbuden mit Schnellservice für langweilige *Pâté,* harten Salat und zu lange gekochtes *Coq au vin.*

Die Sonntagsausflügler suchen nach einer aussterbenden Art: der ländlichen Küche der Ile de France.

Suppen sind eine Spezialität der Ile de France, und Potage aux primeurs *(links) ist eine der besten. Man braucht dazu Eigelb, grünes Frühlingsgemüse und* Croûtons.

In Ris de veau *(unten), wie man es im* GRAND VENEUR *in Barbizon zubereitet, kocht Kalbsbries in einer Gemüsesuppe.*

Sie halten Ausschau nach Kaninchen-Frikassee, mit einem Hauch Speck und Zwiebeln in Weißwein geschmort, nach Hühnchen *à la ficelle*, das mit Butter begossen wird, während es sich vor dem offenen Feuer dreht. Die Gasthöfe an der Oise boten einst Eintöpfe aus dem Tagesfang mit Barsch, Hecht, Karpfen und Aal an, mit Wein gewürzt und mit Sahne abgeschmeckt. Irgendwo muß noch eine Spur der Brassen aus der Loing zu finden sein, der *Friture* aus kleinen, an Weißlinge erinnernden Fischen, des *Salmis* von Soissoner Gänsen, des *Navarin*-Lamms und des Gemüseeintopfs von Montlhéry. Aber wo?

Den Vor- und Nachspeisen scheint es besser ergangen zu sein. Paris wie auch die Ile de France sind für *Pâtés* und *Terrines* (letztere oft von Wild) bekannt. Das von Maisfeldern umgebene Etampes bereitet eine *Pâté* aus Lerchen (deren kleine Köpfe traurig aus der Pastete lugen), und Barbizon am Rande des Waldes von Fontainebleau ist auf eine Wildschwein-Terrine mit Leber und Trüffeln spezialisiert. Die typische Pariser *Pâté* gibt es in manch einer Form. Eine *Friand* zum Beispiel ist quadratisch und eine *Pâté parisien* rund. Verbreiteter sind die rechteckigen *Pâtés Pantin* (Pantin heißt eines der Stadttore), deren Schweinefleischmasse mit Kalbfleisch- und Schinkenstücken durchsetzt ist. Eine *Pâté Pantin* kann so groß sein, daß sie wie eine Torte in Stücke zerteilt wird, aber häufiger wird sie wie *Friands* und *Pâtés parisiens* in Portionsgröße verkauft. Die Füllung ist normalerweise Schweinefleisch, man kann aber fast jedes andere Fleisch verwenden.

Desserts sind in der Ile de France gleichbedeutend mit Backwaren; und Paris könnte man die Stadt der *Pâtissiers* nennen. Auf einem halben Kilometer kann man an fünf oder sechs im äußeren Eindruck und der Qualität unterschiedlichen *Pâtisseries* vorbeikommen. In einer findet man kaltes Neonlicht und ein Minimum an Dekoration, sie ist voll von schweren, mit Crèmes und Sahne überladenen Kuchen. Eine andere stellt hinter getönten Scheiben teure, allerfeinste *Gâteaux* aus. Eine dritte bietet vor allem Schokolade an. Und eine vierte füllt ihre Auslage mit Reihen verführerischer *Hors d'œuvres* und *Petits fours*. Am Morgen liegen allerdings im Schaufenster nur Croissants, Brioches und *Pains au chocolat*, so auch bei Millet, einer der besten *Pâtisseries* in Paris. Hier wird alles am selben Tag gebacken und verkauft, und jeder Kuchen ist ein getreues Abbild seines Bruders. Nur die besten Zutaten finden Verwendung – hier braucht es kein Schild: »Guarantis pur beurre«. Die Dekorationen sind einfach – eine knusprige Karamelauflage, eine einzelne, riesige Schokoladenrose, eine Girlande perfekter Creme-Rosetten. Zu den Spezialitäten gehören *Gâteau Saint-Honoré*, benannt nach dem Schutzpatron der Zukkerbäcker, Blätterteiggebäck, das mit einer schweren, appetitlichen Sauce oder *Crème Chantilly* gefüllt ist, der fetten Schlagsahne, die den Duc de Condé und sein Schloß bei Chantilly ehrt, sowie lockere Brioches.

Millet beschäftigt 15 Köche und Lehrlinge unter dem Meister-Pâtissier Denis Ruffel. Nur ein kleiner Teil ihrer Werke erreicht das Schaufenster, da das meiste auf Bestellung für Restaurants und Bankette angefertigt wird. Das Vertrauen in diese Art der Belieferung reicht weit zurück, denn schon 1557 bemerkte der venezianische Gesandte in Frankreich, daß die »*Rôtisseurs* und *Pâtissiers* ein Essen für zehn, 20 oder gar 100 Personen« in weniger als einer Stunde bereitstellen könnten.

Die Geschichte des Pariser Brotes ist weniger glücklich. Von allen Lebensmittelbranchen kamen die *Boulangers* am häufigsten in Schwierigkeiten,

Matelote de l'Oise *ist ein gewöhnlich mit Hecht, Barsch, Karpfen und Aal zubereiteter Fischeintopf und eine Spezialität M. Musarans in der* AUBERGE DE LA RABETTE *bei Rambouillet. Die Fischstücke werden mit den Köpfen und Zwiebeln, Porree, Pilzen, Zitrone und Petersilie gekocht, so daß ihr Aroma in der Sauce festgehalten wird, die man mit Sahne andickt und wieder zum Fisch gibt.*

weil sie das Mehl mit Sand oder Sägemehl verfälschten oder falsche Gewichte angaben. Heutzutage werden sie angegriffen, weil sie Konservierungsstoffe verwenden und die alten Ziegelöfen durch automatische Apparate aus Stahl ersetzen. Doch jüngst wurden die alten Handwerksmethoden vor allem von der Familie Poilâne wiederbelebt. Mehr und mehr Geschäfte beginnen, selbstgebackenes (oder Poilânes) Landbrot, Vollkornbrot, Roggenbrot und interessante Nuß- und Rosinenbrote anzubieten.

Städter durch und durch und nur selten zu Hause haben die Pariser drei Möglichkeiten, gut zu essen: sie gehen aus, sie kaufen Essen im Restaurant, um es mit nach Hause zu nehmen, und wenn sie kochen, kochen sie schnell.

Entrecôte Bercy *ist ein Zwischenrippenstück mit einer Wein-Zwiebel-Sauce. Es ist nach dem Quai de Bercy benannt, dem einstigen Platz des ersten Weinmarktes von Paris. Natürlich gehört Wein zu diesem Gericht, und obwohl die meisten Köche Weißwein vorziehen, zögert der Küchenchef François Medina im* COCHON D'OR *in Paris nicht, Rotwein zu verwenden. Er serviert das* Entrecôte *mit Kartoffelkroquetten und garniert es mit Brunnenkresse.*

»Ein Spritzer Essig ... kurz gebraten ... leicht angebräunt ... schnell sautiert ... ein Geschmack von Zitronensaft, Essiggurken und Pfeffer« faßt der Kochbuch-Autor Austin de Croze den Stil von 1931 zusammen. Typisch für die Pariser Küche ist *Châteaubriand*, ein dickes Rinderfilet, das gegrillt (statt im Ofen gegart) wird; *Entrecôte marchand du vin* mit einer Sauce aus Rotwein und Schalotten; und das verwandte *Entrecôte Bercy*, das mit Weißwein zubereitet wird. Ein weiteres Pariser Schnellgericht ist die mittelalterliche *Sauce Robert*, eine braune, mit Weißwein, Essig und Senf abgeschmeckte Sauce, die gekochtes Fleisch interessanter machen soll.

Paris ist mindestens seit dem 16. Jahrhundert die Heimat der Chips (sehr dünne, frittierte Kartoffelscheiben), als diese in Buden auf dem Pont Neuf verkauft wurden (in klassischen Kochbüchern heißen einfache Pommes frites *Pommes Pont Neuf*). Die vornehmeren *Pommes soufflées* haben eine schöne Geschichte, die 1837 mit der Einweihung der kleinen Bahnlinie in Saint-Germain-en-Laye begann, die Gemüse nach Paris transportieren sollte. Der Zug blieb an einer Steigung hängen, und das Mittagessen wurde aufgeschoben, bis die Pfeife ertönte; der Koch warf seine halbgaren Kartoffeln in heißes Fett, wo sie sich zu anmutigen kleinen Bällchen aufblähten.

Die Pariser Schnellküche ist leicht zu finden, aber auch das Gegenteil soll es geben: *Cuisine de concierge*. Ältere Franzosen erinnern sich nostalgisch der kleinen *Plats*, die stundenlang auf dem Herd köchelten und die Wohnung mit appetitlichen Gerüchen durchzogen, während die Concierge die Treppe putzte. *Pot-au-feu*, *Hâchis parmentier* (Hirtenkuchen) und *Bœuf miroton* (mit Zwiebeln und Essig geschmortes Rindergehacktes) werden zwar oft genannt, doch findet man sie nur selten in der Portiersloge.

Ein Überblick über die Pariser Schnellküche ist unvollständig, wenn wir das überall zu findende getoastete Käse-Schinken-Sandwich *Croque Monsieur* nicht erwähnen. Mit allem Pomp hat keine geringere Institution als die Academie Culinaire darüber debattiert, ob das *Croque Monsieur* aus einer oder zwei Scheiben Brot bestehen sollte, mit dem Käse obendrauf oder dazwischen. Ist *Croque Madame* mit einem Spiegelei darüber eine zulässige Variante? Heimtückischer jedoch ist die schleichende Bedrohung durch den Hamburger, der zusammen mit der Pizza bei Jugendlichen unerhört beliebt ist.

Käse ist ein wichtiger Teil einer französischen Mahlzeit, und in der Ile de France bedeutet das vor allem Brie. (Brie mit seiner Hauptstadt Senlis war Teil der ursprünglichen Ile de France.) Um das Siegel *Appellation d'origine contrôlée* zu verdienen, muß der Brie einen Fettgehalt von mindestens 45 Prozent aufweisen, zwischen einem und zwei Pfund wiegen und einen Monat alt sein. Dazu muß die Milch aus einem bestimmten Gebiet kommen, das sich von Brie

Michel Petit (oben) gehört das Benoit *in der Rue Saint-Martin. In der eleganten Umgebung aus poliertem Kupfer und graviertem Glas der Jahrhundertwende bekommt man alles, von einem Glas Wein bis zu einer kompletten Mahlzeit.*

Weit formeller geht es im Restaurant Grand Veneur *(unten) am Waldrand von Fontainebleau zu. Der Kamin im Speisesaal hat eine* Broche, *einen Grill, an dem man über einem Holzfeuer Hähnchen und Wild röstet.*

bis zu den Grenzen der Lorraine erstreckt. Hier jedoch endet die Standardisierung, wie man sofort bemerkt, wenn man die Marktstände in Meaux, dem Zentrum der Brie-Herstellung, betrachtet. Die vertrauten flachen Räder werden als *Brie de Meaux* klassifiziert, während der *Brie de Melun* kleiner und dicker ist und *Coulommiers,* das dritte Mitglied der Brie-Familie, an einen überdimensionalen Camembert erinnert. Alle drei ändern sich auch mit dem Alter von einer festen, fast kreidigen Konsistenz zu cremigen, dann buttergoldenen Käsen, die an den Rändern leicht schwitzen. Die herkömmliche Vorstellung eines parfürmierten, sahnigweichen Brie ist nur ein Stadium, in dem ihn die Einheimischen genießen. Eine klumpige, frische Variante (zu jung, um nach den Regeln der *Appellation contrôlée* Brie genannt zu werden) ist ebenso erhältlich wie braune, verkrustete Keile, die völlig ungenießbar aussehen. Wenn der Verkäufer darauf besteht, daß Sie davon probieren, seien Sie tapfer – die scharfe, nußartige Rinde ist wirklich ausgezeichnet und der erwartete Ammoniakgeschmack fehlt fast völlig.

Doch wenn man Philippe Bobin, dem *Maître affineur,* durch die Käseregale im Lagerhaus der Familie folgt, kann man dem Ammoniakgeruch nicht entgehen. Bobin spricht über die idealen Bedingungen, um Käse reifen zu lassen: kühle Feuchtigkeit ist äußerst wichtig, aber auch die richtige Bakterien-

kombination (das Lager darf niemals desinfiziert werden). Bei den 16 000 Käsen ist eine überraschende Vielzahl von Varianten, und Monsieur Bobin erklärt, daß ein Dutzend oder mehr Sorten in Brie und der benachbarten Champagne hergestellt werden. Zu den fetteren Sorten gehören *Chaource, Brillat-Savarin, Fougéru* und *Pierre-Robert; Butte de Brie* ist wie ein Ziegel geformt, *Vignelait* in Weinblätter gewickelt, und den cremigen, frischen *Fromage de Fontainebleau* soll man mit Zucker und Sahne oder gehacktem Knoblauch und Kräutern essen.

Wein gehört nicht zu den einheimischen Produkten der Ile de France, aber vor gar nicht langer Zeit wuchsen bei Pontoise und Suresnes Reben, und im Mittelalter waren die sonnigen Hänge links der Seine in Paris mit Weinstöcken bedeckt. Selbst heute noch findet im Montmartre eine quasi symbolische Lese statt, und südlich davon werden in Thoméry Chasselas-Trauben aus Ablegern der Reben François' I. angebaut. Aber der wahre Weinreichtum von Paris liegt in seinen Weinkellern, die gefüllt sind, um bis zum Ende der Tage zu überdauern. Während der Belagerung von Paris im Jahre 1870 war das Restaurant VOISIN gezwungen, Fleisch von Zootieren zu servieren, konnte aber immer noch zur Elephanten-Consommé einen *Château Palmer 1846* kredenzen!

Die Köche der Ile de France haben gewiß alles ausprobiert. Die Provinz war so vielen verschiedenen Einfüssen ausgesetzt, daß man unmöglich entscheiden kann, was hier begann und was von außerhalb stammt. Allein in den letzten 200 Jahren hat Paris den Gastgeber für Regierungen gespielt, zu denen das *Ancien régime*, das erste und zweite Kaiserreich und die erste bis fünfte Republik gehörten – ganz zu schweigen von den Besatzungsmächten. Die Ausländer haben solche Absonderlichkeiten wie die Manie für Roastbeef und Yorkshire-Pudding und die gegenwärtige Vorliebe für Couscous und Frühlingsrollen eingeführt. Man darf sogar behaupten, daß die beste Küche der französischen Provinzen nicht an Ort und Stelle, sondern in Paris zu finden ist, wo Hunderte von Köchen vom Land sich in den Restaurants bewährt haben. Und ein Liebhaber der französischen Küche kann wirklich Schlechteres tun, als in Paris zu bleiben. Kurzum, Frankreich ist führend in der Kochkunst der westlichen Hemisphäre, und Paris und die Ile de France liegen in seinem Herzen.

Die schöne Boulangerie *des M. Poujaran in der Rue Jean Nicot in Paris (oben links) ist bekannt für ihre Atmosphäre des 19. Jahrhunderts.*

Im Keller von POILANE *in der Rue du Cherche-Midi (links) schiebt der Bäcker Michel Lory eine Ladung Brot in den Ofen, während hinter ihm der Teig aufgeht.*

Fromage de Fontainebleau à la crème *(oben) ist eine gezuckerte Mischung aus* Fromage blanc *und* Crème fraîche.

Eine Paris-Brest-Torte (rechte Seite), gebacken von M. Ruffel von der PÂTISSERIE MILLET *in Paris, besteht aus Brandteig, gefüllt mit* Crème patissière pralinée. *Die erste Paris-Brest-Torte war die Kreation eines Küchenchefs um die Jahrhundertwende, der das berühmte Radrennen gleichen Namens ehren wollte und den Kuchen kreisrund und aufgeblasen wie einen Fahrradschlauch formte.*

ENTRECOTE BERCY *Entrecôte mit Sauce Bercy*

Eine Sauce Bercy wird stets mit Wein zubereitet, da das Quai de Bercy am rechten Seineufer einst die Anlegestelle der Barken war, die Wein in die Hauptstadt transportierten. Heutzutage wird der meiste Wein mit Lastwagen direkt zum Einzelhändler gebracht, aber in den halbverlassenen Lagerhäusern entlang der Quais kann man noch Reihen gewaltiger Fässer sehen. Die übliche Beilage zu diesem Entrecôte sind überbackene Kartoffeln oder Pommes frites.

4 *Entrecôtes* (Zwischenrippenstücke)
jedes etwa 2 cm dick
2 Schalotten, fein gehackt
125 ml Weißwein
½ l brauner Fond
2½ Teelöffel Pfeilwurz oder Kartoffelstärke auf 2½ Teelöffel kaltes Wasser
2 Teelöffel Öl
Salz, frisch gemahlener Pfeffer
1 Eßlöffel gehackte Petersilie

Die Sauce: In einem schweren Topf den Wein mit den Schalotten bis auf etwa 1 Eßlöffel einkochen. ¾ des Fonds dazugießen und aufkochen. Die Speisestärke nach und nach in die kochende Soße rühren, die sofort andickt. Genug Stärke einrühren, um der Sauce die Konsistenz sehr dünner Sahne zu geben. Abschmecken und bei Bedarf nachwürzen. Die Sauce kann bis zu 2 Stunden vorher zubereitet werden.

Das Fleisch: Das Öl in einer schweren Pfanne erhitzen. Die Steaks hineinlegen und von beiden Seiten je 3 bis 5 Minuten bei starker Hitze braten, so daß sie innen noch leicht blutig sind. Nach dem Wenden salzen und pfeffern. Auf eine Servierplatte setzen und warmstellen. Die Sauce aufwärmen. Den restlichen Fond in der Pfanne aufkochen, gut umrühren, um den Bratensatz zu lösen. Zur Sauce gießen und passieren. Noch einmal kurz aufkochen, die Petersilie einrühren und abschmecken. Ein wenig Sauce über die Steaks gießen und den Rest getrennt servieren.

Für 4 Personen – Abbildung Seite 72

TERRINE DE GIBIER *Wildpastete*

350 g frischer Speck in Scheiben
500 g Wild (Hase, Kaninchen, Rotwild oder Wildschwein)
125 g roher Schinken in Würfeln
125 g fetter Schweinespeck in Scheiben
¼ Tasse Brandy
¼ Tasse Madeira
½ Teelöffel gemahlener Jamaikapfeffer
1 Prise gemahlene Nelken
1 Prise gemahlenes Muskat
Salz, frisch gemahlener Pfeffer
500 g Schweinegehacktes (halb fett, halb mager)
1 Ei

FÜR DEN TEIG ZUM ABDICHTEN
90 g Mehl
2 bis 3 Eßlöffel Wasser

Man braucht eine 1½-l-Pastetenform mit Deckel und Dampfabzug. Die Form mit Speck auslegen, 2 oder 3 Scheiben aufbewahren. Die Hälfte des Wildfleisches in fingerlange Streifen schneiden. Die Fleischstreifen, den Schinken und den fetten Speck in einer Schüssel mit Brandy, Madeira, Jamaikapfeffer, Nelke, Muskat, Salz und Pfeffer vermischen. Zudecken und 1 bis 2 Stunden marinieren.

Den Backofen auf 180°C vorheizen. Das restliche Wild mit dem Schweinegehackten und 1 Scheibe Speck durch die feinste Scheibe eines Fleischwolfs drehen. Die Marinade vom Wild in die Fleischmischung geben, das Ei unterziehen und mit Salz und Pfeffer gut würzen. Rühren, bis die Füllung zusammenhält. Ein Bällchen davon braten und kosten – es sollte recht scharf sein. Wenn nötig, die restliche Füllung nachwürzen. Mit einem Viertel der Füllung die Form auslegen, ein Drittel der Wildfleisch-Streifen mit ein paar Schinken- und fetten Speckstücken daraufschichten und mit einer Schicht Füllung bedecken. Weitere Schichten hinzufügen, bis alles Fleisch aufgebraucht ist, mit einer Lage Füllung abschließen. Die restlichen Speckscheiben darauflegen und zudecken.

Der Teig zum Abdichten: Das Mehl in eine Schüssel füllen. Langsam Wasser zugeben, eine feste Paste rühren. Den Teig auf einem Brett zu einer langen Wurst formen, indem man ihn mit den Händen hin und herrollt. Den Teig um den Deckelrand legen, damit er den Topf schließt, und leicht andrücken.

Die Pastetenform in ein Wasserbad in der Bratpfanne setzen und auf dem Herd zum Kochen bringen. Dann im vorgeheizten Ofen 1¼ bis 1½ Stunden backen, oder bis ein Bratspieß, den man durch den Dampfabzug in die Masse sticht, nach 30 Sekunden heiß herauskommt. Die Pastete etwas abkühlen lassen, bis sie lauwarm ist, die Dichtpaste entfernen und den Deckel abheben. Einen flachen Teller darauf legen und mit einem Gewicht von 1 kg beschweren. Über Nacht in den Kühlschrank stellen. Wenn die Pastete kalt ist, Gewicht entfernen und zudekken. Am besten mindestens drei Tage (bis zu einer Woche) im Kühlschrank lassen, damit der Geschmack an Strenge verliert.

Zum Servieren auf einen Teller stülpen und in Scheiben schneiden oder in der Form schneiden. Mit Weizenvollkorn- oder Landbrot servieren.

Für 12 Personen – Abbildung rechte Seite

FINDLATER'S
PALACE

GATEAU PARIS-BREST *Paris-Brest-Torte*

Die Konditorcreme kann, wie in diesem Rezept, mit Kaffee oder aber mit Krokant angerührt werden.

FÜR DEN TEIGKRANZ
150 g Mehl
90 g Butter
1 Teelöffel Salz
6 Eier
1 Eßlöffel plus 2 Teelöffel blanchierte Mandelblätter
Puderzucker

FÜR DIE CREMEFÜLLUNG
5 Eigelb
90 g Zucker
45 g Mehl
⅜ l Milch
1 Prise Salz
2½ Teelöffel Pulverkaffee
Butter

Den Backofen auf 200°C vorheizen und ein Backblech buttern.

Der Teigkranz: Das Mehl auf Pergamentpapier sieben, in einem Topf eine knappe Tasse Wasser, Butter und Salz erhitzen, bis die Butter schmilzt. Aufkochen und vom Herd nehmen. Alles Mehl auf einmal dazuschütten und mit einem Holzlöffel heftig schlagen, bis die Mischung sich als Ball vom Topfrand löst. Das heiße Wasser läßt das Mehl zu einem Teig werden. Für ½ bis 1 Minute wieder auf den Herd setzen, umrühren, um den Teig zu trocknen. Den Teig in eine Schüssel umfüllen.

Mit einem Holzlöffel oder einem Mixer 4 Eier, eins nach dem anderen, unter den Teig ziehen, nach jedem Ei gründlich schlagen. Ein weiteres Ei in einer Schüssel aufschlagen und verrühren. Ausreichend davon unter den Teig ziehen, bis dieser glänzt und gerade vom Löffel tropft. Man muß nicht das ganze Ei verbrauchen; wenn man zuviel zum Teig gibt, wird dieser zu weich, um geformt zu werden.

Den Teig in einen Spritzbeutel mit einfacher 2-cm-Tülle füllen und auf das vorbereitete Backblech je einen Ring von 25 und 30 cm Durchmesser spritzen. Mit dem übrigen Teig einen dritten Ring auf die ersten beiden spritzen. Das restliche Ei mit einer Prise Salz aufschlagen und den Teig damit einpinseln, mit den Mandelblättern bestreuen. 30 bis 35 Minuten backen, bis der Teig sehr fest ist. Er wird zuerst oben braun, also vergewissere man sich, daß auch die Spalten an den Seiten des Kranzes braun sind, bevor man ihn aus dem Ofen nimmt. Auf eine Platte legen; wenn er noch warm ist, horizontal aufschneiden, damit der Dampf entweichen kann.

Die Cremefüllung: Die Eigelb mit dem Zucker schaumig aufschlagen. Das Mehl einrühren. Die Milch mit Salz und Kaffee aufkochen, umrühren, bis sich der Kaffee auflöst. Die Milch unter den Eischaum ziehen, in den Topf zurückgießen und auf schwacher Hitze unter ständigem Rühren aufkochen. Wenn sich Klumpen bilden, vom Herd nehmen und heftig rühren, bis diese weich werden. Nach dem Andicken 1 bis 2 Minuten leicht köcheln lassen, ständig umrühren. In eine Schüssel gießen und die Oberfläche mit Butter einstreichen, um Hautbildung zu verhindern. Abkühlen lassen. Der Teigkranz und die Kaffeecremefüllung können bis zu 8 Stunden vorher zubereitet werden. Den Kranz in einem luftdichten Behälter und die Creme im Kühlschrank aufbewahren.

Anrichten: Die Creme in eine Spritztüte mit Sterntülle füllen. Die untere Hälfte des Teigkranzes auf eine Tortenplatte setzen. Cremerosetten auf den Kranz spritzen und die obere Hälfte aufsetzen. Die Creme sollte an den Seiten herauskommen. Mit Puderzucker bestreuen. Die Torte kann bis zu 2 Stunden vor dem Servieren gefüllt werden. Im Kühlschrank aufbewahren.

Für 10 Personen – Abbildung Seite 75

POTAGE AUX PRIMEURS *Frühlingsgemüse-Suppe*

3 Porreestangen, nur die weißen, in feine Streifen geschnittenen Teile
Die Blätter von 2 Selleriestauden in feinen Streifen
½ Kopfsalat in feinen Streifen
2 l Rinder- oder Hühnerbrühe (oder Fond oder Bouillon)
150 g grüne Erbsen
Salz, frisch gemahlener Pfeffer
6 Eigelb
Croûtons (s. Anhang)

Porree-, Sellerie- und Salatstreifen waschen und abtropfen lassen. Die Brühe aufkochen und das Gemüse einschließlich der Erbsen hineinwerfen. Abschmecken und, wenn nötig, nachwürzen. 10 bis 15 Minuten, oder bis das Gemüse weich ist, kochen.

Die Croûtons zubereiten.

Servieren: Die Suppe aufkochen. Das Eigelb mit dem Schneebesen in einer Schüssel aufschlagen.

Langsam 3 bis 4 Löffel heiße Suppe einrühren. Diese Mischung in die restliche Suppe rühren, diese dabei vom Herd nehmen. Abschmecken. Die Suppe sofort servieren. Die Croûtons getrennt dazu reichen.

Für 8 Personen – Abbildung Seite 68

GIBELOTTE DE LAPIN *Kaninchenfrikassee*

Eine *Gibelotte* ist ein Frikassee, das man auch mit Huhn machen kann.

2 Kaninchen, jedes etwa 1 kg schwer, in je 6 Teile zerlegt
250 g Speckwürfel
50 g Butter
30 Lauchzwiebelchen, geschält
1 Eßlöffel Mehl
¼ l Weißwein
⅜ l Kalbs- oder Hühnerbrühe
1 gepreßte Knoblauchzehe
1 Bouquet garni (s. Anhang)
Salz, frisch gemahlener Pfeffer
250 g Pilze
2½ Teelöffel Dijoner Senf
1 Eßlöffel gehackte Petersilie

Den Speck blanchieren, indem man ihn in kaltes Wasser legt, 5 Minuten kocht und abgießt. In einer feuerfesten Kasserolle die Butter zerlassen und den Speck glasig braten. Die Zwiebeln dazugeben und unter gelegentlichem Schütteln des Topfes mit dem Speck leicht anbräunen. Aus dem Topf nehmen und beiseite stellen.

Den Backofen auf 180 °C vorheizen, wenn man das Frikassee nicht auf dem Herd zubereiten will.

Die Kaninchenstücke nacheinander in dem Topf anbraten, bis sie leicht gebräunt sind. Alle Kaninchenstücke in den Topf zurücklegen, mit Mehl bestäuben und schmoren, bis sie strohfarben sind. Das Knoblauch dazugeben, mit Weißwein und Brühe aufgießen und aufkochen. Das Bouquet garni zugeben, mit Salz und Pfeffer würzen und zudecken. 15 Minuten auf dem Herd oder im Ofen köcheln lassen. Die Zwiebeln und den Speck beifügen, dazu bis zu ½ Tasse Brühe, wenn die Sauce zu dick ist; weitere 10 bis 15 Minuten kochen.

Die Pilze säubern; wenn sie groß sind, in Hälften oder Viertel schneiden, sonst ganz lassen. In den Topf geben und weitere 10 bis 15 Minuten kochen, bis das Kaninchen zart ist und die Pilze gar sind. Das Bouquet garni herausnehmen und abschmecken. Das Kaninchen kann bis zu 3 Tagen vorher gekocht und gekühlt oder eingefroren werden.

Zum Servieren das Kaninchen wenn nötig auf dem Herd aufwärmen. Vom Herd nehmen und den Senf einrühren. In eine tiefe Schüssel umfüllen oder in der Kasserolle servieren, mit Petersilie bestreuen. In Butter gebratene Kartoffeln sind eine gute Beilage.

Für 6 bis 8 Personen – Abbildungen unten

SOLOGNE

Sologne

Wenn Sie von Paris aus ungefähr 100 Kilometer nach Süden fahren und bei Orléans die Loire überqueren, betreten Sie die Provinz Sologne. Hier endet die Autobahn. Weitere 70 Kilometer auf kleineren Straßen führen Sie nach Romorantin, der ›Hauptstadt‹ der Sologne nahe der südlichen Grenze, die bescheidene 19000 Einwohner zählt. In Ost-West-Richtung liegt die Sologne zwischen Loire und Cher und erstreckt sich über etwa 100 Kilometer. Sie ist keine Verwaltungseinheit mehr; 1941 wurden die Grenzen des Departements neu gezogen, und heute bildet die Sologne Teile der Departements Le Loiret, Le Cher und Loire-et-Cher. Als Resultat dieser Umstrukturierung hätte die Sologne für ihre Bewohner ihre Identität verlieren können; doch das ist nicht geschehen, weil sie sich von ihren Nachbarn unterscheidet und ihr Name für französische Ohren noch einen romantischen Klang besitzt.

In der Küche der Sologne dominiert das Wild, da die Jagd und Jagdgesellschaften immer noch lebenswichtig für die Wirtschaft der Region sind. Einige der besten französischen Jagden sind hier zu finden. Der Höhepunkt der großen Jagdpartien lag zwischen den Kriegen. Damals trafen sich Aristokraten an einem Jagdhaus, um einen Tag lang Wild zur Strecke zu bringen, das für diese Gelegenheit sorgsam gezüchtet worden war. Vom Wildhüter freigelassen, wurde ein gemästeter Fasan oder ein Reh das Opfer der Jägerkugeln. Heute werden solche Jagdgesellschaften von erfolgreichen Geschäftsleuten aus Paris organisiert, und oft beteiligen sich reiche Sportsfreunde aus dem Mittleren Osten.

In der Sologne gibt es viele Hotels und Restaurants, in denen sich Bauern und Wildhüter zum Mittagessen treffen (abends ist gewöhnlich geschlossen), und wo die herkömmlichen Wildgerichte wie ein einfacher Kaninchen-*Pot-au-feu* oder *Civet de lièvre* (so etwas wie Hasenschmorbraten) serviert werden. Fasan wird – wie für eine *Ballotine* – oft recht kompliziert zubereitet, ausgelöst, gefüllt und zum Paket gerollt, oder mit Wacholderbeeren auf einer Schicht Kohl gebraten und von einer *Galette* aus Kartoffeln begleitet. Rebhühner serviert man

Das alte Bauernhaus beim Dorf Yvoy-le-Marron (vorige Doppelseite) strahlt jenen ländlichen Frieden aus, der für die Sologne charakteristisch ist. Ein großer Teil der Region ist dicht bewaldet, und während der Saison verbringen die Bauern ebensoviel Zeit damit, im Wald zu jagen, wie den Acker zu bestellen.

Ein Ehepaar, das in Vernon-en-Sologne lebt (oben), kehrt mit Säcken voller Kartoffeln und Brennholz, die sie in Feld und Wald gesammelt haben, von seiner täglichen Runde zurück.

Zum Wild, das die Jagd zum Haupterwerb der Region macht, gehören (rechte Seite, von links nach rechts) Kaninchen, Hase, Rebhuhn und Fasan.

vom Sommerende bis zur Herbstmitte, manchmal in Weinblätter gewickelt und in *Verjus,* dem Saft unreifer Trauben, gekocht. Als Beilage kann *Croûte aux champignons* gereicht werden, eine mit gerösteten Pilzen gefüllte Vollkornmehl-Pastete.

Zusätzlich zum bekannteren Fasan und Rebhuhn gibt es eine stattliche Anzahl von Rotwild und Wildschweinen, und auf den Seen und Teichen dieser vom Heidekraut bedeckten Moorlandschaften lebt eine große Vielfalt von Wasservögeln.

Die Küche der Sologne ist keine ›grande cuisine‹ und keinesfalls ›nouvelle‹; statt dessen stellt sie eine einfallsreiche Verwendung der verfügbaren Zutaten dar. Ein Beispiel dafür sind die *Nèfles* (Mispeln), die püriert und gesüßt eine ungewöhnliche und köstliche Tortenfüllung ergeben. Sie werden in der Winzergenossenschaft in Olivet verkauft, wo ihr Holzgeruch den Raum durchzieht.

Olivet, genau im Norden der Sologne, wird für seine Birnen gerühmt, deren es viele Sorten mit beziehungsreichen Namen gibt wie *Beurre hardi* mit ihrer rötlichen Schale und dem rosigen Fleisch, oder *Comice, Jeanne d'Arc, Conférence, Canada* und *William.* Die Sorte *Bon Chrétien,* die Marcel Proust so schätzte, ist nach dem letzten Krieg völlig verschwunden. Das *Eau-de-vie de poire William,* das mit einer in der Flasche ausgereiften ganzen Birne verkauft wird, besitzt ein delikates Aroma.

Die Behauptung, die Sologne sei das Land der Seen, ist kaum übertrieben; eine Darstellung aus dem Jahre 1518 schätzt ihre Zahl auf 4000. Sie sind nicht nur dem feuchten Klima, sondern auch einem Rückstau der Wasser vom Massif Central im Süden auf dem Lehmboden zuzuschreiben. Man hat verschiedene Versuche unternommen, das Land zu dränieren, insbesondere auf Veranlassung Napoleons III. in der Mitte des 19. Jahrhunderts. Der Canal de la Sauldre und viele andere Dränierungskanäle wurden ausgehoben, doch da der Boden für Dränage ungeeignet ist, waren die Mühen größtenteils vergebens.

Vielleicht waren es die Nebel, die das im Überfluß vorhandene stehende Wasser hervorruft, und die lastende Melancholie der Landschaft, insbesondere im Herbst, die bei den Bewohnern der Sologne zu

Sonntagmorgen in Nouans-les-Fontaines (links oben): Bauern, Händler und Handwerker aus dem Ort ziehen mit ihren Kindern zum Jagen in die Wälder.

Alexandre Marchand (links unten) ist ein Besucher aus Tours.

Rechts: Perdreaux au verjus – *die Rebhühner werden in Weinblätter gewickelt, angebraten und dann mit kleinen Zwiebeln und dem Saft unreifer weißer Trauben gekocht.*

Ein Jäger der Sologne (unten) paßt sich in den Farben seiner Kleidung der Landschaft an.

einem festen Glauben an das Übernatürliche führten. Lokalgottheiten, deren Ursprung in vorchristlichen Tagen liegt, wurden in Lokalheilige verwandelt und mit heiligen Quellen und Brunnen in enge Verbindung gebracht. Die Schutzheilige der Sologne ist Sainte Montaine, ein äußerst frommes Bauernmädchen, das eines Tages mit einem Krug in jeder Hand zum Wasserholen zu einer nahegelegenen Quelle geschickt wurde. Auf dem Weg fiel sie hin und zerbrach die Krüge. Ihre Herrin war ärgerlich, als sie zum Hof zurückkam, und um des Mädchens Ungeschick zu verspotten, befahl sie ihr, noch einmal nach Wasser zur Quelle zu gehen; doch diesmal gab sie ihr zwei Weidenkörbe, um es zu tragen. Montaine betete, und das Wunder geschah: tatsächlich konnte sie die mit Wasser gefüllten Körbe zurückbringen.

Ein Marcassin *oder junger Eber (rechts) ist, wenn auch als Wild-Ersatz auf dem Bauernhof gezüchtet, immer noch ein gefährliches Tier. Sein Fleisch wird einen Tag oder länger mariniert, um* Civet de marcassin *(rechte Seite) herzustellen. Für die Marinade braucht man Weißwein, Zwiebeln, Schalotten, Knoblauch, Möhren, Sellerie und ein* Bouquet garni. *Dieses Gericht ist eine Spezialität von Mme Crouzier, der Wirtin der* AUBERGE CROIX BLANCHE *in Chaumont-sur-Tharonne.*

Rebhuhneier (unten) gibt es auf vielen Märkten.

Heute halten sich nur noch Fischer auf den Seen auf. Die Saison beginnt am 29. September, dem St. Michaelstag, und der Fang besteht gewöhnlich aus Karpfen, Regenbogenforelle, Schleie, Hecht *(brochet)* und Aal. Die Hechte zu vielen der *Quenelles de brochet*, die in den besten Restaurants Frankreichs gereicht werden, kommen aus den bescheidenen Tümpeln der Sologne. Die Aale werden oft *à la poulette* (in einer Sahne-Eigelb-Sauce mit Pilzen) geschmort. In Anbetracht des Sumpfcharakters der Landschaft würde man erwarten, auf dem Markt frische Frösche im Angebot zu finden, doch obwohl die Wälder ohne Zweifel von ihnen wimmeln, sind diejenigen, die man kaufen kann, gezüchtet – wie auch die meisten der angebotenen Forellen und Karpfen.

Der teilweise in einer Halle stattfindende Markt ist der wirtschaftliche Mittelpunkt Romorantins, einer seit dem 16. Jahrhundert mehr oder weniger blühenden Stadt. Einige Gebäude aus dieser Zeit wie die Chancellerie und das Hôtel Saint-Pol sind noch erhalten. Man sagt, daß Jeanne d'Arc auf ihrem Weg nach Orléans in dieser Stadt übernachtete und daß Claude de France, die Frau François' I., im Schloß geboren wurde. Die Sauldre schlängelt sich sanft

durch den Stadtkern, wo sie sich auf eine kurze Strecke teilt, um die Insel La Motte zu bilden (die zusammen mit einem Ufer heute einen sehr hübschen öffentlichen Garten bildet). Hier hatte Leonardo da Vinci die Idee für ein Schloß, das Chambord Konkurrenz machen sollte. König François hatte ihn beauftragt, solch ein Bauwerk zu errichten; und obwohl die Arbeit nie begonnen wurde, existieren in den Bibliotheken Englands und Italiens die Pläne dafür. Wäre es gebaut worden, wäre die Geschichte der Sologne anders verlaufen.

Das Schloß von Chambord selbst liegt am Rand der Sologne nahe der Loire, obwohl sich sein großer Wald mit Jagdwild bis weit ins Solognegebiet erstreckt. Das Schloß wurde von Generationen französischer Könige bewohnt, verfiel aber nach den Revolutionen und Kriegen. Das andere größere Schloß der Sologne ist Cheverny, das genau auf der Westgrenze liegt. Hier gibt es noch Hirschjagden im großen Stil.

Die Leute aus Romorantin nehmen ihre Gastronomie ziemlich ernst, und jedes Jahr ist der Marktplatz am letzten Oktoberwochenende einer Art pantagruelischem Fest gewidmet, bei dem alle – vom professionellen Koch bis zum interessierten Amateur – eingeladen sind, ihre Schöpfungen zu präsentieren. Das Resultat dieses Überangebots ist natürlich, daß man versucht, von allem zu kosten; doch hat man bald die eigenen Grenzen erreicht, noch bevor man weit gekommen ist. Man sollte vielleicht eine Runde über den Markt drehen und nur Dinge probieren, die mehr oder weniger ›einheimisch‹ aussehen.

In einem Jahr gab es einige interessante *Charcuterie*-Erzeugnisse, darunter auch aus Wildenten gemachte *Rillettes* und *Lapins de Garenne* (eine Hasenrasse). Es gab Blutwürste, eine Spezialität des ein paar Kilometer entfernten Dorfes Pruniers, die unter anderem mit Pilzen und Walnüssen gefüllt waren. Es gab Wildpasteten und *Pâtés* verschiedener Konsistenz, von der groben Kaninchen-*Terrine* bis zur weichen Fasanen-*Pâté*.

Eine weitere Delikatesse war eine Spezialität des Dorfes Millançay: *Tartouillat*, ein aromatischer Kürbiskuchen, der noch warm gegessen werden sollte. Das Beste an *Confiserie* wurde von Profis gemacht, wie Monsieur Benoists Trüffeln, deren *Praliné*-Kern mit Nougat überzogen und in Kakao gerollt ist. Er hatte auch einige wundervolle *Croquets aux amandes* hergestellt, die ein bißchen wie bittere Likörpralinen schmecken und sich auf Eis ganz vorzüglich machen;

Für Terrine de lièvre à la solognote *(unten und rechts) wird der Hase mit Speck, Kalbsbrust, 1 Trüffel und Kräutern gefüllt, mit Gemüse, Wein und Kräutern geschmort und kalt mit Pflaumen serviert. Rotwein paßt gut dazu, insbesondere ein* Chinon *aus der nahen Touraine. Dieses Gericht ist eine weitere Spezialität von Mme Crouzier.*

1970
Chinon

Am Markttag in Romorantin (von oben) kauft eine Bauersfrau ein, Kälber stehen zum Verkauf und Kürbisse werden zu einem guten Preis angeboten.

An der Straße nach Courmenin säen Bauern im September Winterweizen (rechts).

diese Spezialität aus Neung-sur-Bevron wird *Aristocrates* genannt, offenbar, weil sie zum ersten Mal zur Zeit der Französischen Revolution hergestellt wurde.

Dicht bei Romorantin liegt das Dorf Lantheney, wo Pilger das Bild der heiligen Clara zu besuchen pflegten. Man traf sich dort am Ostermontag vor der Kirche, wo man mit Spinatsaft grün gefärbte, hartgekochte Eier aß – ein merkwürdiger Brauch.

Wiederum nördlich von Romorantin kommt man zu dem ländlichen Städtchen Lamotte-Beuvron, das

durch die Torte der Desmoiselles Tatin berühmt wurde. Ihre Geschichte, die Jane Grigson in ihrem Buch »Food for the Famous« wiedergibt, ist folgende: Die Schwestern Tatin betrieben ein Hotel (das noch steht) dicht beim Bahnhof an der unlängst gebauten Strecke von Paris. Die Reichen, die zu einem Jagdwochenende hier ankamen, pflegten oft in dem damals neuen, heute aber ziemlich häßlichen HÔTEL TATIN ET TERMINUS zu speisen. Der Küchenherd war ein altes Modell ohne Backofen, so daß das meiste Gebäck von örtlichen *Pâtisseries* gebracht werden mußte, das Wild röstete man am Feuer. Die einzige Möglichkeit, in dieser Umgebung Apfelkuchen zu machen (und Äpfel sind das häufigste und beste Obst der Sologne, insbesondere die Reinette d'Orléans), war, eine der Kochplatten mit einer Metallglocke zu bedecken und den Kuchen darunterzustellen. Das Problem dabei war nur, daß der Teig als schlechter Wärmeleiter anbrannte, bevor die Äpfel gar waren. Also drehte man den Kuchen um und ließ den Zucker und die Butter zu Karamel werden, während der Teig langsam buk. Das Resul-

Der Herbst verweilt lange in der Sologne und gibt sein Bestes. Selbst vor dem alten Haus in Courmenin (links oben) blühen bunte Blumen.

Auf dem Markt von Romorantin ist eine ›Krause Glucke‹ (links) ein besonderer Fund.

Unter Mme Crouziers Eingemachtem (oben) finden sich zwei Sorten Bohnen, zwei Sorten Kirschen, selbstgemachtes Tomatenmark, Birnen, Pilze und sogar Wild – Reh und Fasan.

Pommes de terre sautées *(rechte Seite) ist ein Gericht für alle Jahreszeiten, das man mit Kartoffeln, viel Butter, Knoblauch und gehackter Petersilie zubereitet.*

tat war das phantastische Umkehrgebäck, das heute in ganz Frankreich als *Tarte Tatin* bekannt ist.

Im 12. und 13. Jahrhundert wurde der Wein aus dem Gebiet um Orléans höher geschätzt als heute. Kaufleute aus Saint-Omer exportierten ihn an die Plantagenet-Könige Englands, und seine Qualität hielt man der der Bordeaux-Weine für ebenbürtig. Heute sind die Trauben der Region größtenteils *Gris Meunier* und *Gamay Rouge,* die beide einen leichten, erfrischenden, keinesfalls starken Wein ergeben, der gut zu *Charcuterie* der Sologne und zu weißem Fleisch und Geflügel paßt. Die *Cabernet*-Rebe, die auf sandigem Boden wächst, ergibt einen tiefroten Wein mit hohem Tanningehalt wie auch einen spritzigen Rosé, der besonders gut zu

den Ziegenkäsen der Gegend schmeckt, wie dem *Cendré* aus Olivet und dem aus Pannes, der unter der Asche von Weinrebentrieben reift und dann in Walnußblätter eingeschlagen wird. Weiter nordöstlich findet man den *Menetou-Salon*, einen schmackhaften, leichten und fruchtigen Rotwein mit einem Nachgeschmack von Himbeeren.

Ein weiteres alkoholisches Getränk, vielleicht weniger ansprechend, ist *Hydromel*, eine Art Met aus dem einheimischen Honig. Die Sologne besitzt ausgedehnte Pinienwälder und heidekrautbedeckte Moore von purpurnem Rosa, die für das Futter der zahlreichen Bienenvölker sorgen. Der Honig wird auf vielerlei Arten verarbeitet: als Grundstock für *Pain d'épices* (Honigkuchen) und um *Nonnettes* (kleine Lebkuchen mit Aprikosenzuckerguß) und *Sablés de Nançay* zu machen. Kleine Biskuits mit diesem Namen werden heutzutage industriell produziert und schmecken ziemlich enttäuschend, doch die echten kann man immer noch in einer recht schäbigen *Café-Boulangerie* im Dorf Neuvy-sur-Barangeon finden, wo man wahrscheinlich Bauern und Jagdhüter sieht, die sie knabbern und dazu etwas trinken, das ziemlich hochprozentig zu sein scheint.

Honig wird auch in anderen warmen Gerichten verwendet. In einem Restaurant in Brinon-sur-Sauldre ist einer der Hauptgänge in dünne Scheiben geschnittene Entenbrust mit einer Buttersauce, die mit dem Honig der Gegend abgeschmeckt ist. Als Beilage kann man geröstete Steinpilze mit einer Spur Knoblauch und Petersilie bekommen – eine perfekte Kombination.

Wenn einige der vielen traditionellen Gerichte der Sologne in Vergessenheit geraten sind, liegt das vielleicht daran, daß sie nicht besonders gut schmeckten – wie die *Miausée*, eine Suppe aus Roggenbrot in Milch und Honig; oder die *Trempée*, in Rotwein getränktes Toastbrot. Aber viele herzhafte regionale Gerichte haben die Zeitläufe bewundernswert gut überstanden.

Für Escargots aux champignons (linke Seite) braucht man vier Arten von Pilzen: Pfifferlinge (mit Mandelblättern auf dem Teller), knopfgroße Champignons de Paris *und die viel größeren Steinpilze und Maronenröhrlinge. Tartouillat (unten) ist ein strudelähnliches, mit Kürbis und Äpfeln gefülltes Dessert.*

Honig ist die Grundlage vieler Süßigkeiten der Region (unten), es gibt sogar einen Hydromel *genannten Honigmet. Die kleinen runden Küchlein sind* Nonnettes, *der Laib ist ein* Pain d'épices. *In der Schale daneben: mit Honig vermengte Butter.*

CEPES FORESTIERE *Steinpilze Förster Art*

1 kg frische Steinpilze
100 g Butter
3 gehackte Schalotten
1 gehackte Knoblauchzehe
2 Eßlöffel gehackte Petersilie
Salz, frisch gemahlener Pfeffer
Etwa ¼ Tasse Bratensatz
oder gute Fleischbrühe
2 bis 3 Eßlöffel Schlagsahne (nach Wunsch)

Die Pilze putzen und sauberwischen, sie sollten nicht gewaschen werden. (Wenn man getrocknete Pilze verwendet, diese zuerst mit kochendem Wasser übergießen und 1 Stunde quellen lassen.)

Die Butter in einer Kasserolle zergehen lassen und Pilze, Schalotten, Knoblauch und Petersilie hinzugeben. Leicht mit Salz und Pfeffer würzen und zunächst bei starker, dann bei etwas geringerer Hitze etwa 40 Minuten dünsten, dabei den Deckel halb schließen.

Vor dem Servieren etwas Bratensatz und je nach Wunsch ein paar Löffel Sahne in die Kochflüssigkeit geben. Mit weiterer Petersilie bestreuen, abschmecken und servieren.

Für 6 Personen

TERRINE DE LIEVRE A LA SOLOGNOTE *Hasen- oder Kaninchenpastete*

1 Hase oder großes Kaninchen, abgezogen und ausgenommen
2 bis 3 dünne Scheiben fetter Schweinespeck

FÜR DIE MARINADE
½ l guter Weißwein
1 Eßlöffel Olivenöl
2 große Zwiebeln
1 Knoblauchzehe
1 Nelke
1 Möhre
1 Selleriestaude
1 Bouquet garni (s. Anhang)

FÜR DAS GELEE
Hasen- oder Kaninchenknochen
Ein halber Kalbsfuß
⅕ l Weißwein
1 Bouquet garni (s. Anhang)
Salz
Ein paar Pfefferkörner

FÜR DIE FÜLLUNG
250 g durchwachsener Speck
125 g magere Kalbsbrust oder -schulter
1 Trüffel
Salz, frisch gemahlener Pfeffer
1 geschlagenes Ei

Man kann diese Pastete machen, indem man die Filets aus dem Hasenrücken und unter den Rippen auslöst und in Streifen schneidet; sie sollen sich mit der Füllung in der Pastete abwechseln. Das restliche Fleisch wird entbeint, gehackt und mit der Füllung gemischt.

Als Alternative kann der Hase, wie auf Seite 88 gezeigt, entbeint und als ganzer gefüllt werden, was sehr eindrucksvoll aussieht. In beiden Fällen koche man die Marinadenzutaten 30 Minuten, lasse sie abkühlen und mariniere den ganzen Hasen oder das Hasenfleisch über Nacht im Kühlschrank. Ab und zu wenden und begießen.

Die Knochen für das Gelee aufbewahren. Die Knochen, den halben Kalbsfuß, Weißwein, Pfefferkörner, Salz und Bouquet garni in einen Topf geben, mit 2 Tassen Wasser aufgießen. Aufkochen und köcheln lassen, allmählich auf 1 Tasse einkochen. Beiseite stellen.

Die Füllung zubereiten: Den Speck und das Kalbfleisch (und das restliche Hasenfleisch, wenn man diesen von den Knochen gelöst hat) durch den Fleischwolf drehen oder mit einem langen, scharfen Messer zerkleinern. Die Trüffel in dünne Scheiben schneiden und zu dem Hackfleisch geben. Mit Salz und Pfeffer gut würzen und mit einem geschlagenen Ei binden. 1 Teelöffel dieser Mischung braten, um zu prüfen, ob sie richtig gewürzt ist – wenn nicht, nachwürzen, da eine Pastete scharf gewürzt sein sollte.

Den Backofen auf 180° C vorheizen. Eine große Pastetenform mit Schweinespeckscheiben auslegen. Den marinierten Hasen abgießen, die Marinade aufbewahren.

Wenn man den ganzen Hasen verwendet, diesen in die Pastetenform legen, mit der Farce füllen, den Bauch schließen und mit Speckscheiben bedecken.

Wenn man Fleischstreifen verwendet, abwechselnd mit Lagen der Farce längs in die Pastetenform legen, mit Schweinespeck bedecken.

Die Pastetenform schließen, in ein Wasserbad setzen und im Backofen 1 Stunde garen. Das Gelee zugeben und wenn nötig ein wenig Marinade. Noch ca. 1½ Stunden weiter schmoren lassen.

Abkühlen und vor dem Essen 48 Stunden ruhen lassen.

Für 12 Personen – Abbildungen Seite 88 und 89

BALLOTINE DE FAISAN AU GENEVRIERE *Gefüllter Fasan mit Wacholder*

1 Fasan, gerupft und ausgenommen, mit Innereien
½ l trockener Weißwein, vorzugsweise *Sancerre*
1 Bouquet garni (s. Anhang)
2 Eßlöffel Butter

FÜR DIE FÜLLUNG
3 oder 5 Eßkastanien
1 dicke Scheibe geräucherter Schinken
⅛ l Joghurt
Ein paar Wacholderbeeren
Salz, frisch gemahlener Pfeffer
2 geschlagene Eier
Ein Spritzer alter *Marc* oder Wacholderschnaps
Eine kleine Dose *Foie gras* (Stopfleber), zerkleinert (nach Wunsch)

FÜR DIE GARNIERUNG
Gekochte, kleine Eßkastanien und nach Wunsch Pfifferlinge

Den Fasan auslösen, so daß das Fleisch intakt bleibt und der Vogel zu seiner ursprünglichen Gestalt wieder zusammengesetzt werden kann (siehe Anhang, S. 279). Von innen und außen würzen und kühl stellen.

Die Brühe zubereiten: Die Knochen mit dem Bouquet garni in einen Topf legen und mit etwa 1 Tasse Weißwein aufgießen. Mit Salz und Pfeffer würzen und 30 Minuten köcheln lassen; wenn die Sauce zu dick wird, Wein zugießen. Passieren und beiseite stellen.

Die Eßkastanien mit kochendem Wasser übergießen und 15 bis 20 Minuten kochen, bis sie weich sind. Abgießen, schälen, enthäuten und zerdrücken.

Die Füllung zubereiten: Den Schinken sowie Herz und Leber des Fasans durch den Fleischwolf drehen. Die zerdrückten Eßkastanien, das Joghurt und die Wacholderbeeren zugeben. Mit Salz und Pfeffer würzen und mit den Eiern binden. Die Mischung mit Wacholderschnaps beträufeln und je nach Wunsch die *Foie gras* zugeben, die sie noch schmackhafter macht.

Den entbeinten Fasan ausbreiten und mit der Füllung belegen, einrollen und sorgfältig zubinden. Die Butter in einer Kasserolle erhitzen und den Fasan von allen Seiten anbräunen. Den restlichen Wein und die Brühe zugießen, zudecken und 45 Minuten auf schwacher Hitze schmoren, bis das Fleisch zart ist.

Mit Eßkastanien und eventuell Pfifferlingen garnieren und heiß servieren. Ballotine-Reste schmecken kalt vorzüglich zu Salat.

Für 4 Personen – Abbildung unten

PERDREAUX AU VERJUS *Rebhühner mit Verjus*

4 Rebhühner, gerupft und ausgenommen
2 Eßlöffel Butter
Salz, frisch gemahlener Pfeffer
4 zarte Weinblätter
20 Silberzwiebeln, geschält
1 Möhre in Scheiben
1 Bouquet garni (s. Anhang)
Etwa ¼ Tasse Hühnerbrühe
250 g fast reife weiße Trauben

Die Rebhühner dressieren und mit Salz und Pfeffer würzen. Jeden Vogel in ein Weinblatt wickeln, mit Faden zubinden.

Die Butter in einer kleinen Kasserolle erhitzen und die Rebhühner 2 Minuten scharf anbraten. Die Zwiebeln, die Möhre und das Bouquet garni in die Kasserolle geben. Mit der Hühnerbrühe befeuchten, würzen, zudecken und 20 bis 25 Minuten schmoren lassen.

Die Rebhühner herausnehmen, aus den Weinblättern wickeln und weitere 10 bis 15 Minuten in der Kasserolle schmoren lassen, bis sie gar sind. Die Trauben pressen, die etwa 1 Woche, bevor sie reif sind, gepflückt sein sollten. Den Traubensaft durchseihen und 5 Minuten vor Ende der Kochzeit in die Kasserolle gießen. Die Rebhühner auf eine warme Platte legen und die Sauce 1 Minute aufkochen. Abschmecken und etwas Pfeffer hinzugeben – sie sollte recht scharf und kräftig gewürzt sein. Sehr heiß servieren.

Für 4 Personen – Abbildung Seite 85

PAIN D'EPICES AU MIEL DE SOLOGNE *Honigkuchen*

50 g geschälte Mandeln und Haselnüsse, grob gehackt
150 g Mehl
150 g dünner Honig
1 Eigelb
1 Prise gemahlener Zimt
1 Prise gemahlene Nelken
1 Prise *Quatre épices* (eine Mischung aus weißem oder Jamaikapfeffer, Muskat, Nelken und Ingwer oder Zimt)
1 Teelöffel Backpulver

Den Backofen auf 160° C vorheizen. Alle Zutaten in einer Schüssel gut vermengen. Wenn der Honig zu dick ist, erst langsam erhitzen, bis er flüssig wird, dann zugießen.

Eine kleine Kastenform buttern und die Masse einfüllen. Bis zu 45 Minuten backen.

Für 6 bis 8 Personen – Abbildung Seite 95

PATE DE COINGS OU COTIGNAC *Quittenkonfekt*

3 kg reife Quitten
1 kg Zucker
Puderzucker (zum Bestäuben)

Die Quitten schälen, entkernen, vierteln. Schalen und Kerne in Pergamentpapier einschlagen und mit den Quitten, dem Zucker und 1 Eßlöffel Wasser in einen Topf geben.

Kochen, bis die Quitten gar und zu einem weichen Püree geworden sind. Schalen und Kerne herausnehmen und das Püree auf einem Backblech oder einer großen, flachen Platte verteilen.

Den Backofen auf niedrigster Stufe heizen, die Quittenpaste hineinstellen und die Tür einen Spalt offenlassen. Die Paste braucht etwa 10 Stunden zum Aushärten. Wenn sie fest ist, in Quadrate schneiden und großzügig mit Puderzucker bestäuben.

In einem luftdichten Behälter hält sich das Konfekt recht gut.

CROQUETS *Mandelplätzchen*

2 Eiweiß
250 g Zucker
Ein paar Löffel Mehl
125 g Mandeln, gehackt
Geriebene Zitronenschale oder ½ Teelöffel Vanille

Den Backofen auf 160° C vorheizen. Das Eiweiß schlagen, bis es steif wird. Langsam Zucker und dann nach und nach das Mehl einrühren, bis die Masse fest ist. (Die genaue Mehlmenge hängt davon ab, wieviel die Eier aufnehmen können, was bis zu einem Eßlöffel variieren kann.) Die Mandeln zugeben. Den Teig ausrollen und in lange, etwa 3 cm breite Rechtecke schneiden. Auf ein gebuttertes, mit Mehl bestäubtes Backblech setzen und 30 Minuten backen; dann die Hitze auf 180° C steigern und weitere 15 Minuten backen, dabei die Plätzchen im Auge behalten, bis sie dunkelbraun sind. Die Ofentür öffnen, den Ofen ausstellen und die Plätzchen beim Abkühlen noch etwas austrocknen lassen. Sie sollten sehr trocken und äußerst mürbe sein.

TARTE DES DEMOISELLES TATIN OU TARTE A L'ENVERS *Tarte Tatin oder umgedrehte Apfeltorte*

Diese Torte ist eine außergewöhnliche kulinarische Erfindung. Der auf den Äpfeln gebackene Teig bleibt leicht und knusprig; dann wird die Torte umgedreht. Das gleiche Prinzip läßt sich auch auf andere Obsttorten z. B. aus Birnen oder Pflaumen anwenden.

1 *Pâte brisée sucrée* (s. Anhang)
1½ kg rote Äpfel
50 g Puderzucker
50 g zerlassene Butter
Vanillezucker oder Zimt
Crème fraîche (s. Anhang) oder Schlagsahne (nach Wunsch)

Die Pâte brisée sucrée zubereiten und vor dem Gebrauch in Plastikfolie einschlagen und 30 Minuten kühlstellen.

Die Äpfel schälen, entkernen und vierteln. Den Boden einer schweren, runden Kuchenform oder einer tiefen Springform von 18 cm Durchmesser mit dem Puderzucker bestreuen, einige Äpfel einfüllen und mit der zerlassenen Butter und großzügigen Mengen Zucker bedecken. Diese Schichtung wiederholen, die oberste Lage mit Butter begießen und Zucker mit Vanillezucker oder Zimt einstreuen.

Den Backofen auf 220° C vorheizen. Vor dem Backen die Form zudecken und auf dem Herd auf sehr schwacher Flamme die Äpfel erhitzen, bis der Zucker unten beginnt, zu Karamel zu werden. Wenn die Äpfel wäßrig sind, kann dies recht lange dauern. Man kann es riechen – also nicht anbrennen lassen!

Den Teig zu einem etwas größeren Kreis als die Form etwa 3 mm dick ausrollen. Die Apfelmischung mit einer Teigschicht bedecken und 15 bis 20 Minuten backen, den Teig mit Pergament abdecken, falls er zu braun wird.

Die Torte herausnehmen und auf einen Teller umstülpen. Heiß oder lauwarm mit Sahne servieren, dazu schmeckt ein *Vouvray* oder ein *Côteau du Layon*.

Für 6 bis 8 Personen – Abbildungen oben und unten

ALSACE

Elsaß

Das Elsaß ist die östlichste Provinz Frankreichs, die sich von den östlichen Hängen der Vogesen bis in die fruchtbare Rheinebene erstreckt. Hoch oben in den Vogesen liegen die Almen, auf denen im Sommer Kühe grasen und sich im Winter die Skifans treffen. Die steilen Abhänge zur Ebene hin sind dicht mit Kiefern, Buchen und Tannen bewaldet, die am Fuß der Berge Weingärten Platz machen. In seinem »Journal de Voyage« von 1580 beschreibt Montaigne das Elsaß als »weite und schöne Ebene, zur Linken von Hängen flankiert, die mit den besten und gepflegtesten Reben bewachsen sind«. Entlang dieser Hänge schlängelt sich die berühmte, etwas mehr als hundertfünfzig Kilometer lange *Route du Vin*, welche die malerischen Dörfer der Weinbauern miteinander verbindet.

Kleine Städte und wohlhabend aussehende Dörfer beherrschen die Szenerie des Elsaß. Spitzgiebelige Häuser drängen sich in einem zufälligen, harmonischen Muster kleiner Straßen und Gassen um die Kirche. In vielen der befestigten Dörfer der Weinstraße sind Tore oder Teile der alten Stadtmauern erhalten, und viele Hügel werden von den Ruinen einer Burg beherrscht, Symbol der Kriege und Heereszüge durch das vielumstrittene Stückchen Europa.

Die Schwemmland-Ebene ist mit Mais, Hopfen, Tabak, Weizen, Roggen, Gerste, Kartoffeln und Zuckerrüben intensiv kultiviert. Die Wintergemüse beschränken sich auf Kohl und eine Vielzahl von Wurzelgemüsen, doch im Sommer gibt es ausgezeichneten Spargel, und in den vielen Gärten wachsen alle Arten von Obst, aber auch Kastanien, Mandel- und Walnußbäume. Obst ist ein wichtiger Bestandteil der elsässischen Küche: weiches Obst und Äpfel nimmt man für Kuchen, Äpfel, Zwetschgen und Birnen werden als Wintervorrat getrocknet, und aus allen Obstarten macht man *Obstler* oder *Eau-de-vie*.

Die Küche, die wir für typisch elsässisch halten und die vielleicht schon seit Jahrhunderten in dieser Gegend gepflegt wird, ist nicht unbedingt dort entstanden. *Choucroute* könnte durchaus tatarischer Herkunft sein, *Foie gras* ist auch eine Spezialität des Périgord, *Baeckeoffe* erinnert an viele bäuerliche Ein-

Ein blühendes Mohnfeld unweit des Rheins, eine Augenweide für den Touristen, aber Unkraut für den Bauern (vorige Doppelseite). Die kleine Stadt Eguisheim (oben) südlich von Colmar. Zu den Delikatessen aus dem Elsaß gehören (rechte Seite): verschiedene Würste und Bauernbrot im Picknickkorb, eine Flasche des örtlichen Riesling (oben), weitere Brote, Fleischpasteten und Munsterkäse.

NSTER FERMIER VERITABLE
Matière grasse
45 pour cent

topfgerichte in ganz Mitteleuropa, der *Kouglof* (Gugelhupf) ist in ganz Norddeutschland zu finden – aber im Elsaß werden all jene verstreuten Elemente in einer großen Tradition guten Essens vereint. Montaignes »Journal« gibt an, daß die Elsässer ausgezeichnete Köche – insbesondere von Fisch – waren, daß sie niemals Wasser zum Wein servierten und daß sie in einem Gericht verschiedene Fleischsorten mischten.

Grundsätzlich ist die elsässische Küche bäuerlichen Ursprungs, doch die freien Dörfer konkurrierten miteinander um die beste Variante örtlicher Spezialitäten. In den wohlhabenderen Städten wurden die ursprünglich einfachen Zutaten von protzigen und verschwenderischen Abwandlungen der überlieferten Gerichte abgelöst; eine neue Tradition gargantuesker Gelage, die märchenhaften Appetit erforderten, war geboren.

Die Kost der Bauern und Handwerker dieser Region war weitaus karger, als verbreitete Anschauungen uns glauben machen wollen. Im Mittelalter war Brot das Hauptnahrungsmittel, dazu ein paar grüne Gemüse im Sommer und getrocknete Erbsen, Bohnen und Linsen im Winter. Während der Weinlese erhielten die Feldarbeiter Vollkornbrot mit Kohl und Rüben, Blutwurst und Kutteln. Die Annalen des Klosters Murbach zeigen, daß die Mönche täglich Roggenbrot, zwei Becher Wein, zwei Gemüsegerichte (das eine gesalzen, das andere je nach Jahreszeit mit Schweineschmalz oder Öl geschmort) und Käse bekamen. Schwein oder Huhn aß man an Festtagen; ein Stück fetter Speck kostete im Winter recht viel. Fleisch war knapp und blieb es bis ins 18. Jahrhundert, als es allmählich zum regelmäßigen Bestandteil des Sonntagsessens wurde.

Besondere Gerichte und Menüs gab es zu religiösen und weltlichen Feiertagen. Verschiedene Brote, Kuchen und *Petits fours* wurden nach und nach mit den großen kirchlichen Festen assoziiert, doch im Elsaß kann man aus allem ein Fest machen: Neujahr, Dreikönigsabend, Karneval, St. Joseph, St. Martin, St. Hubertus (der Schutzpatron der Jäger), St. Urban (der Schutzpatron der Winzer) und jeder familiäre Anlaß, von der Geburt über die Hochzeit bis zum Tod. Durch den Tourismus angeregt, gibt es in vielen Städten Weinfeste, Ribeauvillé hat ein *Gugelhupf*-Fest, Colmar seine *Choucroute*-Tage, Munster ein

An den Straßen und in den Städten des Elsaß sieht man Wahrzeichen der Region (links, von oben): ein Storchennest, auf einem Dach in Illhaeusern errichtet; eine Bauersfrau in Colmar, die ihr Gemüse verkauft; als Schweinefutter zum Trocknen aufgehängter Mais bei Straßburg und frisch gepflückte Walderdbeeren.

Der Inbegriff elsässischer Kost, Choucroute *(rechte Seite), das mit Speck, Zwiebeln und Wacholderbeeren gewürzt und mit Würsten, geräuchertem Schweinefleisch und Knödeln serviert wird. Hier in der* MAISON DES TANNEURS *in Straßburg trinkt man natürlich Riesling dazu.*

Lorentz

Tourte (Blätterteig)-Fest, andere feiern das Bier, den Hopfen oder den Zwiebelkuchen – und alles sind Anlässe, gut zu essen und angeregt zu trinken. Sogar Waschtage haben ihr besonderes Essen: *Baeckeoffe* (Backofen), ein Fleisch- und Kartoffeleintopf, der offenbar auf die Mitte des 19. Jahrhunderts zurückgeht. Das Fleisch konnte am Abend vorher eingelegt werden, und morgens früh wurden die Schichten von Schweine-, Rind- oder Lammfleisch, Zwiebeln und Kartoffeln in einen Tontopf gelegt, der zum Kochen zum Bäcker gebracht wurde, während die Frauen zum Waschplatz gingen.

Choucroute (Sauerkraut) ist oft der erste Gedanke, wenn elsässische Küche erwähnt wird, doch die Elsässer scheinen es heute nur wenig zu essen. Es wird in den *Charcuteries* verkauft, und die älteren Leute auf dem Land machen es noch selbst. Berichte aus dem 15. Jahrhundert sprechen von zwei Sorten: *Gumbostkrut* (Kohl *»en compôte«*) – das ist ein ganzer, gut blanchierter Kohlkopf, der in einer Mischung aus Wasser, Essig, Salz und Senf, oft mit ebenso blanchierten Rüben, aufbewahrt wird – und *Surkrut*, ein vom *Surkrutschnieder* (ein Beruf, der bis ins frühe 20. Jahrhundert überlebte) zerkleinerter Kohl, der eingesalzen und mit Kümmel und Holunderblättern in ein Faß gepreßt wird. Andere traditionelle Gewürze waren Dill, Meerrettich und Petersilie; heutzutage bevorzugt man Nelken, Lorbeerblätter und Wacholderbeeren.

Die Bauern aßen zu ihrem *Choucroute* gekochtes Wurzelgemüse und *Lard fumé*, und zu besonderen Gelegenheiten kamen Würste oder besser Pökelfleischscheiben dazu. Im Seminar, das Julien Sorel (in Stendhals »Le Rouge et le Noir«) besuchte, wurden zur Freude seiner Kommilitonen, armer Bauernjungen, für die eine reichliche Mahlzeit stets ein Ereignis war, an Festtagen *Choucroute* mit Würsten serviert. Die Juden im Elsaß aßen ihr *Choucroute* mit geräucherter Gans. Wie einige andere große Bauerngerichte (zum Beispiel Erbsensuppe) wird das *Sauerkraut* beim Aufwärmen noch besser. Wenn man es heutzutage im Restaurant bestellt, sind die Portionen ausgesprochen entmutigend: Ein Berg von *Choucroute* ist von gekochten Kartoffeln umgeben und vom traditionellen *Lard fumé* und mindestens zwei verschiedenen Würsten gekrönt, dazu gibt es ein weiteres geräuchertes und gekochtes Stück Fleisch – das Ganze reicht aus für eine kleinere Familie. Brillat-Savarin zählte *Choucroute* zu seinen 19 Lieblingsgerichten. ›Nouvelle-cuisine‹-Köche im Elsaß ziehen einen Salat aus Sauerkraut, *Crudités* und eingelegten Gurken und Zwiebeln vor.

Nudeln sind seit einigen Jahrhunderten im Elsaß beliebt und oft noch hausgemacht. Sie sind traditionelle Beilage zu vielen einheimischen Spezialitäten wie Hasenschmorbraten, *Matelote* und Hühnerfrikassee. Die nudelähnlichen, aber knackigeren Spätzle sind kleine Teiglocken, die gekocht und mit zerlassener Butter serviert oder in Butter golden gebraten werden. Wie Nudeln werden sie stets als Beilage serviert: Elsässer essen Teigwaren nicht als eigenständiges Gericht. Auch auf ihre Klöße, die den Gnocchi ähnlichen *Knepfle*, sind sie stolz, die aus Mehl oder Grieß gemacht werden. Bis zu Beginn dieses Jahrhunderts waren sie, mit getrockneten Früchten serviert, ein traditionelles Hauptgericht für freitags. Auch heute werden sie noch serviert, entweder in der herkömmlichen Art oder auch mit Salat.

Schweinefleisch ist das beliebteste Fleisch im Elsaß. Alle Teile werden verwendet auf vielerlei Art zubereitet: als gebratene Lende, Kotelett oder Bein, gepökelter oder geräucherter Schinken, Hachse, Eisbein, Füße, Magen, Schulter und Speck, außerdem gibt es solche örtlichen Spezialitäten wie Straßburger Würste und *Tourte de la vallée de Munster*. Bis zu Anfang dieses Jahrhunderts hielt jede Familie auf dem Land Schweine. Die älteren Einwohner erinnern sich noch lebhaft des jährlichen Schlachtens und des zugehörigen Festmahls, bei dem die Teile gegessen wurden, die sich nicht hielten. In einigen Dörfern kommen die Metzger noch ins Haus, um die Schweine zu schlachten und Würste zu machen.

Die Vielfalt der *Charcuterie* im Elsaß ist enorm, und der Ruf der einheimischen Hersteller so groß, daß sie sich noch gegen die industriellen Zulieferer der Supermärkte behaupten können. Wenn man in irgendeiner Stadt oder einem Dorf des Elsaß die Hauptstraße entlanggeht, wird das Auge vom Schaufenster des *Charcutiers* angezogen. Die Auslage ist stets appetitanregend und kaum je weniger als üppig. Es gibt alle Arten von *Terrines* oder *Pâtés*, dazu Würste mit Kümmel oder Knoblauch, *Saucisses de Strasbourg* (mit Rind- und Schweinefleisch, eine deftige Variante der Frankfurter), scharf gewürzte *Cervelas* (die ursprünglich Schweinehirn enthielten – daher der Name), *Burelewerwurscht* und *Waedele* (beides Kalbsleberwürste), getrocknete und geräucherte Würste und Salami, Blutwürste, Speckseiten, Schinken und alle Arten von Fleisch *en brioche*.

Auch die Auswahl an Wild ist sehr groß: Hase, Kaninchen, Rebhuhn, Fasan, Wachtel, Schnepfe, Wildente, Reh, Hirsch und Wildschwein finden alle ihren Weg auf die Tafel, wo sie oft mit Obst (einschließlich Trauben) der Gegend und mit Nudeln

Tarte à l'oignon *(rechts) wird heiß serviert und zu kühlem Wein gegessen. Es ist ein unkompliziertes Gericht, in dem Speck und Zwiebeln mit einer Ei-Sahne-Masse vermischt und auf Mürbeteig gebacken werden. Dieses rustikale Gericht ist schon lange Favorit im Restaurant* Le Caveau *in Eguisheim.*

oder Spätzle gereicht werden. In einem großartigen *Choucroute* ersetzt der Fasan das Rauchfleisch.

Bis ins 20. Jahrhundert wurden in Stadt und Land Gänseherden gehalten. Gänse sind nützliche Geschöpfe. Wie die Schweine sind sie Allesfresser (und daher billig zu mästen) und liefern eine Menge Fleisch und Schmalz und als Nebenprodukt Federn und Daunen. Zu Weihnachten und Neujahr wird gebratene, mit Kastanien gefüllte Gans gereicht, und es gibt regionale Spezialitäten wie gefüllten Gänsehals oder Gänsekeule mit *Choucroute*. Am berühmtesten ist die unvergleichliche *Foie gras*, die als *Terrine* oder *Pâté en croûte* oder in Butter gebraten und mit Apfelstücken garniert serviert wird. Als Garnierung findet sich *Foie gras* in Salaten, zu Nudeln oder in gefülltem Gänsehals, und sie wird auch als Mousse oder in Aspik verwendet. Man sagt, sie werde wie ein guter Wein mit dem Alter besser; sie ist das beliebteste Gericht der elsässischen Küche, das stets zu besonderen Gelegenheiten gereicht wird.

Der Erfinder der *Pâté de foie gras en croûte* soll Jean Pierre Clause gewesen sein, der Koch des elsässischen Militärgouverneurs, Marschall de Contades. Clause drapierte gehacktes Kalbfleisch und Speck um die Leber und wickelte das Ganze in einen Pastetenteig. Als durchschlagender Erfolg bei seiner Kreation im Jahre 1780 brachte das Gericht seinem Schöpfer ein Vermögen ein: im Jahr 1784 heiratete Clause die Witwe eines *Pâtissiers* und widmete die restlichen 40 Jahre seines Lebens der Herstellung und dem Verkauf seiner *Pâté*, wozu er noch weitere erfand, die Rotwild, Wildschwein, Hasen, Wachtel, Rebhuhn, Ente, Truthahn und Süßwasserfisch zur Grundlage hatten – alles in allem die erstaunliche Anzahl von 42 Varianten.

Aber er war nicht der erste, dem eingefallen war, *Pâté en croûte* zu servieren. Diese erscheint mindestens 123 Jahre vor seiner Zeit in den Gemälden Sebastian Stoßkopfs. Das Musée des Beaux Arts in Straßburg besitzt eine schöne Sammlung seiner Stilleben. Ein besonders hübsches zeigt eine blauweiße, von Erdbeerblättern umkränzte und mit reifen und unreifen Erdbeeren hochgefüllte Schüssel, doch ein weiteres stellt einen Marmortisch dar, auf

Jede Region Frankreichs bereitet Schnecken auf eigene Weise zu, im Elsaß als Escargots en brioche *(linke Seite), wobei die Schnecken gekocht, aus der Schale genommen und auf mit Knoblauchbutter bestrichenen Brotscheiben kurz überbacken werden. Das Brot saugt die Butter auf, so daß nichts verlorengeht. Man serviert die Schnecken im* Le Caveau *in Eguisheim als ersten Gang.*

Ecrevisses au Pinot Rouge *(unten, vor und nach dem Kochen) werden mit Flußkrebsen und Wein zubereitet. Die Krebse, die nach dem Kochen eine rötliche Tönung annehmen, werden mit frischer Petersilie bestreut.*

dem ein Korb mit Weingläsern und eine *Pâté en croûte* stehen, die angeschnitten ist, um das Innere deutlich zu zeigen.

Das Elsaß hatte lange Zeit einen bedeutenden jüdischen Bevölkerungsanteil, und der jüdische Einfluß auf die elsässische Küche war beträchtlich. Die erste jüdische Ansiedlung ist aus dem Straßburg des 13. Jahrhunderts belegt, der Zeit, als sich das Elsaß zu einer autonomen Gesellschaft mit rasch expandierenden Handelsbeziehungen wandelte. Der 30jährige Krieg machte viele der ärmeren Juden heimatlos, deren Situation sich zwar im Elsaß, wo sie keine Landwirtschaft betreiben durften, nicht viel verbesserte, wo sie aber zumindest ein Klima der religiösen Toleranz vorfanden. Das jüdische Element in der elsässischen Küche hat teils wirtschaftliche, teils religiöse Aspekte. Wo die angestammten Elsässer eine Vorliebe für Schweinefleisch und Schinken zeigten, verwendeten die jüdischen Elsässer Gänse und Gänseschmalz; und der berühmte *Carpe à la juive* (Karpfen) war ein Sabbatgericht, das tags zuvor zubereitet und kalt serviert werden konnte.

Der Rhein und sein Nebenfluß, die Ill, führten einst Salme, Neunaugen, Hechte, Karpfen und Barsche im Überfluß, und obwohl die Bestände heute stark reduziert sind, genießen die Elsässer immer noch eine breite Vielfalt von Fischgerichten. Die beiden berühmtesten Fischgerichte sind *Matelote à l'alsacienne* und *Carpe à la juive*. Die *Matelote* wird aus Hecht, Schleie, Barsch, Karpfen und Aal zubereitet, die zerteilt und in Fumet und Riesling geschmort werden. Wenn der Fisch gar ist, wird die Kochflüssigkeit mit *Beurre manié* angedickt und die Sauce mit Sahne und Eigelb abgeschmeckt. Herkömmlicherweise wird die *Matelote* mit Nudeln serviert. François Stéphan, der unternehmungslustige junge Küchenchef des Restaurants HOHLANDSBOURG in Trois Epis hat einen interessanten *Salade de matelote* kreiert.

Mindestens seit dem 13. Jahrhundert ißt man im Elsaß Frösche, und in Straßburg lag neben dem Fischmarkt einst der Froschmarkt. Es gab drei traditionelle Arten, Frösche zuzubereiten und zu servieren: in einer Suppe (ein echtes Rezept der Gegend), mit Zwiebeln und Kräutern gekocht und mit einer hellen Sauce aus Fleischbrühe und Mehl, oder in Teig gebacken mit geriebener Zitrone und Eiweiß. Heute

Für Râble de lièvre aux nouilles fraîches *(links, in der* BRASSERIE FLO *in Paris) wird der Hase vor dem Braten mariniert und auf Nudeln serviert.*

Truffes sous la cendre *(unten) ist in gehackten Trüffeln gewälzte* Foie gras, *die zu kartoffelgroßen Bällchen gerollt und in Aspik serviert wird.*

findet man auf den Karten der Restaurants oft noch Froschsuppe, doch sonst hat sich die allgegenwärtige provençalische Sauce aus Knoblauch und Tomaten durchgesetzt. Jedoch auch neue Zubereitungsmethoden sind aufgetaucht: *Grenouilles au Riesling* (mit Schalotten in Butter angebraten) und eine delikate *Mousseline de grenouille*, die eine Spezialität der AUBERGE DE L'ILL in Illhaeusern ist.

Wenn die Schaufenster der *Charcutiers* überhaupt eine Konkurrenz haben, dann die der Bäcker. Die Vielfalt an Brotsorten ist verblüffend. Es gibt sie in jeder Form, Größe und in jedem Geschmack – Zimt, Kümmel, süße Gewürze, Mandeln; die Brote werden aus allen Mehlsorten gemacht – Roggen, Weizen, Gerste, Kleie; es gibt große Bauernlaibe mit dicken, dunklen Krusten, kleine braune Brote mit Walnüssen, delikate weiße in Kranzform, Brot mit Schweinespeck, Vollkornbrot, Milchbrot und eine Reihe von Brötchen.

Bestimmte Brote gehören zu verschiedenen Festen. Am Neujahrstag pflegten die Kinder ihren

Terrine d'anguilles *(rechts) bevorzugt man in der* AUBERGE D'ILL *im schönen Dorf Illhaeusern. Die Aale kommen frisch aus der Ill. Eine weitere Spezialität der Auberge ist die delikat gewürzte* Terrine de canard au foie gras en brioche *(unten).*

Onkeln, Tanten und Paten ein *Neujohrwecka* genanntes Brot zu bringen. Der 5. Februar, der Tag der heiligen Agathe, ist der Festtag der Bäcker: Im Sundgau kauft man an diesem Tag frühmorgens einen großen Laib Brot, nimmt ihn mit zur Messe, um ihn segnen zu lassen, und vergewissert sich, daß jedes Familienmitglied am selben Tag etwas davon ißt. Für den Nikolaustag, den 6. Dezember, machen die Bäcker *Bonshommes* genannte Figuren aus süßem Teig, die den Kindern zusammen mit getrockneten Früchten und Nüssen vom Nikolaus gebracht werden. Die Geschichte anderer Brote reicht oft einige Jahrhunderte zurück, zum Beispiel auf ein Dorffest des Schutzheiligen. Als der Ruf dieser Brote sich verbreitete, begann man, sie nachzuahmen.

Berawecka ist ein nahrhaftes Brot aus getrockneten Birnen mit getrockneten Zwetschgen, Pflaumen, Feigen, Rosinen und Walnüssen, gewürzt mit Zimt, Nelken und Zitronensaft und mit Kirschwasser oder *Eau-de-vie de poire* aromatisiert. Die Früchte werden eingeweicht, dann zerkleinert und mit Milch zu einem Brotteig vermischt. Man pflegte es zum Weihnachtsabend vor der Mitternachtsmesse zu essen, heute erscheint es als Weihnachtsfrühstück oder am Neujahrstag.

Der weltweit bekannte *Gugelhupf* ist ein heller Hefekuchen mit Rosinen und Mandeln, der in einer besonderen ringförmigen und geschwungenen Form gebacken wird. Zum Frühstück macht er sich sehr gut und wird auch nachmittags zu einem Glas Muscat oder Traminer gereicht. Bis in die 40er Jahre unseres Jahrhunderts war es üblich, daß die Leute ihre eigene Milch, Eier, Butter, *Eau-de-vie* und die eigene *Gugelhupf*-Form zum Bäcker brachten. Der Bäcker lieferte das Mehl, Zucker, Rosinen, Mandeln und Hefe dazu. Heute findet man diesen Brauch noch in einigen Dörfern, vor allem in bäuerlichen Gemeinden.

Zusätzlich zum Brot ist das Elsaß für seine vorzüglichen *Pâtisseries* bekannt. *Bredle* sind ein traditionelles Weihnachtsgebäck, in mancherlei Gestalt in hölzernen Reliefformen gebacken, ersetzten sie sehr früh schon als Christbaumschmuck die Hostien-Oblaten, wie farbige Kugeln die ursprünglichen roten Äpfel ersetzten. Die elsässische Überlieferung behauptet, daß der Christbaum um 1500 in Sélestat entstand, und zwischen den Dörfern gab es sicherlich ein angestrengtes Wetteifern um den am schönsten geschmückten Dorfbaum. Heute kann man das ganze Jahr über *Bredle* kaufen. Die einfachsten sind *Anisbredle* (aus Eiern, Zucker, Mehl und Anis), die *Butterbredle* sind schwerer (mehr Butter und Zukker), und *Schwowebredle* macht man mit gemahlenen Mandeln.

Das Elsaß besitzt fast so viele Obstkuchen wie *Pâtés*. Alle Farben und Düfte des Obstgartens erscheinen in Kuchenform: Pflaumen, Zwetschgen, Kirschen, Blaubeeren, Birnen und Äpfel. Oft wird die Obstfüllung durch eine Eigelb-Sahne-Creme angereichert oder einfach mit Zucker und Zimt bestreut. Herzhafte Kuchen sind ebenso beliebt wie süße, insbesondere *Zewelwai* oder *Tarte à l'oignon* (Zwiebelkuchen), für den dünne Zwiebelringe in Gänseschmalz oder Butter glasiert werden, bevor sie auf der Kuchenform verteilt und mit einer Sahne-Eigelb-Mischung bedeckt werden.

Der einzige besondere Käse des Elsaß ist der Munster – und dieser gehört eigentlich eher zu den Bergregionen der Vogesen, wo die Milch der Almherden stets als Käse, Molke oder Buttermilch aufbewahrt wurde. Man machte auch etwas Butter, doch hauptsächlich benutzte man Schweineschmalz. Munster ist ein halbweicher Käse mit roter oder orangefarbener Rinde und sehr starkem, charakteristischem Geruch. Er wird gewöhnlich in ziemlich kleinen Portionen mit einem Tellerchen Kümmelsamen serviert.

Das Elsaß ist ebenso für seine Getränke wie für sein Essen bekannt. Hier werden vorzügliche Weißweine, Obstler und Biere gemacht. Schon seit Jahrhunderten keltert man auf dem linken Rheinufer Wein; und obwohl die Weinproduktion in regelmäßigen Abständen durch Kriege, Revolutionen und Epidemien behindert oder gestoppt wurde, hat sie sich stets erholt, ihre Reputation wieder aufgerichtet und ihren Markt vergrößert. Bis zur Französischen Revolution gehörten die Weinberge Klöstern, weltlichen Herrschern und einzelnen Winzern vieler Nationalitäten. Als die Weinberge aufgeteilt wurden, konzentrierten sich die vielen neuen Besitzer eher auf Quantität als auf Qualität, und während der nächsten 100 Jahre erging es den elsässischen Weinen nicht gut: zu Hause wurde das Bier zur ernstzunehmenden Konkurrenz, und im Ausland belegten die Schweiz und Deutschland importierte Weine mit Schutzzöllen. Die Annexion durch Deutschland führte zur Massenproduktion nichtssagender Weine, und darüber hinaus wüteten Mehltau, Rebläuse und andere Krankheiten unter den Reben. Erst nach 1918 wurden ernsthafte Anstrengungen unternommen, die Qualität wiederherzustellen.

Diese Anstrengungen trugen wunderbare Früchte: die Weine des Elsaß haben heute einen ganz eigenen, ausgeprägten Charakter. Zur Bezeichnung *Alsace* oder *Vin d'Alsace* kommt noch die Bezeichnung der Lage oder Rebe, durch die sich die elsässischen Weine unterscheiden. Doch außerhalb der Region werden ihre Weine auf den Karten stets als *Riesling d'Alsace* aufgeführt. Im Elsaß selbst jedoch spezifizieren die vielen guten Restaurants sorgfältig 15 verschiedene Rieslingsorten, zehn Gewürztraminer, verschiedene *Pinots Gris* (oder *Tokay d'Alsace*, als die sie gemeinhin bekannt sind) und die zahlreichen *Muscats* oder *Pinots Noirs*. Die Angaben enthalten stets den Namen des Winzers, wie geringfügig seine Produktion auch sein mag.

Die Hänge der Vogesen neigen sich in alle Himmelsrichtungen, da sie alle von Flußläufen eingeschnitten werden, die aus den Bergen in die Ebene führen. Unterschiede in Boden, Sonneneinstrahlung und Wind erzeugen eine Unzahl von Mikroklimata, jedes mit seinem eigenen Wein. Man ist wirklich stolz auf die wenigen Lagen wie *Schönberg* oder *Sporen*, die, seit Generationen im Familienbesitz, immer allerbesten Riesling hervorbringen.

Elsässisches Gebäck gibt es in verschiedenen Formen und Größen, vom mächtigen Kuchen bis zur Obsttorte. Es ist unerläßlicher Bestandteil des Nachmittagskaffees und beliebter Abschluß einer Mahlzeit. Zu dieser Auswahl aus der kleinen, mittelalterlichen Stadt Kaysersberg (rechte Seite) gehört die Tarte aux quetsches *mit Kreuzmuster (oben);* Gugelhupf, *ein ausgesprochen leichter Kuchen und eines der beliebtesten elsässischen Desserts; eine* Tresse en brioche *(gleich daneben); ein mit Mandeln gewürztes Buttergebäck (vorne links); ein* Chinois *genannter Laib und eine üppige runde* Brioche *mit Nüssen und Zuckerguß.*

Das Elsaß produziert eine größere Vielfalt an *Eaux-de-vie* und Obstlikören als jeder andere Teil Frankreichs oder vielleicht der ganzen Welt. Jede Frucht aus den Obstgärten und jede wilde Beere aus den Vogesen wird destilliert. Die Obstliköre haben eine blasse Färbung und sind süßlich, die Obstschnäpse sind farblos, trocken und von intensiv fruchtigem Aroma. Sie werden in kleinen Destillen und von einigen größeren Winzern gebrannt. In Riquewihr, der Weinhauptstadt des Elsaß, bieten selbst die kleinsten Weinhandlungen Kirsch, Williamsbirne, Zwetschge, Pflaume, Himbeere, Brombeere, Quitte, Garten- und Walderdbeere, Mirabelle, Holunderbeere, Schwarze Johannisbeere, Eberesche, Schlehe, Blaubeere, Mirabelle, Enzian und Hagebutte als Schnaps an.

Straßburg macht München den Titel der Bierhauptstadt der Welt streitig. *Mutzig*, *Meteor* und *Kronenbourg* sind international bekannte Biere. Neun Zehntel des elsässischen Bieres werden exportiert, und die produzierte Menge beträgt ein Viertel des gesamten in Frankreich gebrauten Biers. Die Elsässer mögen ihr Bier genauso gern wie ihren Wein und trinken es immer noch lieber aus Steinkrügen als aus Gläsern. Die Museen von Straßburg und Colmar bewahren viele hübsche alte Bierkrüge mit den Wappen religiöser Gemeinschaften oder von Bischöfen und Adeligen auf.

Im 18. und 19. Jahrhundert hatte jedes Dorf und jede Stadt einen Töpfer, der Tongeschirr für Haus und Hof herstellte. Heute gibt es nur noch zwei Zentren, die sich auf Steingut spezialisieren, beide im nördlichen Elsaß. Die Töpfer von Soufflenheim, deren Geschäfte alle an der Hauptstraße des Dorfes liegen, stellen bleiglasiertes Geschirr in leuchtenden Farben her, mit Blumen, Tieren und Inschriften verziert. In Oberbetschdorf fertigt man graues, salzglasiertes Steingut mit blauen Ornamenten. Die Museen der Region besitzen hübsche Beispiele für frühe Arbeiten in beiden Stilen.

Das Musée des Beaux Arts in Straßburg besitzt eine ansehnliche Sammlung von Tellern und Terrinen in Kohl-, Blumenkohl-, Truthahn-, Enten- und Gänseform, die drei Generationen der Familie Hannong im 18. Jahrhundert hergestellt haben. Das Musée Alsacien in Straßburg und das Unterlinden-Museum in Colmar haben beide ausgezeichnete Sammlungen von hölzernen Lebkuchenformen, glasierten Ton- und Kupferformen für Gugelhupf und andere Kuchen- und Eisenformen für Waffeln und Oblaten. Diese Formen gibt es in mancherlei Gestalt: Für die Neujahrskuchen benutzte man Fischformen, Krebse als Fruchtbarkeitssymbol für Hochzeitskuchen, Sterne zu Weihnachten und das Lamm zu Ostern.

Die purpurroten Zwetschgen, die roh beinahe nach nichts schmekken, sind zum Backen ideal, da sie gegart erst ihr reiches Aroma entwickeln. In der Maison des Tanneurs *in Straßburg backt man eine andere Version der* Tarte aux quetsches *(linke Seite): Die mit Zucker in Wasser gekochten Pflaumen werden auf eine* Crème pâtissière *mit Pflaumenaroma gefüllt und auf einem Mürbeteigboden gebacken, mit Zucker bestreut und warm serviert.*

An der Ill gelegen, verfügt die Auberge d'Ill *über einen Garten, in dem man bei warmer Witterung draußen speisen kann. Zwei ihrer Dessertspezialitäten (rechts) sind* Gâteau du chef, *eine Buttercremetorte, und eine Erdbeertorte, die man beide mit einem Glas kalten Silvaners genießen sollte.*

RABLE DE LIEVRE AUX NOUILLES FRAICHES *Hasenrücken mit frischen Nudeln*

Wenn man oft frische Nudeln ißt, lohnt sich die Anschaffung einer Pastamaschine. Doch lassen sie sich auch auf herkömmliche Art mit der Hand machen, wie im folgenden Rezept.

1 großen Hasenrücken
100 g zerlassene Butter
⅛ l Crème fraiche (s. Anhang) oder Schlagsahne
Salz, frisch gemahlener Pfeffer

FÜR DIE MARINADE
1 Flasche Riesling
Je 1 Bund frischer Thymian und Petersilie
1 Lorbeerblatt
1 Möhre in Scheiben
1 Zwiebel in dünnen Ringen
1 Prise gemahlener Koriander
1 Prise Muskatnuß

FÜR DIE NUDELN
400 g Mehl
3 Eier
1 Eßlöffel Öl (15 ml)
¼ Teelöffel Salz
Mehl (zum Bestäuben)

Die Marinade zubereiten, indem man alle Zutaten dafür in einem Topf aufkocht. Die heiße Mischung über den Hasen gießen und 24 Stunden stehen lassen.

Die Nudeln zubereiten: Das Mehl auf einem Brett aufhäufen und in der Mitte eine Mulde machen. Öl, Salz und Eier hineingeben und langsam das Mehl einkneten, indem man mit den Fingerspitzen einer Hand eine Paste anrührt. Wenn der Teig zu trocken ist, ein wenig Wasser zugießen. Den Teig zu kleinen Bröckchen reißen, diese auf der Arbeitsplatte mit der Handfläche flachklopfen, dann alles zusammenkratzen, um eine Masse zu formen. Dies zwei- bis dreimal wiederholten, dann den Teig mit einem feuchten Tuch bedecken und 1 Stunde ruhen lassen, aber nicht kühlen. Den Teig in 4 Stücke schneiden. Auf einem mehlbestäubten Tuch jedes Stück so dünn wie möglich zu einem großen Rechteck ausrollen. Dann leicht mit Mehl bestäuben und in ½ cm breite Streifen schneiden. Die Sreifen voneinander trennen und auf einem Geschirrtuch 30 Minuten trocknen lassen. In einer luftdichten Blechdose oder Plastikbehälter halten sie sich nun bis zu 3 Tagen.

Den Hasen zubereiten: Zunächst 24 Stunden in der Marinade ziehen lassen. Den Backofen auf 190 °C vorheizen. Den Hasen aus der Marinade nehmen und trockentupfen; die Marinade aufbewahren. Zerlassene Butter über den Hasen gießen und 40 Minuten im Backofen braten. Das Fleisch mit einem Bratspieß prüfen; es ist gar, wenn der Fleischsaft klar herausläuft.

Den Rücken auf eine vorgewärmte Platte legen und den Bratensatz mit etwas Marinade ablöschen. Die Crème fraîche zugeben, einen Moment ziehen lassen, kosten und, wenn nötig, nachwürzen.

Unmittelbar vor dem Servieren die Nudeln kochen. Einen großen Topf Salzwasser aufkochen lassen und die Nudeln 2 bis 3 Minuten darin kochen, dann abgießen. Wenn man sie so weich vorzieht, wie die Franzosen sie essen, den Topf vom Herd nehmen und die Nudeln weitere 5 Minuten in ihrem Kochwasser ziehen lassen.

Den Hasenrücken auf die Nudeln legen, etwas Sauce darübergießen und den Rest getrennt servieren. Einige Köche ergänzen die Sauce mit Morcheln.

Für 6 Personen – Abbildung Seite 110

CUISSES DE GRENOUILLES AU RIESLING *Froschschenkel in Riesling*

24 Froschschenkel
Trockener Weißwein
Ein wenig Mehl
100 g Butter
Salz, frisch gemahlener Pfeffer

FÜR DIE SAUCE
2 gehackte Schalotten
1 gehackte Knoblauchzehe
1 Eßlöffel gehackte Petersilie
¼ Flasche trockener Weißwein, vorzugsweise Riesling
⅛ l Crème fraîche (s. Anhang) oder Schlagsahne
1 Eigelb
Salz, frisch gemahlener Pfeffer
1 Prise Muskatnuß (nach Wunsch)
Ein wenig gehackte Petersilie oder andere Kräuter

Vorbereitete Froschschenkel kaufen und 2 Stunden in trockenen Weißwein einlegen. Trockenwischen und mit Mehl bestäuben: um sicherzugehen, daß sie sehr trocken sind, das restliche Mehl abschütteln. Die Butter in einer Pfanne zerlassen und die Froschschenkel leicht braten, ohne sie anzubräunen. Wenn sie zart und blaßgolden sind, mit Salz und Pfeffer würzen, auf eine Platte legen und warmstellen.

Die Sauce zubereiten: In derselben Butter Schalotten und Knoblauch anrösten. Wenn sie golden sind, Petersilie und Weißwein zugeben und auf mäßiger Hitze 20 Minuten einkochen.

Das Eigelb mit der Crème fraîche verrühren und die Sauce vom Herd nehmen und mit dieser Mischung binden. Über kleiner Flamme rühren, bis sie dick wird. Mit Salz und Pfeffer und eventuell etwas Muskatnuß würzen. Diese samtige, köstlich duftende Sauce über die Froschschenkel gießen, mit ein wenig gehackter Petersilie oder anderen Kräutern bestreuen und servieren.

Für 4 Personen – Abbildung rechte Seite

FAISAN A LA CHOUCROUTE *Fasan mit Sauerkraut*

Ein *Choucroute* kann von unendlich vielen Dingen begleitet werden – von allen Sorten von Würsten, *Boudins* und *Quenelles*, verschiedenen Arten Pökelfleisch, Speck und Schinken (roh oder geräuchert) bis zu *Confits* von Ente oder Gans. Es kann auch mit Wild gekocht werden, wie in diesem Rezept, wo sein Partner ein Fasan ist.

1 Fasan, gerupft und ausgenommen
1 kg Sauerkraut
125 g Schmalz
250 g durchwachsener Speck, in dicke Scheiben geschnitten
1 Zwiebel, gespickt mit einer Nelke
2 Bouquets garnis (s. Anhang)
3 Knoblauchzehen
8 Wacholderbeeren
⅕ l Weißwein
⅕ l selbstgemachte Hühnerbrühe
1 Koch-Cervelatwurst
Fetter frischer Schweinespeck (um den Fasan einzuwickeln)
1 Zwiebel in Ringen
1 Möhre in Scheiben
Salz, frisch gemahlener Pfeffer

Das Sauerkraut gründlich waschen und auflockern. Es leicht in ein Sieb drücken, um die Feuchtigkeit auszupressen. Einen feuerfesten Topf mit 2 Eßlöffeln Schmalz fetten, die Hälfte des Sauerkrautes hineinlegen, darauf den durchwachsenen Speck, die Zwiebel mit der Nelke, 1 Bouquet garni, das Knoblauch und die Wacholderbeeren. Mit dem restlichen Sauerkraut bedecken. Mit Pfeffer und sehr wenig Salz würzen, da der Speck salzig ist. Weißwein und Brühe aufgießen und zudecken. Auf sehr kleiner Flamme 3 Stunden schmoren, sich vergewissern, daß das Sauerkraut nicht anbrennt und, wenn nötig, Wein oder Brühe zugießen. Nach 3 Stunden die Wurst dazugeben.

Nun beginne man mit dem Fasan: Dressieren und mit dem frischen, fetten Speck umwickeln, diesen festbinden. Die restlichen 2 Eßlöffel Schmalz in einer Pfanne zerlassen und den Fasan von allen Seiten anbräunen. Zwiebel und Möhre zugeben, dazu das zweite Bouquet garni, und mit Salz und Pfeffer würzen. Zudecken und 40 Minuten leicht schmoren lassen, oft mit dem eigenen Saft begießen. Wenn der Fasan zu trocken ist, mit ein paar Löffeln Hühnerbrühe ergänzen.

Wenn er gar ist, das Sauerkraut auf eine Platte legen, darauf den Fasan, die Wurst in dicken Scheiben und den Speck anrichten.

Den Bratensatz vom Fasan mit ein wenig Hühnerbrühe ablöschen und getrennt in einer Sauciere servieren.

Für 4 Personen – Abbildung oben

SALADE DE MATELOTE *Süßwasserfisch-Salat*

2 ganze Forellen von je etwa 200 g, geputzt und ausgenommen
250 g Aal, gehäutet
250 g Hechtfilets
2 mittelgroße Möhren
100 g sehr dünne grüne Bohnen
⅕ l Weißwein
1 Kopfsalat
100 g Brunnenkresse
4 Pilze in dünnen Scheiben
1 kleine Zwiebel, gehackt
1 Zitrone, geviertelt
Frisch gemahlener Pfeffer

FÜR DIE BOUILLON
Ein paar Zwiebelringe und Möhrenscheiben
1 Zitronenscheibe
Salz, frisch gemahlener Pfeffer
1 Lorbeerblatt, 1 Nelke
⅕ l Weißwein

FÜR DIE SALAT-SAUCE
4 Eßlöffel Sonnenblumenöl
1 Eßlöffel Weinessig
1 Eßlöffel Sherryessig
¼ Tasse Crème fraîche (s. Anhang) oder Schlagsahne
Saft einer Zitrone, Salz, frisch gemahlener Pfeffer

Alle Zutaten für die Bouillon bis auf den Wein mit 2 Tassen Wasser in einem Topf aufkochen und 15 Minuten kochen lassen.

Die Möhren putzen, in Scheiben schneiden und 10 Minuten in Salzwasser kochen. Die grünen Bohnen 5 Minuten in Salzwasser kochen. Beides abgießen und bei Raumtemperatur beiseite stellen.

Den Fisch pochieren. Den Wein in die vorbereitete Bouillon gießen. Die Aale in 8 Stücke schneiden und 10 Minuten in der Flüssigkeit bei mäßiger Hitze kochen lassen. Die Forellen dazugeben und weitere 3 Minuten kochen. Die Hechtfilets in 8 Stücke teilen, zugeben und weitere 2 Minuten kochen. Den Fisch aus dem Topf nehmen und etwas abkühlen lassen.

Zum Servieren die Salatblätter auf Tellern verteilen und etwas Brunnenkresse und Pilze darauf drapieren. Die Saucenzutaten vermischen und über den Salat träufeln. Die Forellen filetieren, in die Mitte jedes Tellers ein Filet legen und mit Aal- und Hechtstücken garnieren. Gehackte Zwiebeln darüber streuen. Mit Möhrenscheiben und kleinen Bohnenpäckchen garnieren. Ein Zitronenviertel auf jedes Forellenfilet legen und unmittelbar vor dem Servieren mit frisch gemahlenem Pfeffer bestreuen. Das Gericht sollte lauwarm serviert werden.

Für 4 Personen

TARTE AUX QUETSCHES *Zwetschgentorte*

Die Zwetschge ist eine lange, ovale, purpurne Pflaume, die roh nach nichts schmeckt, aber gekocht ein unverwechselbares reiches Aroma entfaltet.

1 Pâte brisée sucrée (s. Anhang)
1 kg Zwetschgen
300 g Zucker
4 Eier
150 g Mehl
150 ml Milch oder Sahne
60 ml *Eau-de-vie de prune* oder Mirabellenschnaps
Puderzucker (zum Bestäuben)

Die Zwetschgen entkernen und mit 200 g Zucker vermischen. 15 Minuten kochen, bis sie weich sind; abkühlen lassen. (Ein paar geknackte Pflaumenkerne, die in einem Leinensäckchen mitgekocht werden, geben dem Gericht ein subtiles Aroma.)

Den Backofen auf 220 °C vorheizen. Eine große Rundform oder Springform (25 cm Durchmesser) mit dem Teig auslegen. In der gewöhnlichen Weise vorbacken und abkühlen lassen.

In der Zwischenzeit die Füllung vorbereiten. Die Eier aufschlagen, das Mehl, dann die Milch und 100 g Zucker zu einem weichen Teig verrühren. Das *Eau-de-vie* unterziehen. Den Tortenboden mit der Crème und den gekochten Pflaumen belegen und 25 Minuten backen; wenn nötig, die Kruste mit einer Aluminiumfolie schützen. Lauwarm oder kalt mit Puderzucker bestreut servieren.

Für 8 Personen – Abbildung Seite 114

BOURGOGNE

Burgund

Burgund ist eine üppige und fruchtbare Ebene, die im Osten von den Bergen des Jura und im Westen vom Granitmassiv des Morvan begrenzt wird. Heutzutage werden generell die Departements Côte d'Or, Nièvre, Saône-et-Loire und Yonne zu Burgund gerechnet, aber es gibt gute Gründe, auch die Distrikte Bugey und Bresse dazu zu zählen, die im Departement Ain liegen.

Bugey ist in den Annalen der Gastronomie wohlbekannt, denn seine wichtigste Stadt ist Belley, der Geburtsort Brillat-Savarins (1775–1826), eines Rechtsanwalts, dessen berühmtestes Buch, die »Physiologie des Geschmacks«, als Bibel der Gourmets gilt. Bresse gehörte mit seiner Hauptstadt Bourg-en-Bresse (wie Bugey) zum Hause Savoyen, und soweit die Annalen zurückreichen, haben seine Bauern das berühmteste Geflügel in Frankreich gezüchtet. Der Markt mit seiner *Volaille* ist eine touristische Attraktion. Bugey und Bresse zu Burgund zu rechnen, bereichert weiterhin die gastronomische Vielfalt einer bereits reichen Region. Der Begriff *Cuisine bourguignonne* ist ohnehin zu weit gespannt, um etwas zu bedeuten. Ebenso wie sich die weltberühmten Weine um die Hautes-Côtes von Beaune von den vielen zum Beispiel in Bugey oder Tannay zu findenden einheimischen Weinen unterscheiden, so vielfältig sind auch die regionalen Spezialitäten.

Man sollte eher von einer Reihe verschiedener *Pays* reden, zum Beispiel vom Morvan mit seinen vielen Flüssen, die im Ruf stehen, den besten Fisch zu führen, mit seinen Wäldern voller Wild, seinen Tälern, wo kostbare Pilze sprießen. Die Bewohner dieses Gebietes, das selbst heute noch etwas isoliert bleibt, sind nicht weit vom 19. Jahrhundert entfernt, als man die Frauen aus dem Norden für die besten Hebammen hielt und diese in Paris sehr gefragt waren, während die Frauen des Südens als berühmte Waschfrauen galten. Die *Cuisine de Morvan* ist in ähnlicher Weise spezialisiert und charakteristisch.

Im Gegensatz dazu steht die *Cuisine de Dijon*, die eng mit den Herzögen Burgunds verknüpft war. Ihre Gastfreundschaft und die Qualität der Kost waren berühmt.

In den Weinbergen von Mercurey bei Aubigny werden die verschiedenen Bauern gehörenden Abschnitte durch schmale Pfade getrennt (vorige Doppelseite). Das Dorf Eguilly (oben), ein typisch burgundisches Dorf.

Rechte Seite: Citeaux, Brillat-Savarin *(auf dem Citeaux) und verschiedene* Chèvres *gehören zu den beliebtesten Käsen.* Pommard *und* Savigny-les-Beaunes *sind rote Burgunder;* Meursault *ist ein Weißwein. Aus schwarzen Johannisbeeren macht man Cassis, einen fruchtigen Likör. Der Brotlaib ist* Pain d'épices, *die ovalen Plätzchen sind eine kleinere Version mit Zuckerguß, und die in Folie verpackten Törtchen sind* Nonnettes.

1969
PUR FRUIT
ROYAL CASSIS
1969
MEURSAULT
POMMARD
du Domaine du
COMMARAINE
CîTEAUX
Fabriqué en Côte-d'Or
MATIÈRES
BOURGOGNE VERITABLE
CHEVRE DE
FUCHEY
COUCHES

BRESSE

Weiter im Süden bei den Rindergebieten Charolais' bildet das Mâconnais eine weitere Region. Die Vielfalt der Lebensmittel scheint zuzunehmen, je weiter man nach Osten kommt, und die Tafel wird von großen Hühnern und Krebsen, *Sauce Nantua*, und Trüffeln und Morcheln beherrscht.

Wenn man jedoch die Küche Burgunds auf einen Nenner bringen muß, so könnte man sagen, daß sie auf vier Stützen ruht: Wein, Sahne, Schweineschmalz und Teigwaren. Über das Kochen in Wein gehen die Meinungen auseinander: die einen behaupten, daß die besten Ergebnisse nur durch Verwendung des besten Weines erzielt werden können – und daß der zu einem Essen getrunkene Wein sogar der gleiche sein müsse, in welchem es gekocht wurde. So sollte eine *Soupe d'escargots au Meursault* (eine Spezialität der Beaune-Region) von diesem großen weißen Burgunder begleitet werden. Die anderen ziehen es vor, mit einfacheren, herben Weinen zu kochen, insbesondere, wenn ein Rezept eine recht lange Garzeit und die Zugabe von Kräutern verlangt. In jedem Fall aber findet Wein in *Marinade* als *Meurette* oder Rotweinsauce ebenso Verwendung wie in *Matelote*, einem Fischeintopf mit Weißwein, der manchmal *Pochouse* oder *Pauchouse* genannt wird. *Marc* (ein starker, aus den Stengeln und Kernen gekelterter Trauben gebrannter Schnaps), Essig oder *Verjus*, ein saurer, manchmal *Vin vert* genannter Saft unreifer Trauben, können auch verwendet werden. Der Ausdruck *à la bourgouignonne* bedeutet immer ›in Wein gekocht‹.

Die Sahne sollte nicht die gewöhnliche, im Geschäft gekaufte Sorte sein. Mit typischer Detailgenauigkeit bevorzugen die Burgunder Rahm, der mit einem Holzlöffel von Milch abgeschöpft wird, die einige Tage steht. Er hat einen Nußgeschmack, und da die meisten Gemüse Burgunds ebenso *à la crème* serviert werden können (zum Beispiel Kohl, Rüben, Spinat, Spargel, Kürbis und Rote Beete) wie viele Spezialitäten (insbesondere Kalbsbries und Pilze), hält man die Sahne für äußerst wichtig.

Das Schweineschmalz wird kaum noch von der Hausfrau zubereitet und monatelang in Steinguttöpfen aufbewahrt, sondern beim Fleischer, seltener abgepackt im Supermarkt gekauft. In Burgund ist es die Basis der Kochkunst wie Butter in der Normandie oder Öl im Süden, obwohl auch diese Verwendung finden.

Traditionelle Rezepte empfehlen die Zubereitung des Teigs für das sonntägliche Gebäck bereits am vorhergehenden Mittwoch, damit er dann sonntags gebrauchsfertig bei der Hand ist. In Burgund gibt es eine Menge traditioneller Backwaren: die *Gougère* zum Beispiel, die mit geriebenem Käse zubereitet wird (heutzutage gewöhnlich ein Gruyère, doch ursprünglich ein teurer Käse aus Franche-Comté),

Das Poulet de Bresse *(linke Seite) mit den Zutaten für* Poulet de Bresse en civet *wurde mit Mais, Buchweizen und Milch gemästet und nach dem Schlachten in Milch getunkt; um unter jenem Namen verkauft zu werden, braucht es ein offizielles Siegel. Auf dem Markt von Bourg-en-Bresse (unten links) ist ein Teil für Kleinbauern reserviert, die ihre Erzeugnisse verkaufen: Eier, Gemüse,* Cornichons, *Käse, sogar Blumen und natürlich Hühner. Ein Lieferant bringt seine Hühner lebend und kistenweise (Mitte). Eine erfahrene Kundin (rechts) prüft die Qualität eines Hähnchens an der Farbe seiner Beinhaut.*

sollte als Appetithappen gereicht werden. Einige gute Restaurants servieren kleine *Gougères* warm oder kalt zum Aperitif. Dann gibt es als Gemüsegang *Chorlatte*, in Würfel geschnittener, teigumschlossener Kürbis, der in einem Kohlblatt gebacken wird, die herzhafte *Galette au fromage* und natürlich viele Desserts.

Pochouse bourguignonne *(unten) ist, wie M. Hure, Koch der* HOSTELLERIE DE LA POSTE *in Avallon, es zubereitet, ein in Wein – in diesem Fall* Chambertin *– gekochter Fischeintopf. Am besten trinkt man dazu ein Glas des gleichen roten Burgunders. Eine Auswahl von Süßwasserfischen (rechte Seite) und, wenn möglich, Krebsen ist die Grundlage der* Pochouse. *Diese werden mit Speck und Zwiebeln gebräunt, dann mit Kräutern und Nelken in Wein gekocht, mit* Marc *geschärft und mit Pilzen, Knoblauch-*Croûtons *und vielleicht ein wenig Sahne serviert.*

In Burgund gibt es noch eine besondere Delikatesse: die Schnecken, über deren Behandlung man sich nicht immer einig ist. Während man darin übereinstimmt, daß sie am besten sind, wenn sie nach dem Verlassen ihrer Winterverstecke vor den warmen Apriltagen gesammelt werden, herrscht Uneinigkeit darüber, ob Schnecken für ungefähr zehn Tage ohne Futter gehalten oder eine Woche lang mit Kopfsalat, Wasser und Thymian gefüttert werden sollten.

Senf ist eine Spezialität aus Dijon: kein Geringerer als Bossuet, der hier geboren und Bischof von Meaux wurde (»L'Aigle de Meaux«), erläuterte dem Herzog von Burgund gegen Ende des 17. Jahrhunderts, wie Senfkörner und ungegorener Wein in den richtigen Proportionen zu mischen seien, um Senf herzustellen. Heute gibt es Dijoner Senf in allen Schärfen und Farben (gelb oder braun, wenn er mit Essig oder Weißwein gemacht ist, rot, wenn er *aux quatre fruits* und grün, wenn er *aux trois herbes* zubereitet wird).

Cassis, der berühmte Likör aus schwarzen Johannisbeeren, ergibt mit Weißwein gemischt einen Aperitif, der jetzt nach dem berühmten Kanonikus Kir, dem 1968 gestorbenen Bürgermeister von Dijon, *Kir* genannt wird. Das Getränk war lange vor Kirs Zeiten bekannt, doch er pflegte es zu offiziellen Empfängen zu servieren. Er war in der Gegend sehr populär, seine kleine Gestalt in schwarzer Soutane erweckte weitgespannte Sympathien: er war ein katholischer Priester mit kommunistischen Neigungen und großer Zuneigung zu den USA, was ihn dazu veranlaßte, die Flagge von Dallas im Amt aufzubewahren und immer darüber zu reden, daß er Ehrenbürger dieser Stadt sei. Er mochte es, wenn man ihn nach dem korrekten Mischungsverhältnis eines *Kir* fragte und vermied es stets, sich festzulegen. Ein *Kir impérial* ist Cassis mit Sekt, und einige Cafés servieren einen *Communard:* Cassis mit Rotwein. Weißwein oder Champagner werden auch mit Erdbeerlikör serviert.

Auch Lebkuchen sind ein Erzeugnis der Gegend um Dijon. *Pain d'épices* und *Nonnettes* (eine köstliche Mischung von Honig und Mandeln) sind Genüsse, die das Bild mittelalterlicher Jahrmärkte und den Glauben beschwören, daß niemand wirklich berühmt sei, dessen Konterfei nicht in Dijoner Lebkuchenteig nachgebildet wurde.

Obwohl Burgund immer ein bevorzugtes Land war, gab es auch hier Jahre der Armut wie in anderen Teilen Frankreichs. Aus dieser Zeit stammen einige Rezepte, wie zum Beispiel eine *Daube*, ein Schmorgericht, das die Arbeiter im Weinberg als Mittagessen mitnahmen. Dazu wurde Rinderquerrippe oder -hals zuerst mariniert und dann mit einem Kalbsknochen in einen mit Schwarte ausgekleideten Topf gelegt und drei bis vier Stunden gekocht. Abgekühlt wurde das Fleisch in Scheiben geschnitten

VINS FINS DE BOURGOGNE

im eigenen Gelee aufbewahrt, wodurch es sich einige Tage hielt.

Eine *Soupe aux beursades* war einfach eine Mischung aus Bratensatz, kochendem Wasser und Brot. Es gibt jedoch viele burgundische Suppen, die uns heutzutage ansprechender erscheinen. Die *Potage de Morvan* besteht aus Kohl, Kartoffeln und Speckstreifen; eine *Soupe au vin* macht man mit Möhren, Zwiebeln, Rüben und dem Weißen vom Porree, alles wird kurz angebraten, dann mit Rotwein aufgegossen und mit Tapioka in Rinderbrühe gekocht; und eine Seltenheit aus der Mâcon-Region,

Charolais-Kühe, eine nach der Stadt Charolais benannte burgundische Rinderrasse, weiden auf einer Wiese bei Pouilly-en-Auxois (vorige Doppelseite). Auf dem blühenden Feld hinter ihnen wächst Raps.

Einen der größten Viehmärkte Europas gibt es in Saint-Christophe-en-Brionnais (oben), er ist auf Charolais-Rinder spezialisiert. Einmal wöchentlich findet er frühmorgens statt und zieht Käufer und Verkäufer aus dem ganzen Land an. Im Morgengrauen werden Abschlüsse bei einem Schluck im Marktcafé (links) besiegelt, und wenn Trinken und Feilschen erledigt sind, bekommt man hier ein richtiges Mittagessen – um neun Uhr morgens.

Potage Brémont, wird mit Milch und frischen Walnüssen zubereitet.

Die heutzutage oft gekochte *Potée bourguignonne* ist ein üppiger Eintopf. Zwei Pfund Rinderhachse werden in kleine Würfel geschnitten und mit einem kleinen Huhn, einem großen Stück leicht gesalzenen Schweinefleisches, einer ungekochten Knoblauchwurst, einem Kohlkopfherzen, Kartoffeln, Porree, Sellerie und Rüben gekocht. Nach etwa vier Stunden gießt man die Suppe über Brotscheiben und serviert das Fleisch und Gemüse getrennt. Die berühmtesten Gerichte Burgunds sind unzweifelhaft *Bœuf bourguignon* und *Coq au vin.* Seltsamerweise kommt ersteres in einigen frühen Kochbüchern über die *Cuisine bourguignonne* nicht vor, und noch seltsamer gibt es einige Rezepte, die empfehlen, das Fleisch in Champagner oder Madeira zu kochen.

Ein Geheimnis des *Bœuf bourguignon* oder *Bœuf à la bourguignonne* ist, daß das Fleisch, nachdem es etwa vier Stunden mit einem Kalbsfuß, Zwiebeln, Speckstreifen, Kräutern und Pilzfüßen geschmort wurde, herausgenommen und die Flüssigkeit durch ein feines Sieb passiert wird. Dann soll es eine weitere Stunde mit dem zerteilten Kalbsfuß und den Pilzhüten gekocht werden. Eine Variante dieses Gerichts verwendet dünn geschnittene Ochsenschwanzscheiben und zusätzlich Möhren und Trauben *(Queue de bœuf vigneronne).* Es ist auch möglich, Rinderlende und Weißwein zu nehmen, doch zu diesem Gericht *(Aloyan braisé à la nivernaise)* sollten als Beilage Rüben gereicht und die Sauce getrennt serviert werden.

Coq au vin und andere Geflügelgerichte waren so verbreitet, daß die Knechte darauf zu bestehen pflegten, nicht öfter als dreimal in der Woche Huhn zu bekommen.

Auch Wild wird in Wein gekocht, und wegen des alten Brauches, nach dem der Gutsherr den Dörflern zu Ostern erlaubte, auf seinem Land zu jagen, gehören einige Rezepte zur burgundischen Folklore. *Râble de lièvre à la Piron* erinnert an eine wohlbekannte Familie aus der Dijoner Gegend, während *Civet de Capucin* das gute Leben beschwört, das die religiösen Orden häufig führten. Für das erste Gericht wird das Hasenfleisch zwei Tage lang mit Schalotten und Kräutern in *Marc* eingelegt, für das zweite nur einen Tag in Weißwein mit *Marc*, Schalotten und Kräutern mariniert. Zum ersten können, wenn es während der Weinlese serviert wird, als Beilage Trauben gereicht werden, das zweite wird gewöhnlich mit gekochten Kartoffeln serviert. *Lièvre à la royale* ist wahrscheinlich ein Wilderer-Gericht, das man heutzutage kaum noch findet, da es das Ausnehmen und Salzen des nicht abgezogenen Hasen von innen erfordert, der dann in Ton gepackt, in einer heißen Holzglut eine Stunde gebacken und mit Pilzen serviert wird.

Vielleicht ist einer der Gründe dafür, warum Wein zum wesentlichen Bestandteil der Küche Burgunds wurde, daß die katholische Bevölkerung versuchte, die Fischgerichte interessanter zu machen. Im Saônetal und im Gebiet des Doubs leben in den Flüssen noch Hechte, Barsche, Aale, Karpfen und Krebse. Einige moderne Rezepte schlagen vor, die Köpfe einfach zu entfernen, doch das überlieferte Rezept sieht vor, daß man aus den Köpfen, Zwiebeln und Weißwein einen Sud kocht. Diesen gießt man durch ein Sieb und über die in Butter schmorenden Fische. Man kann *Marc* hinzufügen und das Ganze flambieren. Zuletzt nimmt man den Fisch heraus, gießt einen Teil der Sauce ab und rührt einen Löffel Sahne ein. Das Anrichten ist äußerst wichtig: man legt mit Knoblauch abgeriebene Croûtons kreisförmig auf eine Platte, plaziert den Fisch in die Mitte und gießt vor dem Servieren die Sauce darüber.

In den Volksbräuchen Burgunds spielen Eier, besonders in der Osterzeit, eine wichtige Rolle, doch meinte man, sie – wie den Fisch – stets interessanter machen zu müssen, indem man sie in Wein kochte, wie die *Œufs en meurette.* Für *Œufs en bourgouignonne*, ein ähnliches Rezept, werden die Eier direkt im Wein pochiert und im Ofen warmgehalten, während der Wein mit Butter und Mehl zu einer Sauce gebunden wird.

Eier kann man auch mit Dijoner Senf zubereiten. Für *Œufs à la dijonnaise* zerteilt man hartgekochte Eier der Länge nach, vermengt das Eigelb mit Senf, Sahne, gekochten Schalotten und Kräutern, füllt diese Mischung in die Eihälften, fügt Butter und einen Spritzer Essig dazu und stellt sie für zehn Minuten in die heiße Backröhre. Beim Kochen mit Senf achte man darauf, daß dieser dazu neigt, um so mehr Aroma zu verlieren, je länger er gekocht wird.

In Burgund war Schinken das traditionelle Ostermahl. Bei großen Familienfesten war es üblich, einen ganzen Schinken zu servieren. Der Schinken wird oft, wie beim *Jambon persillé,* in Weißwein, aber auch mit anderen Saucen wie der *Saupiquet des amognes* gekocht, deren Basis eine gepfefferte, manchmal *Sauce espagnole* genannte Sauce ist.

Neben dem Geschmack ist dem Burgunder auch das Anrichten des Essens wichtig. Gute Restaurants

Impressionen aus Burgund (rechte Seite, reihenweise von links nach rechts: Zur Pâté de poisson cressonière *gehört eine Brunnenkresse-Sauce und eine zur Rose geschnittene Tomate; auf der Saône angelt man am besten im Morgengrauen; ein exotisches* Entrée *bereitet man mit einer* Casserolette d'écrevisses *aus Hahnenkämmen und einem Rebhuhnei zu; ein Käsesortiment: Ziegenkäse für den Frühling und Sommer, Kuhmilchkäse für den Rest des Jahres; eine Schale burgundischer Pralinen, die meisten mit Fruchtfüllung; Quitten reifen am Baum; Lammnieren kocht man mit Speck und Pilzen* en brochette; *ein Café in Chauffailles; ein Mangoldgericht mit* Fourme, *einem blauen Käse, aus dem Restaurant* Troisgros *in Roanne.*

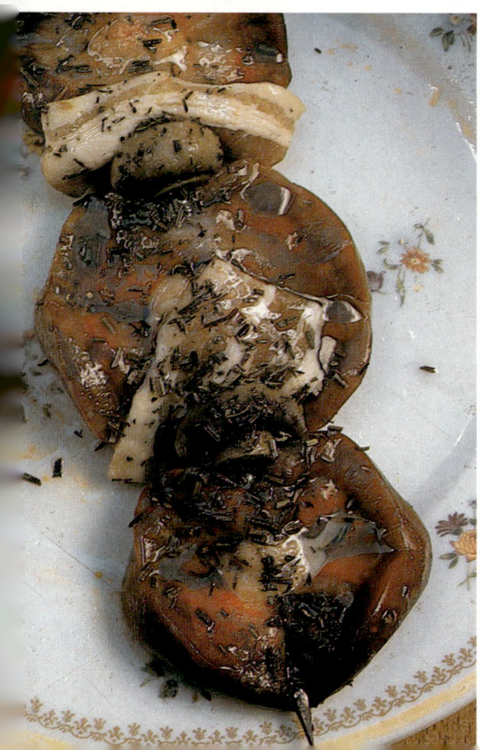

CAFÉ

Hausgemachter Käse trocknet in einem kleinen Bauernhof in La Fourche bei Charolles an der frischen Luft (oben).

Die Pâtissière *in Beaune ist Mme Bazeron (unten), ihre Köstlichkeiten sind* Gougères, *Käsegebäckbällchen, die gut zu einem Glas Burgunder schmecken.*

Der Canal de Bourgogne (rechte Seite) bei Bovey wird heutzutage hauptsächlich von Anglern und Touristenbooten genutzt.

Bruder und Schwester Moindrot aus Thoisy le Desert mit ihrer morgendlichen Brotlieferung: eine Couronne *und ein* Pain de Campagne.

Das Dorf Pommard liegt am Rande seiner berühmten Weinberge (linke Seite) und dem Clos de la Commaraine, dem Schloß, wo jene Weine abgefüllt werden.

Das gut trainierte Pferd (oben), das einen Weinberg in Pruzilly pflügt, wo man Julienas *herstellt, hält von selbst an, wenn der Pflug an einer Rebenwurzel hängenbleibt.*

Auf dem Gut Louis Latour bei Beaune (Mitte) pflücken im Herbst Vendangeurs *die Trauben. Später halten Einheimische in einem anderen Weinberg bei Mâcon Nachlese nach spät reifenden Trauben, um ihren eigenen Wein zu machen.*

Der Keller der Hostellerie de la Poste *in Avallon (oben) ist ebenso für seine Burgunder wie für Weine anderer Regionen bekannt.*

In der nahen romanischen Basilika von Vézelay (links) behandelt ein Kapitell das Thema des Kelterns.

André Noblet-Adnot, Kellermeister der großen Domaine de la Romanée-Conti bei Beaune, demonstriert die wichtigsten Schritte einer Weinprobe (rechts Seite oben): er prüft die Farbe, riecht das Bouquet und kaut schließlich einen kleinen Schluck, während dessen hält er den Korken in der linken Hand, um die Feuchtigkeit zu bestimmen, während er einatmet.

M. Leblanc (rechte Seite unten), ein traditioneller Winzer aus Pernand-Vergelesses, probiert einen seiner ausgezeichneten Weißweine.

BA77

1969

Jambon persillé *(linke Seite) ist ein bekanntes Aspik-Gericht, für das der in Wein, Zwiebeln, Schalotten, Knoblauch, Nelken und Kräutern gekochte Schinken mit gehackter Petersilie in eine Schüssel gelegt und mit der Brühe übergossen wird. Zum Rezept Marc Chevillots vom* Hôtel de la Poste *in Beaune gehören auch Zitronen, Möhren, Porree und Tomaten. Gewöhnlich trinkt man dazu den weißen Burgunder* Bourgogne Aligoté.

Eine Charcuterie *(rechts) kündigt die Betriebsferien an (kleine Tafel rechts unten) – nicht im August, wenn die Touristen kommen, sondern im ruhigeren Herbst.*

servieren eindrucksvolle Salate, interessante Fischplatten, phantasievoll dekorierte Wild- und Geflügelgerichte und Torten, die jede Gourmet-Zeitschrift schmücken würden.

Der burgundische Schriftsteller Henri Vincenot behauptet, daß man, wenn es ums Kochen geht, Rezepte und Menus erträumen müsse. Er zitiert seinen Freund, einen Arzt, der den Einfall hatte, einem zum Abhängen aufgehängten Hasen Kirschlikör unter die Haut zu spritzen, um zu sehen, wie dies den Geschmack beeinflussen würde.

Wenn Sie sich Sorgen machen, daß Wein, Sahne, Fleisch in Sauce und andere üppige Speisen Ihnen wahrscheinlich schwer im Magen liegen und vielleicht zu hohem Blutdruck oder Gicht führen, so hören Sie auf den Rat der Burgunder: sie empfehlen Knoblauch, um dies zu verhindern, ein Mittel, daß schon im alten Rom bekannt war.

GOUGERE

Dies ist ein Gebäck mit Käse, das in ganz Burgund kalt oder lauwarm gegessen wird und vorzüglich zu den burgundischen Weinen paßt. Man kann es zu phantastischen Appetithappen machen, wenn man die *Gougère* so anrichtet wie ein *Vol-au-vent:* mit einer *Sauce marinère,* mit gerösteten Pilzen, mit *Sauce Nantua,* mit Nieren Rossini, mit frischem Gemüse – wie immer man möchte.

125 g Butter
1 Prise Salz
250 g gesiebtes Mehl
5 große Eier
225 g Gruyère-Käse in Stückchen
Salz, frisch gemahlener Pfeffer
1 schaumig geschlagenes Ei

In einem Topf Butter und Salz in 1½ Tassen Wasser auflösen. Aufkochen, vom Herd nehmen und alles Mehl auf einmal zuschütten. Mit einem Holzlöffel vermischen. Wieder auf den Herd setzen bis die kompakte Masse austrocknet und sich leicht vom Topf löst (2 bis 3 Minuten).

Den Backofen auf 180 °C vorheizen. Den Topf vom Herd nehmen und die Eier nacheinander hineinschlagen, jedesmal gut vermischen. Den Gruyère zugeben und mit Salz und Pfeffer würzen.

Ein Backblech buttern und den Teig im Kranz oder in kleinen Bällchen darauf drapieren. Mit dem Eischaum glasieren und etwa 40 Minuten backen, bis er golden ist. (Der Kranz muß länger gebacken werden als die Bällchen.)
Für 6 Personen – Abbildung Seite 134

ESCARGOTS AU CHABLIS *Schnecken in Chablis*

4 Dutzend lebende Schnecken oder zwei 200-g-Dosen Schnecken, abgegossen, und 48 Schneckenhäuser
Eine Handvoll grobes Salz
⅕ l Essig
½ l Chablis
½ l gute Hühnerbrühe
1 großes Bouquet garni (s. Anhang)
2 Schalotten
1 Knoblauchzehe
Salz
60 ml Marc de Bourgogne
125 g feine Brotkrumen

FÜR DIE SCHNECKENBUTTER
350 g erweichte Butter
1 feingehackte Knoblauchzehe
2 feingehackte Schalotten
1 Eßlöffel gehackte Petersilie
Salz, frisch gemahlener Pfeffer

Die grundsätzliche Methode der Schneckenzubereitung bleibt stets dieselbe. Wenn man für dies Rezept lebende Schnecken verwendet, füttere man sie eine Woche lang nur mit ein paar Löffeln Mehl; das wird sie von Giftpflanzen reinigen, die sie gegessen haben könnten. Vor der Zubereitung, mehrere Male waschen, 2 Stunden mit dem groben Salz in mit Essig angesäuertes Wasser legen, dann erneut in reichlich frischem Wasser waschen. In kochendem Wasser 5 bis 6 Minuten blanchieren.

Die Schnecken in einen Topf mit dem Chablis und der Brühe legen. Das Bouquet garni, Schalotten, Knoblauch, Salz und Marc zugeben. 3 Stunden gerade über dem Siedepunkt köcheln lassen. In der Kochflüssigkeit abkühlen lassen.

Wenn man Schneckenkonserven verwendet: Chablis, Brühe, Bouquet garni, Schalotten, Knoblauch und Salz in einen Topf geben. Aufkochen und 20 Minuten kochen lassen. Die Schnecken hinzugeben und bei mäßiger Hitze 10 Minuten kochen lassen. Den Topf vom Herd nehmen und die Schnecken in der Flüssigkeit abkühlen lassen. In jedes Haus eine Schnecke legen.

In der Zwischenzeit die Schneckenbutter zubereiten: Knoblauch, Schalotten, Petersilie und Butter vermischen, mit Salz und Pfeffer würzen.

Den Backofen auf 180 °C vorheizen. In jedes Haus ein wenig Schneckenbutter streichen und die Häuser auf einer feuerfesten Platte verteilen. Mit den Brotkrumen und ein paar Tropfen Chablis besprenkeln. Die Schnecken einige Minuten backen, bis sie durchgewärmt sind, die Hitze auf 220 °C steigern, bis die Butter anfängt, zu brutzeln. Sofort servieren.

Für 4 Personen – Abbildung linke Seite

ŒUFS EN MEURETTE OU ŒUFS A LA BOURGUIGNONNE *Eier in Rotwein*

6 Eier
½ Flasche roter Burgunder
1 Bouquet garni (s. Anhang)
1 Zwiebel in Ringen
Ein Scheibchen Knoblauch
Salz, frisch gemahlener Pfeffer
2 Teelöffel Zucker
25 g erweichte Butter
20 g Mehl
3 Scheiben Weißbrot, ohne Rinde und in Butter geröstet

Den Wein in einen Topf gießen und das Bouquet garni, Zwiebelringe, Knoblauch, Pfeffer und Zucker zugeben. 20 Minuten oder länger bis auf die Hälfte einkochen, dann durchseihen und in den Topf zurückgießen.

Die Eier nacheinander in eine Tasse schlagen und in die siedende Flüssigkeit gleiten lassen. Zudecken, vom Herd nehmen und 3 Minuten stehenlassen. Die Eier vorsichtig mit einer Kelle herausnehmen und warmstellen, ohne sie weiter kochen zu lassen.

Beurre manié zubereiten, indem man die Butter und das Mehl zu einer Paste verknetet. Die Sauce erneut abschöpfen, um restliche Eiweißstücke zu entfernen. Abschmekken und, wenn nötig, mit Salz und Pfeffer nachwürzen. Die Sauce wieder auf den Herd setzen und die *Beurre manié* zugeben, leicht umrühren, bis sie dick wird.

Die Eier dressieren (unregelmäßige Eiweißstücke abschneiden). In Suppenteller auf das Brot legen, die heiße Rotweinsauce darübergießen.

Für 3 Personen

COQ AU VIN *Hähnchen in Rotwein*

1 ganzer Kapaun (1¾ kg)
5 bis 6 Eßlöffel Butter
125 g durchwachsener Speck in Würfeln
12 Silberzwiebeln
250 g Champignons, geputzt und geviertelt
30 g Mehl
2 Knoblauchzehen, gepreßt
1 Flasche roter Burgunder
1 Bouquet garni (s. Anhang)
4 bis 5 Eßlöffel Marc de Bourgogne
Salz, frisch gemahlener Pfeffer
3 Eßlöffel Hühner- oder Schweineblut (nach Wunsch, wenn man es nicht bekommen kann, ist das Gericht immer noch kochenswert)
200 g Croûtons, mit zerlassener Butter bestrichen und geröstet (s. Anhang)

Den Hahn in 8 Teile zerlegen und die Leber getrennt aufheben. Die Teile mit Salz und Pfeffer würzen. 2 Eßlöffel Butter in einem großen Topf erhitzen und Speck und Zwiebeln anbräunen. In einem anderen Topf 2 Eßlöffel Butter erhitzen und die Pilze rösten.

Wenn Zwiebeln und Speck schön braun sind, mit einem Sieblöffel herausheben und beiseitestellen, dann die Hähnchenteile in denselben Topf geben.

Die Fleischstücke golden anbraten. Mit Mehl bestäuben und etwas bräunen lassen, wenn nötig, Butter zugeben. Knoblauch und Wein zugeben. Aufkochen und die gerösteten Pilze, die Speck-Zwiebel-Mischung, das Bouquet garni, Marc und Salz und Pfeffer hineingeben. Zudecken und 45 Minuten kochen lassen. Dann den Hahn, die Pilze, die Zwiebeln und den Speck herausnehmen und in einer tiefen Schüssel warmhalten. Die Sauce in einen Saucentopf passieren, abschmecken und auf geringe Hitze stellen.

Die Leber in kleine Stücke schneiden und in ½ bis 1 Eßlöffel Butter scharf braten, dann in einem Mixer mit dem Blut pürieren. Die pürierte Leber in einen Topf füllen und unter ständigem Rühren langsam die kochende Sauce darübergießen. Die Hähnchenstücke und das Gemüse mit der Sauce bedecken und mit Croûtons heiß servieren.

Für 6 Personen

JAMBON PERSILLE
Schinken mit Petersilie in Aspik

1 kg roher Schinken am Stück
250 g Kalbshachse (Bein)
2 Kalbsfüße, zerhackt
Je 2 Bund frischer Kerbel, Estragon und Thymian
5 Zwiebeln, 1 mit einer Nelke gespickt
2 Schalotten und 1 Knoblauchzehe
2 Flaschen trocknen Weißwein, vorzugsweise einen *Aligoté*
Eine große Portion gehackte Petersilie
Salz
2 Eßlöffel Weißweinessig

Den Schinken über Nacht in kaltes Wasser legen. Am nächsten Tag in einem großen Topf den Schinken in ungesalzenem Wasser eine Stunde kochen. Abgießen, in frischem Wasser waschen, erneut abgießen und mit dem Kalbfleisch, den Kalbsfüßen, Kräutern und Gewürzen – bis auf Essig und Petersilie – in einen großen Topf legen, mit dem Wein übergießen, aufkochen, die Hitze reduzieren, zudecken und mindestens 30 Minuten lang pro Pfund leicht kochen lassen, bis er weich genug ist, ihn mit einer Gabel eindrücken zu können. Den ganzen Schinken dann zerkleinern und mit dem anderen Fleisch vermischen.

Die Hälfte der Fleisch- und Schinkenwürfel in eine Schüssel füllen mit der Hälfte der gehackten Petersilie bestreuen, dann die restlichen Würfel und die restliche Petersilie einfüllen. Die Kochflüssigkeit passieren und, wenn nötig, salzen. Den Weinessig zugießen und die heiße Sauce über den Schinken gießen. An einen kühlen Platz und/oder in den Kühlschrank stellen, bis die Masse steif wird; das Gelee sollte durchscheinend sein.

Den *Jambon persillé* direkt aus der Schüssel oder portioniert servieren. Als Beilage wird Salat gereicht.
Für 8 Personen – Abbildung Seite 140

SUPREME DE BROCHETON A LA BOURGUIGNONNE *Hecht auf burgundische Art*

4 ganze Hechte, jeder etwa 250 bis 300 g
50 g Butter
6 Schalotten
250 g gehackte Pilze
½ l Chablis
Salz, frisch gemahlener Pfeffer
⅛ l Crème fraîche (s. Anhang)

Den Backofen auf 200°C vorheizen. Eine tiefe, ofenfeste Schüssel buttern und die Schalotten und gehackten Pilze hineingeben. Die Hechte putzen, waschen und auf die anderen Zutaten in die Schüssel legen. Mit Salz und Pfeffer würzen, mit Weißwein befeuchten und in den Ofen stellen. Nach 7 oder 8 Minuten die Temperatur auf 180°C senken und ungefähr weitere 12 Minuten im Ofen lassen, den Fisch oft begießen.

Wenn die Fische goldbraun sind, die *Crème fraîche* in die Sauce rühren und abschmecken.
Für 6 Personen

POUSSIN A LA MOUTARDE *Hühnchen mit Senf*

1 sehr kleines Hühnchen (400 bis 500 g)
2 bis 3 Eßlöffel Dijon-Senf
⅛ l Crème fraîche (s. Anhang) oder Schlagsahne
Salz, frisch gemahlener Pfeffer
1 Eßlöffel Butter

Den Backofen auf 220 °C vorheizen. Das Huhn dressieren und rundherum mit einer dicken Schicht Senf bestreichen. Auf einer kleinen Gratinierplatte backen, bis der Senf goldbraun wird (etwa 40 Minuten).

Die Crème fraîche in einem kleinen Topf erhitzen. Das Huhn aus dem Ofen nehmen und überschüssigen Senf abstreichen: die Crème fraîche darübergießen. Weitere 10 Minuten backen.

Zum Servieren das Hühnchen auf einer vorgewärmten Platte anrichten. Die Sauce schlagen, abschmecken und unmittelbar vor dem Servieren die Butter unterziehen.

Für 2 Personen – Abbildung unten

L BARBET
CAFE RESTAURANT
POSTES

LYONNAIS

Lyonnais

Lyon verdankt seinen Ruf als eines der führenden gastronomischen Zentren der Welt seiner günstigen geographischen Lage: Es ist der Dauphiné benachbart, einer der ersten Regionen Frankreichs, wo (im 17. Jahrhundert) erfolgreich Kartoffeln angebaut wurden, Charolais und sein Rindfleisch, die Geflügelfarmen von Bresse, die Schafe der Auvergne, die Seen von Dombes und Bourget mit ihren Karpfen und Fröschen, die Pilze Savoyens und unzählige Flüsse mit reichen Fischbeständen – alles liegt rund um Lyon. Schon vor dem Ende des 19. Jahrhunderts waren die Reisenden hingerissen von den lebhaften Märkten an der Saône. Die Käsesorten allein waren von unglaublicher Vielfalt: weiße Käse und *Tommes* aus der Dauphiné, *Mont d'Or* aus der nahen Umgebung, *Tête de moine* aus dem Osten, roter Käse aus dem Mâconnais und den Cévennen, blauer Käse aus Gex (trockener als der *Bleu de Bresse* genannte) und aus Septmoncel im Jura, Ziegenkäse aus Beaujolais, Saint-Marcellin und in Weinblätter eingeschlagener *Rigotte* aus Condrieu. Sonntags pflegten die *Canuts* oder Seidenarbeiter ihren wöchentlichen Spaziergang zum Mont Cindre im Saônetal zu machen, wo sie Löwenzahn für den Salat sammelten oder im Spätherbst Hagebutten für Marmelade. Es gab Kresse aus dem Ozontal und Kirschen und Aprikosen aus Vienne und Ampuis. Und es ist immer noch ein Wochenendvergnügen, bei Vivarais, zwischen Rhône und Loire, nach Krebsen zu angeln.

Zusätzlich zu all diesen Schätzen ist Lyon von den besten Weinlandschaften umgeben. Ein alter Spruch sagt, daß durch Lyon drei Flüsse fließen: Rhône, Saône und Beaujolais, und ein anderer Spruch beschreibt den Beaujolais als den *Café-crème* Lyons. Im Süden liegt die ebenso berühmte Côte-Rôtie, und ringsum findet man buchstäblich Dutzende kleinerer Weinlagen, die zwar ausgezeichnet, aber da sie kaum exportiert werden, nicht weit bekannt sind. Dazu gehört der vielleicht köstlichste Weißwein, der *Châ-*

Im vielseitigen Café-Restaurant L. BARBET *in Chaumont nördlich von Lyon verbringt Mme Barbet einen Sommernachmittag mit Zeitungslektüre (vorige Doppelseite).*

Lyon (oben), einst lebendiger Hafen am Zusammenfluß von Rhône und Saône, war Treffpunkt des internationalen Handels. Über Jahrhunderte entwickelte sich die charakteristische Lyoner Eßkultur.

Ypocras *(rechte Seite) ist ein gewürzter Honigwein, den man nach einem Rezept des Mittelalters zubereitet. Safran, zwei Sorten Anis, Nelken, Zimt, Ingwer und Kardamon werden mit Madeira und einem Löffel Honig gemischt, um ein Getränk herzustellen, das – wie die Lyoner sagen - die Verdauung anregt.*

Ypocras
Vin moyenâgeux,
et digestif de premier ordre,
aucune addition d'alcool,
recette de Guillaume
célèbre maître-queux du roy

teau Grillet, der den besten Weinen Bordeaux' und Burgunds gleichkommen soll, doch vor den kauflustigen Eindringlingen eifersüchtig gehütet wird.

Lyon war immer groß und stolz genug, um dem Einfluß von Paris zu widerstehen. Als die Revolution und das Empire die Zentralisierung anordneten, richtete man sich häufig – auch in der Küche – nach dem Pariser Vorbild. Mit der Ausbildungsreform der Dritten Republik wurden von der Pariser Verwaltung Kochklassen für Mädchen und besondere Schulen für Köche eingerichtet. Die regionale Küche lief Gefahr, ins Abseits des Altmodischen abgeschoben zu werden. Doch Lyon war reich und unabhängig genug, seine Traditionen zu bewahren und – da seine Bevölkerung wuchs und sich veränderte – in der Lage, seine gastronomische Kultur zu pflegen.

Lyon war stets Zentrum und Etappe für Frankreich-Reisende, so daß die Kochkunst hier Tradition hatte. Ebenso, wie sich die wohlhabenden Händler und die Seidenarbeiter in Vereinen und Gilden zusammenschlossen, wurde die Kochkunst durch ein hierarchisches System geschützt. In der Zeit vor der Revolution mußte jemand, der *Rôtisseur* oder ein spezialisierter Koch werden wollte, vier bis fünf Jahre in die Lehre gehen. Dann wurde er, wenn er sehr strenge Prüfungen bestanden und seine Prüfer zufriedengestellt hatte, *Compagnon*. Nach vier bis fünf Jahren in diesem Rang mußte er, um unabhängig und als sein eigener Herr zu arbeiten, ein neues Meisterstück der Kochkunst kreieren. An einige Namen dieser äußerst geschickten *Rôtisseurs* erinnert man sich noch, und selbst heute noch erregen ihre Menüs Bewunderung und Neid.

Doch mit der industriellen Revolution entstanden auch in Lyon neue Gesellschaftsklassen. Es gab verschiedene Schichten der Bourgeoisie mit kulinarischen Vorstellungen, und es gab eine große Arbeiterschaft, die genügend Zusammenhalt besaß, um in der Küche wie in anderen Dingen ihre eigene Kultur durchzusetzen. Zwar herrschte teilweise große Armut – die Seidenarbeiter zum Beispiel konnten sich oftmals nur dreimal täglich Suppe leisten, wie die *Soupe de farine jaune*, die man aus Mehl, Wasser und Milch zubereitete, mit etwas Glück konnte sie kleine Stückchen gebräunte Zwiebeln oder sogar Schweinefleisch enthalten, und als der Reis gebräuchlicher wurde, ersetzte er manchmal das Mehl –, doch selbst die Armen hatten ihre Feiertage, und wie konnten sie besser feiern als mit Essen und Trinken? Besondere, oft auf Schweinefleisch aufbauende Gerichte wurden Teil der Lyoner Tradition.

Um die Mitte des 19. Jahrhunderts wurden kleine, *Mâchons* genannte Speisehäuser zum festen Bestandteil des Lyoner Lebens. Hier trafen sich mittags Arbeiter und Bürger, die oft Schwein und Käsespezialitäten aßen. Das moderne, immer noch faszinierende Äquivalent des *Mâchon* wird *Bouchon* genannt; es spezialisierte sich auf Wurstgerichte und Wein. Gegen Ende des 19. Jahrhunderts war Lyon

Die Milchbauern der Gegend machen oft ihren eigenen Käse und verkaufen ihn auf den kleineren Märkten. Die Käseherstellung ist ein sorgfältiger Vorgang in mehreren Schritten (linke Seite): Zuerst wird die Milch mit einer Kultur geimpft, die sie gerinnen läßt. Dann gießt der Bauer den Käse in Faisselles *oder perforierte Schalen, salzt ihn und läßt ihn ein bis zwei Tage trocknen. Die entwässerten* Faisselles *werden auf Strohmatten umgestülpt, damit die Luft um die reifenden Käse zirkulieren kann. Nach und nach bildet sich eine Rinde – je dunkler die Rinde, desto älter der Käse. Die fast weißen Käse auf der untersten Matte kommen gerade aus der Form, die dunklen darüber sind etwa eine Woche alt, und die Käse auf dem Holztablett (oben) sind drei bis sechs Wochen alt.*

Einige Kuhmilch-Käse der Region sind (rechts): der große, runde Tomme de Savoie, *davor und darauf kleinere* Saint-Marcellins *verschiedener Größen und Alter. Im Vordergrund: in* Chavignols *in drei verschiedenen Stadien sind Strohhalme gesteckt, um das Trocknen zu beschleunigen und sie einfacher handhaben zu können.*

Im Viertel Saint-Jean in der Altstadt von Lyon ist der tägliche Einkauf noch ein Besuch in Geschäften der Jahrhundertwende, in denen die Händler an traditionellen Spezialitäten festhalten. Die Laiterie *(links) verkauft Milch, Milchprodukte und Eier.*

*Auf der rechten Seite: ein Eck-*TABAC *bietet Zigaretten, Zeitungen, Briefmarken und Lotterielose an; das* CAFÉ DE LA TRINITÉ *bei der Kathedrale Saint-Jean macht ein Zugeständnis an moderne Zeiten, indem es Coca-Cola anbietet; die* EPICERIE COMPTOIR *dient als Kombination von Gemüseladen,* Charcuterie, *Café und Bar. Im Lokaljargon nennt man Café-Restaurants* Bouchons; *wenn ein Lyoner Sie in ein* Bouchon *einlädt, denkt er vermutlich an eine einfache Mahlzeit und eine gute Flasche Wein; Mlle Chavassieurs* HERBORISTERIE, *in der Mademoiselle selbst gegen ein geringes Entgelt Ihr Leiden diagnostiziert und eine geeignete Kräutermedizin verschreibt.*

für seine riesigen Cafés berühmt, deren weite Hallen gewöhnlich mit Gästen voll besetzt waren.

Viele der großen Lyoner Gerichte werden in den Luxusrestaurants der Place Bellecour oder den bescheideneren Etablissements in der Croix-Rousse oder der Montée des Carmes serviert. Sie sind klassenlos. Ein neuerer Führer der guten Restaurants zählt nicht weniger als 168 in der Stadt auf. Einige von ihnen halten die alte Tradition aufrecht, von weiblichen Küchenchefs geleitet zu werden – ein weiteres Beispiel dafür, wie sich Lyon von Paris unterscheidet.

Wenn man in einem der traditionelleren Restaurants ißt, tut man gut daran, mit *Gras-double* oder *Tablier de sapeur* (beides sind Kuttelgerichte) zu beginnen. Aus der rasierten Schwarte vom Schwein macht man kleine, *Couennes* genannte Päckchen, die verschnürt und in Brühe pochiert werden, bevor sie mit Petersilie und Pfeffer in Schmalz gebraten werden. *Cochonailles lyonnaises* bestehen aus einem Schweinekopf, Rücken, Ohren, Rippen, Füßen und *Couenne.* Man weicht die Zutaten über Nacht in Wasser ein, bevor man sie mindestens eine Stunde mit Zwiebeln, Möhren, Petersilie und anderen Kräutern und Gewürzen kocht. Nach 35 Minuten Kochzeit gibt man ein Schweinswürstchen dazu und serviert das Ganze mit warmem Kartoffelsalat und einer Zwiebelsauce. Die *Cochonailles lyonnaises* verbinden drei beliebte Zutaten der Region: Schweinefleisch, Kartoffeln und Zwiebeln. Das nostalgische

Vergnügen, so zu essen, wie Mutter oder Großmutter einst kochte, könnte die gegenwärtige Beliebtheit jener *Plats de famille* erklären.

Würste aus Lyon sind stets berühmt gewesen. Ein englisches Kochbuch von 1865 empfiehlt sie zum Frühstück. Heutzutage werden die besten Würste aus Schweinshachse hergestellt, die in die *Rosette,* den etwa 60 Zentimeter langen Schweinedarm, gestopft werden. Das Fleisch wird 24 Stunden in Salz eingelegt, bevor es gekocht wird. Dazu gibt man kleine, aus den festen Fleischteilen geschnittene Stücke, die mit Pfeffer und anderen Gewürzen in Marc mariniert werden. Eine andere Form der Wurst ist die *Andouillette,* eine Kuttelnwurst, die in Lyon eher Kalb- als Schweinefleisch zur Grundlage hat. Natürlich machen die Lyoner ihre *Saucissons* oder *Andouillettes* heutzutage nicht mehr zu Hause. Die Qualität der *Charcuteries* ist sehr hoch, und sie wetteifern miteinander um die besten Würste. Sie verkaufen auch *Boudin,* eine Art Blutwurst, und *Boudin blanc,* eine Lyoner Spezialität, die ohne Blut aus Schweinefleisch, Zwiebeln und Eiern hergestellt wird. Die letztere kann, wenn sie pochiert, gegrillt oder gebraten angeboten wird, auf verschiedene Arten zubereitet sein. Manchmal wird sie mit Trüffeln gekocht und manchmal mit Weißwein, der auf dem kalkreichen Boden wächst. Normalerweise wird sie mit Kartoffelmus, heutzutage aber auch mit gebratenen Äpfeln serviert. *Andouillettes au Saint-Véran* (mit Weißwein aus dem Mâconnais) und *Audouillettes moutarde* sind überall zu finden. Sie werden – wie in Briocheteig gebackene Würste – in Lyon gewöhnlich als Vorspeise, als *Entrée*, serviert. Das gleiche gilt für die Lyoner Salatplatte. Diese ist weit entfernt von den *Hors d'œuvres variés* oder *Crudités*, die normalerweise in Paris zu einem Menü gehören. Für einen Lyoner Salat kocht man zunächst einen Schafsfuß 1½ Stunden in Brühe, überbrüht eine Hühnerleber und mariniert ein paar Heringe. Dann löst man das Fleisch von dem abgekühlten Schafsfuß und übergießt es mit einer stark gewürzten Sauce aus Öl, Pfeffer und Essig. Dazu gibt man die zerkleinerte Leber, die entgräteten Heringsfilets und drei hartgekochte Eier in Scheiben und würzt mit Schnittlauch, Petersilie und anderen Kräutern. Manchmal, wie im *Salade de clapotons*, beherrscht der Schafsfuß den ›Salat‹, für den er gespalten und einen halben Tag in einer Mischung aus Senf und Essig eingelegt wird, bevor er 1½ Stunden mit Möhren, Zwiebeln und etwas Mehl in Wasser gekocht und dann mit Mayonnaise serviert wird. Selbst wenn der Salat aus Kopfsalat, Endivien, Löwenzahn, Feldsalat, oder verschiedenen Artischockenarten besteht, ergänzt man ihn normalerweise mit Speckstreifen oder Grieben oder leicht geräucherten, *Cervelas* genannten Würsten. Ein traditioneller Salat, der nach der Ile Barbe, einer Klosterstätte des 15. Jahrhunderts beim Mont d'Or benannt ist, besteht aus kalten Kartoffeln und Paprika in einer gut gepfefferten Ölsauce mit gewürfeltem Schinken, Hummerschwanz in Scheiben, Oliven und Trüffeln.

Die Köche Lyons haben stets die Behauptung zurückgewiesen, daß in ihrer Küche Zwiebeln eine überragende Rolle spielen. Doch selbst sie geben die Bedeutung der Zwiebeln in solchen Gerichten wie *Gras-double* zu, und es ist Tatsache, daß in den Straßen um die Rue Edouard Herriot und in der Altstadt, wenn sich die Mittagszeit nähert, der Zwie-

Im Dorf Collonges-au-Mont-d'Or gleich bei Lyon liegt das Drei-Sterne-Restaurant, das auf der ganzen Welt liebevoll Chez Bocuse *genannt wird. Hier verzaubert Küchenchef Paul Bocuse die im Grunde herzhafte Kost der Region mit kulinarischer Magie. Um* Jambon cuit dans le foin *zuzubereiten (unten), wässert er zunächst einen Schinken 24 Stunden lang, um das Salz herauszuziehen, dann kocht er ihn langsam mit zwei Pfund frischgemähtem Heu, bis der Schinken ein delikates und frisches Aroma annimmt.*

In Les Allymes backt Mme Badollat (rechte Seite) das Brot für das ganze Dorf.

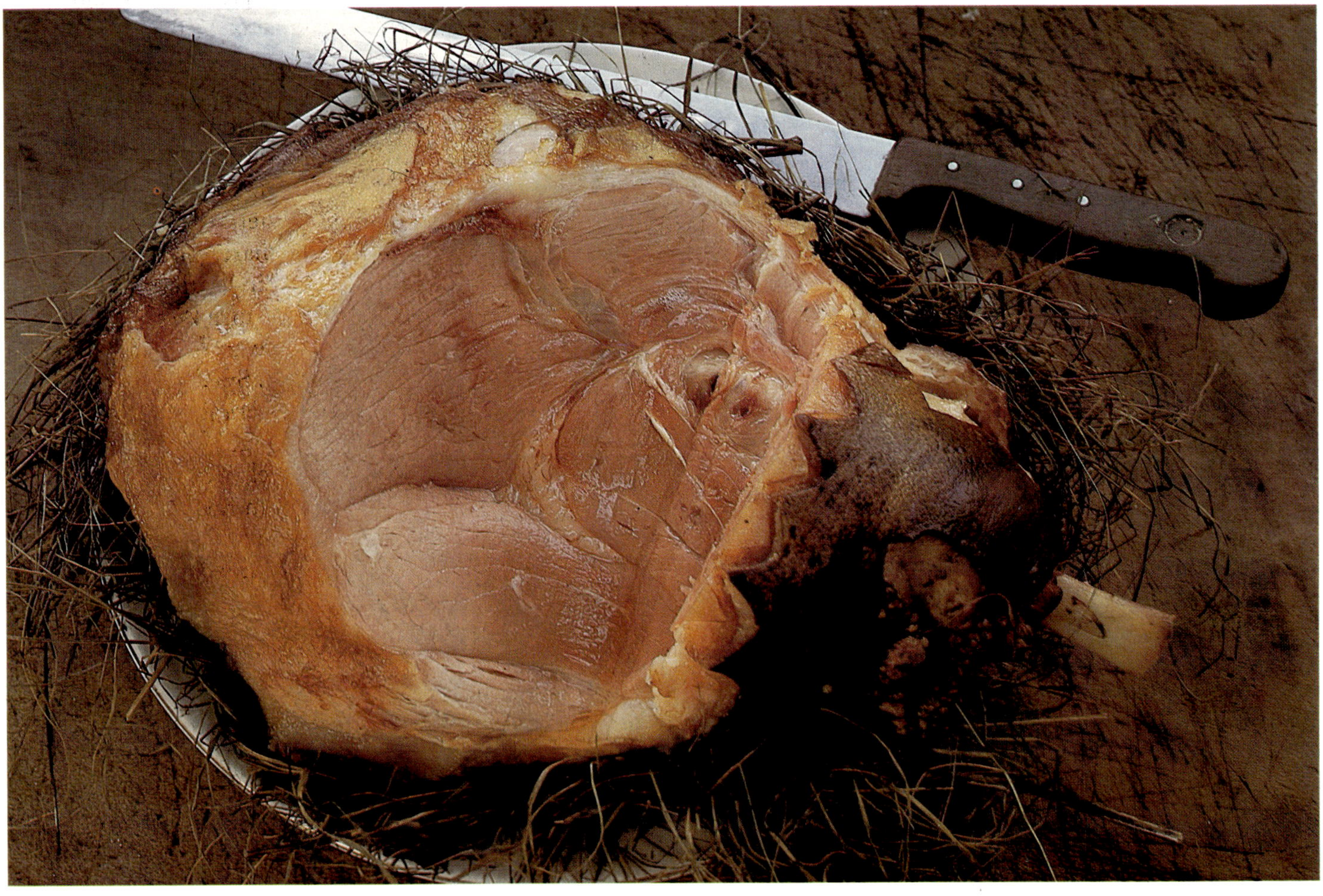

belgeruch dominiert. Ein traditionelles Gericht der Seidenarbeiter war eine Art Zwiebelsuppe. Diese Suppe wurde gewöhnlich zuletzt gereicht, weil man annahm, daß die armen Arbeiter es vorziehen würden, ihre Mahlzeit mit dem nahrhaftesten Gang zu beschließen (wenn es tatsächlich mehr als einen Gang gab).

Heute spielen Zwiebeln, wenn es um Saucen und Kartoffelgerichte geht, eine entscheidende Rolle. *Sauce soubise* ist eine einfache Zwiebelsauce, der ihr großer aristokratischer Name zu Ruhm verhalf. Doch in Lyon wird sie anders als die Zwiebelsaucen anderer Regionen, wie zum Beispiel der Picardie, zubereitet. Zunächst blanchiert man die Zwiebelringe, dann schmort man sie in Butter an, wobei man aufpaßt, daß sie nicht braun werden. Dann gießt man eine weiße (*Béchamel-*)Sauce dazu und kocht beides etwa 20 Minuten. Danach passiert man das Gemisch und kocht es auf. Dazu kann man frische Butter oder Sahne geben. Die Sauce kann auf verschiedene Weise verwendet werden, zum Beispiel zu Würsten. Wenn man Senf einrührt, erhält man eine *Sauce Robert.*

Pommes de terre lyonnaises bestehen aus in Salzwasser gekochten Kartoffeln, die gepellt und in kleine Stücke geschnitten werden, dazu gibt man eine *Sauce soubise* oder einfach geröstete Zwiebeln und vermengt beides miteinander. *Pommes de terre Louise* bestehen aus geriebenen rohen Kartoffeln mit gehackten Zwiebeln, Mehl, Petersilie, Gewürzen und zwei bis drei Eiern. Das Ganze backt man leicht in Öl, bis es braun wird, dann dreht man die etwa drei Zentimeter dicken Fladen um und backt sie ebenso von der anderen Seite.

Die Kartoffel war die ›Trüffel der Armen‹, und Stendhal behauptete, daß er in Lyon 20 verschiedene Arten der Kartoffelzubereitung gefunden habe, von denen mindestens zehn in Paris nicht bekannt seien.

Für Cardon à la lyonnaise *(unten links) wird ein Markknochen, Bestandteil vieler Gerichte der Region, pochiert und dann mit Mangold in einer Käsesauce kombiniert.*

Ein Loup de mer *oder Seewolf wird für* Loup en croûte à la sauce choron *mit püriertem Hummer gefüllt und dann in Teig gebacken. Paul Bocuse serviert ihn mit* Sauce choron, *einer Komposition von Tomaten, Eigelb, Essig und Butter.*

Viel einfacher, aber nicht weniger köstlich ist die Gratinée lyonnaise *(rechte Seite). Zwiebelsuppe war das Hauptnahrungsmittel der Seidenarbeiter Lyons; nach klassischer Manier mit Brot und Käse überbacken ist sie immer noch ein äußerst wohlschmekkendes und beliebtes Gericht.*

PROPRIETE
PAUL
CHOISI POUR

Die Köche Lyons haben eine große Anzahl von Gerichten kreiert, eins der bekanntesten ist Quenelles de brochet à la lyonnaise *(oben und rechts). Richtig zubereitet sind die* Quenelles *lockere Klößchen, in denen der Hechtgeschmack behutsam gemildert wird, aber nie verloren geht. Die* Quenelles, *eine Mischung aus Hechtpüree, Mehl, Eiern und Milch werden einen Tag vorher zubereitet. Um sie servierfertig zu machen, werden sie pochiert und mit einer Béchamel-Sauce begossen, mit Gruyère-Käse bestreut und im heißen Ofen leicht gebräunt.*

In der Nachbarprovinz Bourbon, wo die Kartoffel ebenso wichtig ist und reichlich Verwendung findet, gibt es ein *Pâté de pommes de terre* genanntes Gericht, das in Lyon als *Pommes de terre à la pâte* bekannt ist. Eine einfache Zubereitungsmethode für dieses Gericht ist, die Kartoffeln zu vierteln und in heißes Schmalz zu legen. Dazu gibt man Zwiebeln und Kräuter, brät sie kurz und bedeckt die Mischung zu drei Vierteln mit Wasser. Nach etwa einer halben Stunde stampft man das Ganze zusammen und serviert es. Ein komplizierteres Rezept sieht vor, daß man zwei Teigfladen ausrollt. Den einen belegt man mit gebratenen Zwiebeln, Speckstreifen und dünnen rohen Kartoffelscheiben. Man feuchtet den Teigrand mit Ei und Milch an und bedeckt ihn mit dem zweiten Fladen. Dann sticht man ein Loch in den oberen und backt beide anderhalb Stunden im heißen Ofen. Vor dem Servieren gießt man zerlassene Butter in das Loch.

Manchmal gibt es zu diesen Kartoffeln Schweinelende. Die Arbeiter aus der Dauphiné brachten die Idee mit, Milch oder Sahne hinzuzufügen, die aus Savoyen bevorzugten Fleischbrühe, die von Forez gaben Knoblauch und Ei dazu und machten eine Art Pfannkuchen daraus.

Der genaue Ursprungsort eines Gerichtes ist selten sicher. Es gibt einen Streit darüber, ob die Lyoner *vor* den Bewohnern des Nordens Porree verwendeten; und von der *Tarte aux poireaux* und dem *Soufflé aux poireaux* (das man heute in Lyon häufiger findet) wird auch behauptet, es seien Erfindungen der Picardie. Selbst das unleugbar echteste Lyoner Gericht *Quenelles de brochet*, das wohl im 19. Jahrhundert aufgekommen ist, dürfte seinen Namen deutschen Klößen oder Knödeln verdanken. In der äußerst katholischen Stadt, wo Fisch sehr gefragt war und die Leute Karpfen und Hechte aus den nahen Bächen und Tümpeln holten, war dies ein hochgeschätztes Gericht. *Quenelles* werden aus püriertem Hecht geformt (obwohl heutzutage etwa ein Drittel der Menge Kalb sein kann), der mit einer *Panade* – einer Mischung aus Butter, Milch und Mehl, die man aufkocht und dann abkühlen läßt – vermischt und dann pochiert wird. Man kann sie mit Krebsen,

Ein typisches bürgerliches Eßzimmer des 19. Jahrhunderts (oben) ist im Musée des Arts Decoratifs in Lyon aufgebaut.

Das Relais Gourmand, *eine exklusive nationale Vereinigung ausgezeichneter Restaurants, hat sein Gütezeichen am* Orsi *in Lyon angebracht (links).*

Mme Badollat (rechte Seite, mit ihrem Mann Maurice) wird in ihrem Dorf Les Allymes »la tante« genannt. Sie kocht in ihrem Café-Restaurant, ist der Dorfbäcker und verkauft Stücke ihrer berühmten Tâtre, *einer Art Pizza.*

Trüffeln oder einer Tomatenpaste abrunden und das Ganze in der heißen Röhre backen. Aber in Lyon ist es üblich, die *Quenelles* mit einer *Sauce Nantua* (einer Weinsauce mit Krebsen) zu servieren, obwohl Nantua in Bresse liegt.

In Lyon reicht man gewöhnlich Pilze dazu, oder man serviert die *Quenelles* mit einer Sahnesauce mit Käse. Wenn Touristen Lyon besuchen, kaufen sie oft als Mitbringsel *Quenelles* in einer *Charcuterie*. Es gibt eine breite Palette von Zutaten, und die Geschäfte wetteifern um die appetitlichsten – Shrimps, Muscheln, Pilze, Pistazien oder Sahnesauce; einige führen alle Sorten.

Natürlich werden viele Gerichte *à la lyonnaise* zubereitet, Kabeljau *à la lyonnaise* ebenso wie das *Poulet au vinaigre de Roanne* sind in Essig gekocht;

Côtelettes de veau à la lyonnaise werden mit Parmesankäse, Nieren und Brieschen *à la lyonnaise* mit Cognac und Sahne abgeschmeckt; *Gratinée lyonnaise* ist eine Zwiebelsuppe mit Käse. Der *Jambon au foin* steht in engerer Beziehung zu Lyon und einer Reihe Lyoner Restaurants, obwohl die Schinken heutzutage eher mit verschiedenen aromatischen Kräutern gekocht als in großen Mengen Wasser mit frischem Heu leicht pochiert werden.

Poularde en demi-deuil (Huhn in Halbtrauer) ist Huhn mit Trüffeln, das in ein oder zwei berühmten Restaurants zum üblichen Sonntagsessen wurde, normalerweise nach den Rennen. Dazu plaziert man die in ziemlich dicke Scheiben geschnittenen Trüffeln in einem Muster zwischen Haut und Brust des Huhns. Ihre schwärzliche Färbung sollte durch die Haut sichtbar sein und das Huhn so in ›Halbtrauer‹ kleiden. Man füllt das Huhn mit Wurstmasse, Eiweiß, Sahne und Brotkrumen; dann wickelt man es sorgfältig ein und stellt es für 24 Stunden an einen kühlen Platz, aber nicht in den Kühlschrank. Man kocht es mit Möhren, Porree, Rüben, Zwiebeln, Nelken und Kräutern und einem gehäuften Löffel Mehl auf sieben Liter Wasser in einem großen Topf. Da die äußere Erscheinung das wichtigste ist, sollte das Huhn auf dem mit einem Mixer pürierten Gemüse serviert werden. Dieses Gericht wird manchmal nach dem Restaurant, wo es entstand, *Poularde à la Mère Fillioux* genannt.

Lyon bietet ein reiches Käsesortiment. Doch herkömmlicherweise war Käse, mit Weißwein und Sahne gemischt, oder Rahmkäse mit fein gehackten Schalotten und Knoblauch nur auf den Tafeln des Bürgertums oder der *Canuts* zu finden. Birnen und Kirschen (diejenigen aus Vienne, südlich von Lyon, waren vor 1914 in Petersburg sehr beliebt) für Süßspeisen und Torten besitzt Lyon im Überfluß. Darüber hinaus ist es berühmt für Sahne, Eiskrem und Schokolade.

Das Lyonnais besteht aus großen städtischen Zentren und ausgedehnten Vororten, doch das Land ist ursprünglich und unberührt. Lyon selbst ist mit seinem effizienten Verkehrssystem, der Industrie und zahlreichen kommerziellen Unternehmen eindrucksvoll modern. Doch der Besucher muß nur durch die Altstadt wandern, um eine einzigartige traditionelle Küche zu finden, die sich im vielfältigen Angebot der Restaurants widerspiegelt.

GRATINÉE LYONNAISE *Zwiebelsuppe*

Gratinée ist leicht zuzubereiten, erfordert aber eine lange Kochzeit, da die Zwiebeln mindestens 45 Minuten leicht geschmort werden müssen, bevor sie weich und verdaulich werden.

900 g Zwiebeln in dünnen Ringen
75 g Butter
30 ml Pflanzenöl
45 g Mehl
2 l heiße Rinderbrühe
¾ l trockener Weißwein
⅛ l Portwein
Salz, frisch gemahlener Pfeffer
12 Scheiben Baguette
1 Eßlöffel Olivenöl, 3 Knoblauchzehen
75 g geriebener Gruyère- und Parmesan-Käse, vermischt

In einem großen Topf Butter und Öl auf kleiner Flamme erhitzen, die Zwiebelringe hineingeben und schmoren, bis sie glasig werden. Nach 30 Minuten das Mehl einstreuen und gut verrühren, dann die heiße Brühe und den Weißwein zugießen. Leicht mit Salz und Pfeffer würzen. Die Suppe 30 bis 40 Minuten auf kleiner Flamme schmurgeln lassen, dann abschmecken und den Portwein zugießen.

Während die Suppe kocht, die Croûtons zubereiten: Den Backofen auf 180° C vorheizen. Die Brotscheiben auf ein Backblech oder Aluminiumfolie legen und 15 Minuten im Ofen backen, bis sie trocken und getoastet sind. Von beiden Seiten mit Öl bepinseln und mit einer Knoblauchzehe abreiben.

Die Suppe in warme Teller schöpfen, die Croûtons darauflegen und mit Käse großzügig bestreuen. Die Teller unter einen sehr heißen Grill stellen und servieren, wenn der Käse auf der Oberfläche geschmolzen und goldbraun ist.

Für 6 bis 8 Personen – Abbildung Seite 157

SAUCISSON EN BRIOCHE *Wurst in Brotteig*

1 große, frische oder geräucherte Schweinswurst von etwa 800 g
1 geschlagenes Ei, Dijon-Senf

FÜR DEN TEIG
450 g ungesiebtes Mehl
½ Teelöffel Salz
½ Teelöffel Zucker
2 Päckchen Trockenhefe (je 7 g)
½ Tasse warme Milch
3 gründlich geschlagene Eier
175 g Butter, in Stücke geschnitten

Den Teig einen Tag vorher vorbereiten. Mehl und Salz in eine Schüssel sieben. Zucker und Hefe in warmer Milch auflösen. Wenn diese schaumig ist, mit den Eiern auf die Mehlmischung gießen. Mit einem Holzlöffel zu Teig mischen und nach und nach die Butter einarbeiten. Zudecken und 2 Stunden aufgehen lassen. Zusammenkneten, zudecken und über Nacht ins unterste Fach des Kühlschrankes stellen.

Um die Wurst zu kochen, die Pelle hier und da einritzen, um ein Aufplatzen zu vermeiden, und in einen Topf kaltes Wasser legen. Langsam aufkochen und 45 Minuten kochen lassen. Herausnehmen, abkühlen lassen und auf einem Tuch trocknen, dann die Pelle mit einem scharfen Messer vorsichtig abziehen.

Den Backofen auf 190° C vorheizen. Den Briocheteig zu einem 2 cm dicken Rechteck ausrollen, das groß genug ist, um die Wurst einzuhüllen. Auf ein gefettetes Backblech legen und die Kanten mit Wasser bestreichen. Die Wurst in den Teig einschlagen, diesen an den Enden überstehen lassen und umklappen. Den Teig mit dem verrührten Ei bestreichen und 1 Stunde backen, bis er golden wird.

Die fertige Wurst im Brotteig auf einen Teller legen und in etwa 2 cm dicken Scheiben mit Dijon-Senf servieren.

Für 6 Personen – Abbildung rechte Seite

GALETTE LYONNAISE *Lyoner Kartoffelfladen*

900 g Kartoffeln
3 mittelgroße Zwiebeln in Ringen
150 g Butter
Geriebene Muskatnuß
Salz, frisch gemahlener Pfeffer

Die Kartoffeln schälen, in Salzwasser garkochen und abgießen. Ein paar Minuten dampfen lassen, dann zu einem weichen Brei zerstampfen.

3 Eßlöffel Butter in einem großen Topf erhitzen und die Zwiebeln golden rösten, dann die Hälfte der restlichen Butter und das Kartoffelmus zugeben. Mit Muskatnuß, Salz und Pfeffer gut würzen und gründlich vermischen. Auf eine gußeiserne, emaillierte Gratinierplatte häufen, abflachen und die restliche Butter darauf sprenkeln. Im Ofen unter dem Grill leicht anbräunen. Zu gegrilltem Fleisch oder Steaks schmecken diese Kartoffeln köstlich.

Für 4 bis 5 Personen.

JAMBON CUIT DANS LE FOIN *In Heu gekochter Schinken*

Diesen Schinken gekühlt bei einer Sommerparty servieren – der Geschmack ist außergewöhnlich und delikat; das einzig Schwierige ist, frisch gemähtes Heu zu finden.

Wenn man in einer Stadt lebt und kein Heu bekommen kann, nimmt man statt dessen aromatische Kräuter – Rosmarin, Salbei, wilden Thymian. Es wird anders, aber immer noch sehr gut schmecken.

1 geräucherter roher Schinken von etwa 4 kg
1 kg frisch gemähtes Heu

Den Schinken mindestens 24 Stunden wässern, um das Salz herauszuziehen. Gründlich spülen und mit viel Wasser in einen großen Topf legen. Das Heu zugeben und 4 bis 4½ Stunden garziehen lassen, das Wasser soll nicht kochen. Das Heu wird im Wasser aufgeweicht und sein Aroma durchdringt den Schinken. Den Schinken, wenn er gar ist, aus dem Topf nehmen, die Schwarte abziehen und warm oder kalt in Scheiben servieren.

Für 12 Personen – Abbildung Seite 154

CARDON A LA LYONNAISE *Kardone auf Lyoner Art*

Die Karde oder Kardone ist ein Gewächs der Artischockenfamilie, deren eßbarer Teil nicht die Blüte, sondern die fleischigen Teile der Blätter sind. Nur die Blattrippen der großen Blätter werden zubereitet, so wird von einer Kardone von 3 kg nur 1 kg Gemüse übrigbleiben, das Ähnlichkeit mit Bleichsellerie hat.

1 großer Kardonenkopf von etwa 3 kg
1 l kochendes Wasser, 1 Eßlöffel Mehl,
3 Eßlöffel Essig, 1½ Teelöffel Salz

FÜR DIE MARKSAUCE
200 g Butter
1 Eßlöffel Mehl
½ Liter Rinderbrühe
100 g Rindermark
1¼ Tassen geriebener Gruyère-Käse

Die Kardonenrippen in Stücke schneiden und in kochendes Wasser werfen. Das Mehl in Essig lösen und diese Mischung dem Wasser zusetzen – das verhindert das Verfärben der Kardone. Etwa 1 Stunde kochen, bis die Stücke weich sind; abgießen.

Während das Gemüse kocht, die Sauce zubereiten: Die Butter auf schwacher Hitze zerlassen und das Mehl einrühren. Unter ständigem Rühren die Rinderbrühe zugießen. Kochen lassen und 30 Minuten einkochen.

Den Backofen auf 230° C vorheizen. Das Mark in dicke Streifen schneiden und 5 Minuten in kochendem Salzwasser garziehen lassen. Das abgegossene Gemüse auf eine Gratinierplatte legen, das Mark zugeben, die eingekochte Sauce darübergießen, großzügig mit Gruyère bestreuen und 15 Minuten überbacken, bis der Käse schmilzt.

Für 6 Personen – Abbildung Seite 156

CÔTE DE BŒUF À LA MOËLLE *Rinderrippe mit Mark*

Markknochen kann man gewöhnlich bei einem guten Metzger bekommen. Man bittet ihn, die Markknochen in kurze Stücke zu sägen. Das Mark kann mit einem sehr langen dünnen Messer oder einem Marklöffel herausgenommen werden.

1 Rinderrippe mit Knochen von etwa 1 kg
6 große Stücke Rindermark
Salz, frisch gemahlener Pfeffer
Pflanzenöl

FÜR DIE BEAUJOLAIS-SAUCE
60 g Butter
1 Eßlöffel gehackte Schalotten
20 g Mehl
½ l Beaujolais
Salz, frisch gemahlener Pfeffer
1 kleinen Thymianzweig
½ Lorbeerblatt
1 Knoblauchzehe

Das Fleisch mit Salz und Pfeffer würzen und mit Öl abreiben. Wenn es blutig bleiben soll, pro Pfund Fleisch 10 Minuten grillen oder braten, für *medium* 15 Minuten pro Pfund.

Inzwischen die Sauce zubereiten. Die Butter in einem mittelgroßen Topf erhitzen. Wenn sie zu brutzeln anfängt, die Schalotten zugeben und golden schmoren. Mit Mehl bestäuben und nach und nach Wein zugießen. Mit Salz und Pfeffer würzen, Kräuter und Knoblauch zugeben und 10 Minuten kochen lassen.

In einem anderen Topf die Markstücke in kochendem Salzwasser 1½ bis 2 Minuten leicht pochieren. Vorsichtig aus dem Topf nehmen und abtropfen. Wenn die Sauce servierfertig ist, die Markstücke einrühren.

Die gebratene Rinderrippe auf eine heiße Platte legen und die Beaujolais-Sauce mit den Markstücken darübergießen.

Für 4 Personen – Abbildung linke Seite

GALETTE PEROUGIENNE *Perugia-Kuchen*

Diesen Butterkuchen findet man in einigen Regionen Frankreichs in verschiedenen Formen.

½ Päckchen frische Hefe
⅓ Tasse lauwarmes Wasser (⅒ l)
200 g Butter
1 Ei
1 Zitronenschale
1 Prise Salz
100 g Zucker
200 g gesiebtes Mehl

Die Hefe etwa 10 Minuten zum Aufweichen in lauwarmes Wasser legen. In einer Schüssel etwa 8 Eßlöffel Butter mit dem Ei, der Zitronenschale, Salz und etwa 2 Eßlöffeln Zucker vermischen. Die aufgelöste Hefe dann nach und nach dem Mehl zugeben und mit den anderen Zutaten zu einem festen Teig verarbeiten. Der durchgewalkte Teig ist fertig, wenn er von selbst vom Finger fällt. Den Teig mindestens 2 Stunden bei Zimmertemperatur aufgehen lassen.

Den Backofen auf 230° C vorheizen. Den Teig dünn ausrollen. Einen großen Kreis schneiden. Am Rand des Teiges einen Wall formen, damit die Butter auf dem Kuchen nicht abfließt. Die restliche Butter in nußgroßen Stücken auf den Teig verteilen. Mit dem restlichen Zucker großzügig bestreuen. 8 bis 10 Minuten backen, bis der Teig braun ist.

Für 6 Personen – Abbildungen oben, links und rechte Seite

GAUFRES GRAND-MÈRE BOCUSE
Großmutter Bocuses Waffeln

500 g ungesiebtes Mehl
1 Eßlöffel Zucker
1 Prise Salz
8 Eigelb
300 g zerlassene Butter
¼ l Milch
4 Eiweiß
1 Eßlöffel Backpulver
60 ml Rum (nach Wunsch)

Mehl, Zucker, Salz, Eigelb und zerlassene Butter in einer großen Schüssel vermischen. Langsam die Milch zugießen, um die Mischung zu verdünnen; der Teig sollte recht flüssig sein – wenn nötig, etwas Wasser zugießen. In einer anderen Schüssel die Eiweiß zu steifem Schaum schlagen und gründlich unter den Teig ziehen. Im letzten Moment das Backpulver und, nach Wunsch, den Rum beimischen.

Das Waffeleisen fetten und erhitzen. Einen großzügigen Löffel Teig in die Mitte gießen, das Waffeleisen schließen und nicht länger als 2 Minuten backen.

Die Waffel sollte durchgebacken und blaßgolden sein. Mit Zucker oder Honig, Marmelade oder Sahne servieren – ganz nach Belieben.

Für 8 Personen – Abbildung linke Seite

TATRE DES ALLYMES *Zwiebelfladen*

Der *Tâtre* ist eine große, mit Zwiebeln und *Fromage blanc* (ein fettloser Quark) belegte Pizza. (Den Quark kann man durch eine Mischung von ½ Tasse Yoghurt mit ½ Tasse fettarmem Ricotta-Käse ersetzen, die 24 Stunden kühl gestanden hat.)

1 Pâte brisée (s. Anhang)
5 Zwiebeln in Ringen
2 Eßlöffel Öl
2 Eier
125 g Fromage blanc
⅛ l Schlagsahne
Salz, frisch gemahlener Pfeffer
1 Prise Muskatnuß

Die Zwiebeln in einem großen Topf langsam in Öl schmoren, bis sie weich sind. Die Eier gründlich mit dem Fromage blanc und der Sahne aufschlagen. Mit Salz, Pfeffer und Muskat würzen und die Zwiebeln dazugeben.

Den Backofen auf 180° C vorheizen. Den Teig 3 mm dick ausrollen und eine runde 22-cm-Springform oder Kuchenform damit auslegen, am Rand einen kleinen Wall kneten, der die Füllung umschließt. Die Käse-Zwiebel-Mischung hineinfüllen und 35 Minuten backen. Noch heiß essen.

Für 6 Personen – Abbildungen links und oben

PROVENCE

Provence

Die Luft der Provence ist erfüllt vom Duft der wildwachsenden Kräuter. Hier gedeihen Thymian, Oregano, Bergminze, Rosmarin, Fenchel und wilder Lavendel, die das Essen der Provence mit ihrem Aroma bereichern und sich mysteriöserweise im Bouquet der Weine der Region, deren bekanntester immer noch der *Châteauneuf-du-Pape* ist, widerspiegeln. Die farbenfrohen Märkte strotzen von wirklich frischer Ware und die Atmosphäre ist südlich heiter. Der Markt von Toulon, der sich vom Hauptboulevard über die ganze Länge des Cours Lafayette bis zur Hafenpromenade erstreckt, ist – von Platanen überschattet – der schönste.

Die phantasievolle Küche der Provence (die Provenzalen beschreiben sie gern als *spirituelle*) mit Tomaten, Knoblauch, Safran, süßem und scharfem Paprika, gesalzenen Sardellen, Oliven, Olivenöl und den heimischen Wildkräutern steht, obwohl sie sicherlich einmalig ist, der Küche anderer Mittelmeerländer weit näher als der jeder anderen französischen Region. Sie ist Familien-, nicht Restaurantküche; der professionelle Koch, der ihr den richtigen, hausgemachten Touch geben kann, ist tatsächlich äußerst selten zu finden. Dies ist der einzige Teil Frankreichs, in dem man sich dem Gemüse mit Respekt und Einfallsreichtum genähert hat und wo man im Menü stets Platz für eine Gemüsevorspeise reserviert (zwischen Fisch und Braten bei einem Festmahl oder, bei einem einfachen Essen, zwischen dem *Hors d'œuvre* und dem Hauptgang).

Knoblauch wird heutzutage immer beliebter. Im letzten Jahrhundert neigten die meisten Autoren von Kochbüchern dazu, sein Vorkommen in einem Rezept zu entschuldigen und vorzuschlagen, den Knoblauch wegzulassen oder zumindest mit solcher Diskretion zu verwenden, daß niemand seine Präsenz bemerke. Jules Breteuil, im 19. Jahrhundert Autor der »Cuisine Européenne«, merkt zu seinem Rezept für *Gigot à la provençale* folgendes an: »Das Gericht kann nur den Beifall derjenigen finden, die mit der Küche des Mittelmeerraumes vertraut sind, in der Knoblauch bei fast allen Zubereitungen einen obligatorischen Part spielt.« Es ist unwahrscheinlich, daß er das beschriebene Gericht je gekostet oder zubereitet hat: eine mit einem Dutzend Knoblauch-

---

Die Farben und Strukturen der Provence sind von wunderbarer Vielfalt; in der kultivierten Landschaft der Vaucluse (vorige Doppelseite) gedeihen Obstbäume, Lavendel und Reben auf den sonnigen Feldern.

Mittelalterliche Dörfer wie Gordes (oben) wurden auf den felsigen Höhen erbaut, um die Vorteile dieser natürlichen Festungswälle auszunutzen.

Zu den Erzeugnissen der Provence (rechte Seite) gehören Kräuter und Gewürze wie Rosmarin, Pfefferminz, Thymian, Zedernwacholder, Johannisbrot, Jujube, Majoran, Wacholderbeeren und Salbei (im Korb); kirschgroße Tomaten (in der Schale); grüne und schwarze Oliven, die man in der Provence cachado *nennt; Mandeln (im Vordergrund) und ein bitterer Apéritif aus Enzianwurzel, Olivenöl und Kräuteressig.*

GENTIANE DE LURE
uile d'Olives
VIERGE
ORIGAN DU COMTAT
BLACHÈRE & Cie Distill

zehen und doppelt so vielen Sardellenfilets gespickte Lamm- oder Hammelkeule, die zunächst dreimal in frischem, kochendem Wasser blanchiert und mit einer Tasse Bouillon fertiggegart wird.

Tatsächlich ist dies eine der köstlichsten Arten, Lammbraten zuzubereiten. Dem Knoblauch fehlt trotz seiner üppigen Verwendung durch das wiederholte Blanchieren der strenge Geschmack, und die Gäste versäumen selten, zu fragen, was die wunderbare, geheimnisvolle Gemüsebeilage sei. Die Verwendung eingesalzener Sardellen zum Würzen von Fleisch, die zunächst abgespült und getrocknet werden, hat zwar Tradition, ist aber heute vielleicht weniger beliebt als in der Vergangenheit; eine Mischung provenzalischer Kräuter – Thymian, Bergminze, Oregano, Majoran –, die mit einer Knoblauchzehe und einer Prise groben Salzes zu einer Paste zerrieben und mit ein wenig Weißwein oder Olivenöl aufgelöst wird, kann, wenn sie tief in die Einschnitte gegossen und die Keule mit dem Rest bestrichen wird, das Sardellenaroma vorteilhaft ersetzen.

Drei oder vier frische Knoblauchzehen reichen aus, und das wiederholte Blanchieren ist unnötig. Die zehn Minuten in Salzwasser und weitere fünf bis zehn Minuten in Bouillon leicht gekochten Zehen können mit der Bouillon in die Saucière mit dem entfetteten und mit Wein verdünnten Braten- und Fleischsaft gegeben werden. Die Knoblauchzehen sollten ganz, aber von einer zergehenden, püreeartigen Konsistenz sein. Wenn dem ersten Kochwasser ein Lorbeerblatt und einige Blätter Salbei zugesetzt werden, kann man das Wasser zum Abendbrot aufbewahren, zu dem es kochend über Brotkrusten gegossen wird, die mit Olivenöl eingefettet wurden. Das ist die einfachste Version des berühmten *Aïgo boulido*, dem provenzalischen Allheilmittel, einer leichten Krankenkost, beruhigend für nervöse, von gastronomischen Exzessen ermüdete Mägen; zur Verfeinerung kann eine Mischung aus Ei, Olivenöl und geriebenem Käse bei schwacher Hitze (ohne Kochen) untergehoben werden.

Die provenzalischen Eßgewohnheiten richten sich nach den Jahreszeiten; die Leute kaufen täglich ein, die Tiefkühltruhe ist ihnen verdächtig. Im Hochsommer, wenn die prallen Tomaten am süßesten sind und ihr Aroma am stärksten, wenn frisches Basilikum und Ysop wuchern und die Märkte mit kleinen, frisch gepflückten Bohnen überschwemmt werden, setzt eine Art kulinarischer Nachlässigkeit ein: der Geschmack all der frischen Dinge ist so rein und intensiv, daß sie um so besser sind, je einfacher man sie zubereitet. Das Mittagessen wird im Schatten einer Pergola serviert, und zum Abendessen wird die Terrasse beleuchtet. Schwere Weine vertragen sich nicht gut mit der Hitze, und die leichten Côtes de Provence-Rotweine und -Rosés – nicht immer die vornehmsten Weine – werden gekühlt getrunken. Zur *Bouillabaisse* serviert man in Marseille einen Weißwein aus Cassis, in Toulon jedoch (wo man zum

Die Formen, Farben und Größen der Oliven auf provenzalischen Märkten sind verblüffend; der Olivenstand auf dem Markt von Toulon (links unten) bietet nur einen Bruchteil der Palette. Die Dorade, *ein Seebarsch des Mittelmeers mit delikatem Geschmack und besonders zartem Fleisch, auf dem Markt in der Altstadt von Nizza.*

Ebenfalls auf dem Markt von Nizza (rechts unten): Säcke voller Kichererbsen, Kidneybohnen, Linsen und halbierter Erbsen.

Auf dem kleinen Bauernhof der Vaucluse (oben) ist der Boden gepflügt und für die Wintersaat vorbereitet.

Zwei Frauen (rechts) karren eine Ladung Brennholz für das abendliche Feuer nach Hause.

Entsetzen des Marseillers Kartoffeln und Muscheln in die *Bouillabaisse* gibt) wird sie eher von einem Rosé oder einem kühlen jungen Roten aus dem benachbarten Bandol begleitet.

Im frühen Herbst ist das erste Wild die Drossel, die auf Spießen am offenen Feuer geröstet und wie die Waldschnepfe niemals ausgenommen wird. Rebhuhn, Fasan, Schnepfe, Wildschwein und Hase folgen, wobei letzterer fast immer als *Civet* zubereitet wird – ein Rotwein-Schmorbraten, dessen Sauce man kurz vor dem Servieren mit dem Tierblut verdickt; das Bouquet eines alten Châteauneuf paßt vorzüglich dazu. Grüne Oliven werden Anfang Oktober gepflückt und als *Olives cassées* zubereitet, um vor Weihnachten gegessen zu werden: Jede Olive erhält einen Schlag, damit die Schale aufplatzt, bevor die Früchte ein dutzend Tage lang täglich in frisches Wasser gelegt werden, um die Bitterkeit herauszuziehen, dann werden sie in einer mit Kräutern, vornehmlich Fenchel, aromatisierten Sole aufbewahrt. Ein paar Monate später konserviert man einige schwarze Oliven; den Rest verarbeitet man zum Jahresvorrat an Olivenöl.

Während der Traubenlese zieht jeder, der Wein macht, eine Portion des ungegorenen Saftes ab und kocht ihn ein, um den natürlichen Traubenzucker zu konzentrieren, bevor er ihn, indem er ein bißchen gegorenen Wein zugießt, mit Hefe versetzt. Das

Resultat ist ein süßer, *Vin cuit* genannter Dessertwein, der in allen provenzalischen Familien für besondere, traditionelle Mahlzeiten gelagert wird – zum Beispiel begleitet er stets die dreizehn Desserts des Essens am Weihnachtsabend.

Die kleinen, violetten Artischocken gibt es noch einmal für eine kurze Zeit im Oktober und November. Wenn sie jung und zart sind, noch bevor sich die Herzen gebildet haben, werden sie *à la poivrade* – roh mit Vinaigrettesauce – gegessen, oder wenn sie schon größer sind, *à la barigoule*. Nach den Herbstregen beginnen die Waldpilze zu schießen; sie werden alle *à la provençale* geröstet – mit etwas gehacktem Knoblauch, Petersilie und einem Spritzer Zitronensaft in Olivenöl: das ideale Rezept, *Lactaires delicieuses* (Milchlinge) zuzubereiten. Für die Zubereitung von Steinpilzen gibt es jedoch bessere Methoden und der wunderbare, delikate Geschmack des Wulstling würde durch diese Zutaten leider vernichtet.

Die Provence ist für ihre Trüffeln nicht so berühmt wie das Périgord, doch Valréas, ein Dorf nördlich von Vaucluse, ist ein wichtiges Trüffelzentrum. Diese geheimnisvollen Knollen mit ihrem köstlichen Duft, die zwischen den Wurzeln von Eichen und Haselsträuchern im Boden wachsen, beginnen Mitte November zu sprießen und finden in der Weihnachtszeit reichliche Verwendung; doch am reifsten, üppigsten und billigsten sind sie im Januar und Februar. In dieser Zeit werden sie nicht als elegante Garnierung verwendet, sondern statt dessen in Omelettes oder frische Nudeln geworfen, mit Kartoffeln gebraten oder für sich genossen. Ein Trüffelhändler, der sein Lieblingsrezept beschrieb, sagte: »Sie sind teuer, also essen wir sie nicht in der Woche, doch während der Saison kochen wir sonntags oft ein Pfund davon in einer Flasche Châteauneuf.«

Der Frühling kommt zeitig in der Provence. Die Mandelbäume beginnen Anfang Februar zu blühen, und je nach Temperatur tauchen kurz darauf die jungen Artischocken wieder auf und die jungen Saubohnen. In den nächsten zwei Monaten wird mit den unvermeidlichen Oliven und *Saucissons sec* zu Beginn der Mahlzeit ein Teller zarter, junger Saubohnen auf den Tisch gestellt; sie werden am Tisch

Zum salzigen Plateau de fruits de mer *(linke Seite), der in einem Bistro in Nizza auf einer Lage Seegras serviert wird, gehören Austern, Miesmuscheln,* Palourdes *(eine Muschelart), Seeigel und Krebse mit frischer Zitrone.*

Andere provenzalische Genüsse sind (rechts, von oben): La socca, *ein mit Zucker oder Salz gegessener Pfannkuchen aus Kichererbsenmehl; die Zutaten zu einer* Suppe de la mer; *eine Portion davon mit* Croûtons, *scharfer* Rouille-*Sauce und Käse; und blutrote,* Sanguins *genannte Pilze, die in der ganzen Region wild wachsen.*

Die Soupe au pistou *(oben) ist eine kräftige provenzalische Gemüsesuppe mit einer herzhaften Paste aus frischem Basilikum, Knoblauch, Parmesankäse und Olivenöl. M. Roussselet, Koch und Besitzer von* Les Borries *bei Gordes bereitet die Suppe mit Gemüse zu, das seine Mutter (rechte Seite) im Restaurantgarten geerntet hat.*

enthülst, in Salz gestippt und mit Brot und Butter, manchmal auch mit Brot und Öl gegessen.

Der Winter und die ersten Frühlingsmonate sind die Saison für Schmorgerichte von Rind, Hammel, Tintenfisch, alten Hühnern und anderem. Auch das Marseiller *Pieds et paquets* ist eine *Daube*, die aus Lammfüßen und Lammzungen-Rouladen zubereitet wird, die mit rohem Schinken, gekochtem Knoblauch, Petersilie und ein paar Kräutern aus den Hügeln gefüllt sind. Eine *Daube* macht man immer auf die gleiche Art (mit Abwandlungen), und die Regeln finden strenge Beachtung.

Schmorbraten aus Rind- und Hammelfleisch werden besser, wenn man die Fleischstücke zuerst mit in feingehacktem Knoblauch und Petersilie gewälzten Schweinespeck spickt und die Stücke ein paar Stunden lang in dem Wein einlegt, mit dem sie dann begossen werden. In einem Tontopf werden abwechselnd Lagen von Fleisch – vermengt mit mageren, rohen Schinkenwürfeln, quadratischen Stückchen oder Röllchen aus blanchierter und gewaschener Schweineschwarte und einer Prise Salz – und Lagen einer Mischung zerkleinerter Gemüse – Zwiebeln, Knoblauch, Porree, Pilze, geschälte und gekochte Tomaten – geschichtet, wobei man mit einer Lage Gemüse beginnt und abschließt. Dazu legt man ein oder zwei *Bouquets garni:* ein Selleriestengel, ein Bund Petersilie, Thymian, Lorbeer und einen Streifen getrocknete Orangenschale – ein häufig wiederkehrendes Element im provenzalischen *Bouquet*. Das alles preßt man zusammen und gießt soviel Wein darüber, daß der Inhalt gerade bedeckt ist. (Herkömmlicherweise verwendet man für Tintenfisch und Hammel Rotwein, für Rind Rot- und Weißwein und für *Pieds et paquets* Weißwein, doch kann man Weinreste jeder Farbe in einer *Daube* verwenden.) Man schließt die *Daubière* dicht (der Deckel kann mit einem Mehl-Wasser-Teig versiegelt werden), erhitzt sie langsam und läßt sie acht bis neun Stunden dicht über dem Siedepunkt köcheln. Früher wurde die *Daubière* über Nacht in der Asche der Feuerstelle vergraben.

Gewöhnlich dienen gekochte Kartoffeln als Beilage zu *Pieds et paquets* und einer Tintenfisch-*Daube;* eine *Macaronade* – halbgare Makkaroni, werden mit geriebenem Käse bestreut und mit der Flüssigkeit des Schmorgerichts aufgegossen, dann in der Röhre gebacken, bis der Käse schmilzt – begleitet die Rind- oder Hammel-*Daube*. Eine *Daube* von Rindfleisch serviert man am zweiten Tag, im eigenen Gelee gekühlt. Man plaziert die Fleischstücke in eine Schüssel, gießt die Sauce darüber, kühlt sie über Nacht im Kühlschrank, stülpt sie um und garniert das Ganze nach Lust und Laune. Wenn es Reste gibt, zerläßt man das Gelee, zerkleinert das Fleisch mit passiertem Mangold oder Spinat, vermengt es mit einer *Brousse* (frischem Schafskäse, ähnlich wie Ricotta) und verwendet es als Raviolifüllung.

Gegen Ende März beginnen kleine, zarte Sprossen aus den gedrungenen, stachligen, verschlungenen wilden Spargelstöcken emporzukeimen. Die Sprossen sind dicker als ein Streichholz, aber nicht so dick wie ein Bleistift, und ihr Geschmack ist der Inbegriff des Spargels. Die Spitzen werden am zartesten Punkt von den Stangen abgeschnitten und meist ohne vorheriges Blanchieren schnell in Olivenöl gebraten, bevor ein Omelett sie umhüllt.

Den ganzen April über streifen die Einheimischen durch die Hügel, um wilden Spargel zu suchen; auch Schnecken sammelt man, wenn es geregnet hat: *Petits gris*, kleiner als die vertrauten burgundischen Schnecken, aber diesen ähnlich, und kleine Schnekken mit weißem Haus, die man in der Gegend *Limaçon* nennt. Beide läßt man kurz hungern, bevor

Auch Zuchtspargel kommt um diese Zeit auf den Markt. Die grüne Sorte – aus Vaucluse, den Bouches-du-Rhône und Var – ist, gut geschält und heiß serviert, wirklich köstlich; man reicht dazu fruchtiges Olivenöl, hausgemachten Weinessig, Salz und Pfeffer, damit sich jeder Gast seine eigene Sauce anmacht; der kurze, aber dickstengelige Nizza-Spargel mit purpurroten Spitzen hat den erlesensten Geschmack von allen.

Gegen Mai sind die Saubohnen ein bißchen zu weit, um roh gegessen zu werden; sie werden auf dem *Hors d'œuvre*-Teller bald von den aromatischen *Charentais*-Melonen mit orangenem Fleisch aus Cavaillon ersetzt (die man in Restaurants mit Portwein begießt), wozu man oft, wie in Italien, dünne Schinkenscheiben reicht. Inzwischen haben die Saubohnen das ideale Stadium zum Kochen erreicht. Erst schält man sie, dann kocht man sie ein paar Minuten mit einem Kräuterbündel der zarten Frühlingstriebe von wildem Bergsalbei, bevor man sie kurz in Butter schmort. Als Alternative kann man sie mit kleinen Artischockenherzen, kleinen Zwiebeln

Epaule d'agneau farcie au thon *(links und unten), Lammschulter gefüllt mit grünen und schwarzen Oliven, Speck, Thunfisch, hartgekochten Eiern und Kräutern, kann kalt mit Salat oder warm mit Knoblauchpüree und einer Sauce mit frischem Thymian serviert werden.*

man sie in Salz und Essig badet, um sie zu ›entschleimen‹; dann wäscht man sie gründlich und kocht sie in einer *Court-bouillon* mit Weißwein und gewürzt mit Fenchel und anderen Hügelkräutern. Die *Petits gris* werden oft gleich aus der *Court-bouillon* als eine Beilage zu *Aïoli* (eine schwere Knoblauchmayonnaise) serviert. Sie können auch mit Schneckenbutter gefüllt und wie burgundische Schnecken wieder aufgewärmt oder aus den Häusern genommen, in Teig getunkt und fritiert werden. Gewöhnlich schneidet man die Spitzen der kleinen weißen Schneckenhäuser ab, wenn die Schnecken ihre Zeit in der *Court-bouillon* gewesen sind, und läßt sie erneut in einem Ragout aus Wurstfleisch, Tomaten, Weißwein und Brotkrumen kochen. Man nennt sie *à la suçarelle,* weil man die Schnecken beim Essen aussaugt, wobei sie das Loch in der Spitze mit Füllung und Sauce in den Mund flutschen läßt; es ist wichtig, nicht zu begeistert zu saugen, da man sich sonst verschluckt.

und ein paar Tropfen Wasser – oder einigen gekochten Salatblättern, die die nötige Feuchtigkeit liefern – mit dem gleichen Salbeibündel anschwitzen, um ein delikates, *Barbouiado* genanntes Gemüseragout zu erhalten. In einem noch späteren Stadium, wenn das Fruchtfleisch beginnt zu verhärten, aber bevor es seine zarte grüne Tönung verliert, kann man Saubohnen zu einem raffinierten Püree verwandeln und wieder aufgewärmt und mit reichlich Butter entweder als Beilage zu Lammbraten oder, auf in Butter geschmorte Artischockenböden gesetzt, als eigenen Gang servieren.

Helle und dunkle Morcheln erscheinen – in den Seealpen häufiger als im Westen – im April und Mai. Sie sind sehr delikat und werden am besten in Butter oder Rahm gedünstet. Junge Sardellen beginnen zu schwärmen, und dies ist der Moment, den Jahresbedarf einzusalzen: ihre Köpfe werden abgetrennt, die Körper ein paar Stunden eingesalzen, um das überschüssige Wasser herauszuziehen, und mit grobem Salz in Kruken geschichtet.

Typisch für die provenzalische *Charcuterie* sind die köstlichen *Saucissons d'Arles* aus einer Mischung von Schweine- und Eselfleisch und die *Caillettes*, die es in vielen Varianten gibt – die aus der Gegend um Avignon sind heller, da sie einen großen Teil Mangold oder Spinat, vermischt mit Schweineleber, -milz und -fleisch enthalten. In Kohlblätter gewikkelte und gebackene Bällchen dieser Masse werden kalt als *Hors d'œuvres* serviert, im Winter zu besonderen Anlässen warm mit Trüffelsauce.

Viele provenzalische Zubereitungsarten haben einen feierlichen oder rituellen Charakter. Typisch für die Festgerichte ist *Grand aïoli;* zusätzlich zum pochierten Kabeljau, den gekochten Kartoffeln und den Möhren, die an vielen Tafeln jeden Freitag das *Aïoli* begleiten, zählen auch geschmorter Tintenfisch, gekochter Oktopus, Seeschnecken (den Wellhornschnecken sehr ähnlich), *Petit gris*-Schnecken, hartgekochte Eier, gekochte Artischocken, Rote Beete, Bocksbart, Spargel, Blumenkohl, Kichererbsen und grüne Bohnen zu den Zutaten, die ein *Grand aïoli* ausmachen. Ein besonders Festmahl, das *Aïoli monstre*, wird jeden Sommer in allen Dörfern der Provence organisiert.

Das Weihnachtsabend-Essen ist das bemerkenswerteste rituelle Mahl des Jahres. Es ist ein reines Familien- und Fastenessen (der Truthahn mit Trüffeln wird erst am nächsten Tag gegessen), das aus einer Reihe bäuerlicher Fisch- und Gemüsegänge besteht, oft mit Schnecken und *Aïoli* oder einfach roher Sellerie mit *Anchoïade* (einer dicken Sardellen-Knoblauch-Vinaigrette, manchmal einer Paste) als Vorspeise. Als Fische sind üblich Aal, Tintenfisch und gepökelter Kabeljau, gewöhnlich mit einer Sauce wie *Raito* (auf Rotwein, Tomaten, Sardellen und Kräutern aufbauend) oder *Capilotade* (eine mit Mehlschwitze angedickte, mit einem Schuß Essig

Pieds et paquets *(wörtlich: Füße und Päckchen) ist ein berühmtes Gericht, aus Marseille. Rouladen von Lamm-Magen werden mit gepökeltem, mit Zwiebeln, Knoblauch und Petersilie gewürztem Schweinefleisch gefüllt. Die fertigen* Paquets *werden mit Lammfüßen in einer Wein-Tomaten-Sauce gekocht.*

geschärfte Kapernsauce) serviert. Die Gemüse werden normalerweise *au gratin* zubereitet, und die dicken, weißen Mangoldstreifen in weißer Sauce sind typisch.

Die Desserts, deren rituelle obligatorische Anzahl 13 beträgt, werden von *Vin cuit* begleitet. Eines davon kann ein vorbereitetes Dessert sein wie der typische süße Mangold- oder Spinatkuchen (in dem die grünen Teile der Blätter, die vom überbackenen Mangold übriggeblieben sind, Verwendung finden können). Das ziemlich trockene Olivenöl-Biskuit, das *Pompe à l'huile* genannt wird, gehört ebenso zur Tradition wie Nougat, das letzte der dreizehn Desserts. Es wird aus frischem Obst und *Mendiants* zubereitet, wie man die getrockneten Früchte und die Nüsse nennt, weil die wichtigsten vier, *Les quatre mendiants* – Mandeln, Haselnüsse, Rosinen und getrocknete Feigen – an die Farben der Kutten der vier Bettelorden erinnern – Augustiner, Karmeliter, Dominikaner und Franziskaner.

Reisenden, die den Geist der Provence durch ihre Küche entdecken möchten, ist vor allem ein Restaurant in Avignon zu empfehlen: CHEZ HIÉLY, im ersten Stock der Rue de la République 5, der Hauptstraße der Stadt. Hier wurde die *Caillette*-Mischung der Gegend zur *Terrine aux herbes* verwandelt, zu der es ein mit Wacholder gewürztes Hühnerleberpüree gibt; andere regionale Vorspeisen sind *Cassolette de moules aux épinards* (überbackene Muscheln mit Spinat in Weißweinsauce), *Petite marmite du pêcheur* (unter anderem Meerteufel in einer hellen, safrangewürzten Sahnesauce) und das wunderbare, sahnige Ragout aus frischen Eiernudeln, Seezunge und Schellfisch in einer Sauce aus pürierten, süßen, roten Paprikaschoten.

Von den Hauptgerichten ist Steinbutt in Rotwein mit Porree *julienne* besonders köstlich, *Pieds et paquets à la provençale* stehen immer auf der Karte (und das seit 30 Jahren), und das ewige, aber wunderbare gegrillte *Pièce d'agneau des Alpilles* mit einem vollkommenen Kartoffel-*Gratin* ist eine ideale Wahl, insbesondere, wenn man versucht, sich zu entspannen und eine Flasche guten Wein dazu zu genießen. Die Käse-Servierwagen (einer mit einer großen Auswahl einheimischer Ziegenkäse, der andere eher klassisch bestückt) sind grandios, und der Dessertwagen ist berühmt. Die Weinkarte nennt alle besten Weine der Provence einschließlich des soliden und subtilen, wunderschönen roten *Bandol* aus der *Domaine Tempier, Château Simon* aus der Palette *Appellation* außerhalb von Aix-en-Provence und einige *Châteauneufs-du-Pape*, die zum Teil noch von 1961 stammen.

Im Herzen Toulons liegt neben der Oper in der Rue Molière das Restaurant AU SOURD, das mit seinen verblaßten künstlichen Blumen, die seit Jahren aus Vasen an der Wand sprießen, recht provinziell wirkt und wie viele andere Bistros aussieht. Hier können sie jedoch alles genießen, was aus dem Meer kommt. Es gibt stets eine große Auswahl an frischem Seebarsch, *Dorades, Pageots, Rougets, Sards* – alles Mittelmeerfische, die nach Wunsch gebraten werden. Doch vor allem bietet das Restaurant das prächtigste Becken mit Muscheln und anderen lebenden Meeresdelikatessen, das irgendwo zu finden ist (die Auswahl ist in den Monaten ohne ›r‹ natürlich etwas eingeschränkt).

Der Wirt, ein leidenschaftlicher Liebhaber und Kenner aller Meeresfrüchte, ergänzt das Becken mit Raritäten, nach denen er im klaren Wasser vor der Insel Porquerolles taucht. Die unförmigen *Violets de mer*, deren Schalen von Meeresflora überkrustet sind, enthalten ein weiches und delikates, zitronenfarbenes Fleisch mit etwas Zitronenaroma im Jodgeschmack, wenn sie aufgebrochen werden. Hier gibt es Seeigel, (sie werden auch oft in Fischsuppen gegeben, die dann *Oursinade* heißen), Austern, Mies- und andere Muscheln, *Moules rouges* (sehr kleine Muscheln mit süßem roten Fleisch, deren Schale mit pelzigem Seegras überzogen ist), *Dattes de mer* (kleine Muscheln, die in Form, Farbe und Größe frischen Datteln gleichen), *Amandes de mer, Palourdes* oder *Dovisses* und *Praires* (alles hartschalige Muscheln, etwas kleiner als Austern und von sehr ausgeprägtem Geschmack) und vieles andere.

An manchen Tagen erscheint eine *Soupe aux favouilles* auf der Karte – die kleinen Garnelen, die auf den Märkten ständig aus ihren Kisten entkommen –, und an anderen ein *Omelette aux orties de mer*, mit den kleinen Medusen, die an den Felsen haften. Der Wirt wird Ihnen erzählen, daß Sie *Bouillabaisse* nie im Restaurant bestellen sollten, da *Bouillabaisse* eher ein Ambiente oder eine Atmosphäre ist als eine kulinarische Realität – sie muß an der Küste oder in der Kajüte mit den *Copains* geteilt werden und in einem großen Kessel über dem prasselnden Feuer gekocht werden. Und dann wird er den *Coup de la bouillabaisse* erklären, mit dem die Einheimischen die Fremden verblüffen: Mit dem Rücken zu den Gästen wirft man eine Handvoll Salz in eine Schöpfkelle voll Fischbrühe und reicht die Kelle herum, zuerst an die Freunde, die ihren Finger eintunken und anerkennend kosten, dann an die Gäste, die mit einer Grimasse bemerken werden, daß es etwas salzig schmecke; mit niedergeschlagenem Gesichtsausdruck wirft man dann ein paar alte Weinkorken in den Bouillabaisse-Kessel, kocht sie ein paar Minuten und reicht eine weitere Kelle mit Brühe herum. Wunder über Wunder: diesmal ist sie perfekt gewürzt, und die Gäste können nach Hause zurückkehren, um ihren Freunden von der unerklärlichen, aber wahrhaftigen Korkenalchimie in der Bouillabaisse zu berichten.

Einige Süßigkeiten und Früchte der Provence (rechte Seite): glasierte Aprikosen; Pfirsiche, Mandarinen und Feigen auf dem spitzenbedeckten Teller; ein Weidenkorb (Vordergrund) mit Jujubes und Trüffeln; ein großer Korb (Mitte) mit schwarzen und grünen Oliven, provenzalischem Knoblauch, Quitten und Feigen; eine Schüssel in Cointreau eingelegter Früchte, und eine Schale Wacholderbeeren; und (oben) Trauben, Mandeln und zwei Sorten Melonen.

Eine Dessert-Spezialität der MOULIN DE MOUGINS, *eines Drei-Sterne-Restaurants in Mougins nördlich von Cannes, ist Apfeltorte (oben, vor und nach dem Backen). Die Torte wird auf Bestellung gebacken und warm serviert.*

Ein weiteres provenzalisches Dessert sind Navettes de Saint-Victor *(unten rechts), eines der traditionellen dreizehn Weihnachtsdesserts, das nach einem Märtyrer des 13. Jahrhunderts benannt ist, der, weil er sich weigerte, seinem Glauben abzuschwören, zerstückelt wurde.*

Gratin de courge *(unten links) ist ein Gemüsegericht, in welchem kurz gekochter Kürbis mit einer Béchamelsauce und Brotstückchen bedeckt und gebacken wird.*

Zu den provenzalischen Broten und Teigwaren (rechte Seite) gehören Tougasse, *die flachen Fladen, und* Raïoles, *die mit Fleisch und Kräutern gefüllten, ravioliartigen Teigtaschen.*

SOUPE AU PISTOU *Gemüsesuppe*

Eine *Soupe au pistou* ist eine Gemüsesuppe, in die beim Servieren eine kräftige Paste aus frischem Basilikum, Knoblauch, Parmesan und Olivenöl eingerührt wird. *Pistou* ist das provenzalische Wort für ›Stößel‹.

Das Ergebnis ist weit besser, wenn frische, gerade geschälte weiße Bohnen verwendet werden. Oft gibt man Zwiebeln dazu, und in einigen Teilen der Provence hält man eine große Portion Kürbis, in Würfel geschnitten, für unerläßlich für die weiche, appetitliche Konsistenz, die er der Suppe gibt, wenn sie zu einem Püree einkocht.

Das folgende Rezept ist die Version aus Nizza. Die grünen Bohnen und die gewürfelten *Courgettes* (kleine Zucchini) sollten zur selben Zeit wie die Nudeln zugegeben werden, um ihr Aroma zu erhalten.

1 kg frische weiße Bohnen, enthülst (oder eine entsprechende Menge getrockneter weißer Bohnen, vorgekocht)
450 g Kartoffeln, geschält und in Würfel geschnitten
375 g Möhren, geschält und in Würfel geschniten
450 g sehr reife Tomaten, geschält, entkernt und in Würfeln
275 g Porree, die weißen und zarten grünen Teile zu Ringen geschnitten
Salz
450 g kleine Zucchini, in Würfel geschnitten
375 g sehr dünne, kleine grüne Bohnen, geputzt
125 g zerbrochene Makkaroni oder Spaghetti

FÜR DAS PISTOU
Grobes Salz, frisch gemahlener Pfeffer
6 Knoblauchzehen
25 (oder mehr) frische Basilikumblätter
100 g frisch geriebener Parmesankäse, ⅛ l Olivenöl

Zunächst die frischen weißen Bohnen in einem Topf mit 4 l Wasser kochen. Aufkochen und 30 Minuten köcheln lassen.

Kartoffeln, Möhren, Tomaten und Porree zu den Bohnen geben und mit Salz würzen. Etwa 45 Minuten kochen, bis alles Gemüse beinahe zerfällt. Die Zucchini, die grünen Bohnen und die Nudeln zugeben und 20 Minuten kochen lassen.

Während die Suppe kocht, das Pistou vorbereiten: In einem Mörser eine kräftige Prise grobes Salz, Pfeffer, Knoblauch und Basilikum zerstoßen. Zunächst vorsichtig, dann kräftiger zerdrücken, bis die Blätter und das Knoblauch zu einem ziemlich groben Püree zerstoßen sind. Etwas Käse zugeben und zu einer Paste reiben, mit Olivenöl verdünnen, dabei rühren und stoßen. Mehr Käse zugeben, zerreiben, mehr Öl zugeben usw., bis beides aufgebraucht ist. (Man kann das Pistou auch in einem Mixer machen, wobei man die Zutaten ebenso zugibt.)

Die heiße Suppe aus dem Topf ausschöpfen und gleichzeitig das Pistou reichen, damit jeder Gast nach seinem eigenen Geschmack würzen kann.

Für 8 Personen – Abbildung Seite 178

BŒUF À LA GORDIENNE *Geschmortes Rindfleisch in Rotwein*

1½ kg Rinderbratenfleisch
6 Eßlöffel Olivenöl
150 g magerer, durchwachsener, ungeräucherter Speck in Streifen
2 gehackte Schalotten
Salz, frisch gemahlener Pfeffer
1 Kalbsfuß, gespalten und blanchiert (nach Wunsch)

FÜR DIE MARINADE
1 l Rotwein
⅕ l Weinessig
2 Zwiebeln in Ringen
3 Möhren in dünnen Scheiben
2 gepreßte Knoblauchzehen
Einige Prisen zerriebener, getrockneter Kräuter
1 Bouquet garni aus einem Streifen Orangenschale, Petersilienstengeln und -wurzeln, Lorbeer, Sellerie, Porree (grüne Teile), Salbei, Oregano, Thymian und Majoran

Das Fleisch am Abend zuvor in Würfel schneiden und mit den Marinade-Zutaten in einer Schüssel einlegen.

Etwa 5 Stunden vor dem Servieren das Fleisch aus der Marinade nehmen und trocken tupfen, die Marinade aufbewahren. In einer großen Kasserolle das Olivenöl erhitzen und den Speck und die Schalotten anbraten. Wenn das Fett beginnt, zu zergehen, das Fleisch hineingeben und von allen Seiten anbräunen. Die Marinade durchseihen und das Gemüse in die Kasserolle geben. Umrühren und ein wenig anbräunen; das Bouquet garni und die Marinade zugeben. Das Fleisch sollte von der Flüssigkeit gerade bedeckt sein; wenn nötig, Wein zugießen. Mit Salz und Pfeffer gut würzen.

Den Topf mit ölgetränktem Pergamentpapier und dem Deckel hermetisch verschließen. Die Mischung aufkochen, die Hitze zurücknehmen und 3 Stunden oder länger schmoren lassen. Das Bouquet garni herausnehmen.

Wenn man es heiß servieren will, alles Fett abschöpfen. Um es kalt zu servieren, zu den anderen Zutaten einen Kalbsfuß geben.

Die traditionelle Beilage zu heiß serviertem *Bœuf à la gordienne* ist *Macaronade.* Dazu Makkaroni in kochendem Salzwasser weichkochen und abgießen. Auf ein gefettetes Backblech verteilen und die Makkaroni mit Parmesan oder einer Mischung von Parmesan und Gruyère bestreuen. Mit einer Kelle Bratensaft befeuchten und im heißen Ofen (200° C) etwa 10 Minuten backen.

Für 6 Personen – Abbildung linke Seite

LOUP DE MER ›AUGUSTE ESCOFFIER‹ *Seewolf in Salat*

1 Seebarsch von etwa 1 kg
Salz, frisch gemahlener Pfeffer
50 g Mehl
60 g Butter
1 oder 2 große Salatköpfe
4 feingehackte Schalotten
1 Eßlöffel trockener Wermut
60 ml Schlagsahne oder 50 g Butter (nach Wunsch)
Kleine Stücke geröstetes Brot

FÜR DAS FUMET
⅛ l Weißwein
500 g Kopf, Gräten und Flossen des Fisches, plus anderen, wenn erhältlich
1 Zwiebel in feinen Ringen
1 Selleriestaude in dünnen Streifen
1 Möhre in dünnen Scheiben
1 Bouquet garni mit Thymian, Lorbeer, Petersilie und grünen Porreeteilen
Salz, frisch gemahlener Pfeffer

Den Fisch putzen, ausnehmen und in 8 Scheiben schneiden lassen. (Man bitte den Fischhändler um Fischkopf, -gräten und -flossen und, wenn möglich, noch einige zusätzliche Reste für den Sud. Sie müssen von aromatischen Fischen wie Seezunge, Steinbutt, Weißfisch oder Meerteufel sein.)

Das Fumet zubereiten: Wein, Fischkopf, -gräten und -flossen, Zwiebeln, Möhren und Sellerie in einen Topf füllen. Mit Wasser bedecken, das Bouquet garni zugeben und 30 Minuten kochen. Gegen Ende der Kochzeit mit Salz und Pfeffer würzen und durch ein Sieb streichen. Den Fisch salzen und pfeffern und mit Mehl bestäuben. 3 Eßlöffel Butter in einer Pfanne erhitzen und den Fisch von beiden Seiten 5 Minuten braten.

Einen großen Topf Salzwasser aufkochen und die besten Salatblätter 30 Sekunden blanchieren. Schnell herausnehmen, gut abtropfen und auf ein Tuch ausbreiten. Jedes Stück Fisch in 2 bis 3 Blätter wickeln. Die restliche Butter in einer Bratpfanne erhitzen, die groß genug ist, um alle Fischstücke nebeneinander zu braten. Die Schalotten 4 bis 5 Minuten leicht anschwitzen, dann mit ¾ Tasse Fumet ablöschen und den Fisch und den Wermut zugeben. Auf sehr kleiner Flamme etwa 8 Minuten langsam schmoren, nicht kochen lassen. Die Fischpäckchen herausnehmen und die Sauce bei starker Hitze einkochen.

Wenn man möchte, kann man die Sauce sämiger machen, indem man Sahne einrührt oder die Sauce vom Herd nimmt und etwa 4 Eßlöffel Butter in kleinen Flocken unterzieht (dadurch wird die Sauce gebunden und ebenso weich wie Beurre blanc.)

Für 4 Personen – Abbildung rechte Seite

ARTICHAUTS A LA BARIGOULE
Gefüllte Artischocken

12 violette (oder kleine kugelförmige) Artischocken
3 Knoblauchzehen
6 Bund Petersilie
Salz, frisch gemahlener Pfeffer
2 Bund frischer Thymian
Etwa ¼ Tasse Olivenöl
Weißwein

Mit einem rostfreien Messer die Stengel und harten äußeren Blätter der Artischocken entfernen, die oberen Hälften abschneiden und die Herzen mit einem Teelöffel herausnehmen. Die Artischocken in eine Schüssel angesäuertes Wasser legen (1 Teelöffel Zitronensaft auf 1 l Wasser), um ihr Verfärben zu verhindern.

Die Artischocken nebeneinander in eine große, flache Steingutkasserolle setzen, die gerade groß genug für alle ist. Knoblauch und Petersilie hacken und die Artischocken damit füllen. Würzen, mit Thymianblättern bestreuen und mit Olivenöl begießen. Genug Weißwein in die Kasserolle gießen, so daß die Artischocken zur Hälfte darin stehen, auch ein wenig auf die Artischocken spritzen. Zudecken und 1½ Stunden schmoren lassen, gegen Ende der Kochzeit den Deckel abnehmen, damit ein Großteil des Weines verdampfen kann. Vor dem Servieren zusätzlich Pfeffer darüber mahlen.

Für 6 Personen – Abbildung links

GARDIANE D'AGNEAU *Geschmortes Lamm mit Oliven*

1 kg Halskoteletts oder Beinscheiben vom Lamm
60 ml Olivenöl, Salz
2 Zwiebeln in dünnen Ringen
5 bis 6 leicht zerpreßte Knoblauchzehen
1 Bouquet garni aus Thymian, Lorbeer, Sellerie, Petersilie, grünen Porreestücken und einem getrockneten Streifen Sevilla-Orangenschale
Eine Handvoll grüne und/oder schwarze Oliven, blanchiert, 750 g geschälte Kartoffeln in dicken Scheiben

Das Öl in einer Kasserolle erhitzen und die Lammstücke bräunen. Mit Salz würzen, Zwiebeln und Knoblauch und ein paar Minuten später das Bouquet garni, die Oliven und Kartoffeln zugeben. Mit soviel Wasser auffüllen, daß die Mischung beinahe bedeckt ist und zugedeckt 1½ Stunden kochen lassen. In der Kasserolle servieren.

Für 4 Personen

TIAN DE COURGETTES ET DE TOMATES *Zucchini-Tomaten-Auflauf*

1 kg kleine Zucchini in Scheiben
1 kg Tomaten in Scheiben
90 ml Olivenöl
2 Zwiebeln in Ringen
2 rote/grüne Paprika, entkernt, in Streifen geschnitten
2 Auberginen in dünnen Scheiben
1 gepreßte Knoblauchzehe
4 bis 5 Prisen Salbei und Thymian, gemischt
Salz, frisch gemahlener Pfeffer
50 g frisch geriebener Parmesan oder feine Brotkrumen oder eine Mischung von beidem

Den Backofen auf 180 °C vorheizen. 3 Eßlöffel Olivenöl in einer großen Pfanne erhitzen. Die Zwiebeln zugeben und leicht anbräunen. Paprika, Auberginen und Knoblauch zugeben. Mit Salz und Pfeffer würzen und langsam weichschmoren, ab und zu umrühren.

Das geschmorte Gemüse in eine feuerfeste Schüssel legen. Die Zucchini- und Tomatenscheiben in überlappenden Reihen darauf verteilen. Mit Salbei und Thymian bestreuen. Mit Salz und Pfeffer würzen und mit 2 Eßlöffeln Olivenöl besprenkeln, 30 Minuten backen. Die Schüssel aus dem Ofen nehmen, mit Parmesan bestreuen, das restliche Olivenöl darüber spritzen und weitere 15 Minuten backen. Man kann auch Brotkrumen mit Käse darüber streuen.

Für 6 Personen – Abbildungen unten und linke Seite

LANGUEDOC

Languedoc

Die Küche des Languedoc? Sie ist großartig, wirklich großartig! Das *Cassoulet*, die *Brandade de morue*, die Austern von Bouzigues – kurz, all die Kostbarkeiten dieser berühmten Region. Die Frage nach der Küche des Languedoc hat einen Grund: Niemand weiß – oder keine zwei Leute sind gleicher Meinung –, wo die Grenzen dieses gastronomischen Gebietes liegen. Ein Paar auf Urlaubsreise, das seinen ersten Abend in Albi in einer gemütlichen *Auberge* innerhalb der alten Festungsmauern verbrachte, hatte den gewagten Einfall, die Wirtin geradeheraus zu fragen, ob man sich in Languedoc befinde oder nicht. Sie gab den liebenswürdigen Rat, im Buchladen gegenüber zu fragen. Das taten sie und erfuhren, daß Albi ganz bestimmt im Languedoc liege. Doch seien viele Jahrzehnte vergangen, in denen diese Frage von heftigen Zweifeln überschattet war, so daß der »Guide Michelin« die Stadt ausgelassen hätte, da man nicht wußte, in welchen Band sie gehörte.

Gibt es also kein Buch über die Küche des Languedoc, das die nötige Definition des Gebietes liefert? Offenbar nicht. Ein Grund ist, daß der Name ›Languedoc‹ (gleichbedeutend mit *langue d'oc* = die Sprache Ocs) einen weitreichenden Gebietsanspruch impliziert. ›Oc‹, das in ganz Südfrankreich in Graffitis erscheint, war die Sprache des französischen Südens. Im Norden sprach man ›Oil‹. (Diese geheimnisvollen Silben stehen für zwei verschiedene Ausdrucksweisen von *oui* = ja.) Im 16. Jahrhundert entwickelte sich der Norden zum dominierenden Machtbereich, und die bislang noch unabhängigen Teile des Südens – wie die Provence – wurden dem Königreich Frankreich einverleibt, das die Gestalt des heutigen Frankreichs annahm. Die *Oil*-Version des Französischen wurde zur offiziellen Sprache. Die Menschen des Südens sprachen weiterhin *Oc*, aber als Sprache oder Sprachfamilie begann ihr Niedergang. Die vom Ende des letzten Jahrhunderts datierenden Bemühungen, diese Sprache wiederzubeleben, wurden mit der Nostalgie für die alte ›occitanische Kultur‹ verbunden und mit politischem Druck auf die französische Führung in Paris, dem Süden mehr Aufmerksamkeit zu schenken. In dieser Situa-

Die Austernbänke im Bassin de Thau bei Bouzigues (vorige Doppelseite) sind mit Laufstegen versehen, von denen aus die Austernzüchter arbeiten. Im Landesinneren (oben) umgeben Weinberge ein Kloster zwischen Toulouse und Carcassone.

Cassoulet, *Landuedocs Anspruch auf kulinarischen Ruhm ist nach der* Cassole *benannt, der Schüssel mit Deckel, in der es gekocht und serviert wird. Die Zutaten zur* Cassoulet de la Mère Boisvert *genannten Version (rechte Seite) sind:* Lingot *(weiße Bohnen), Schweinshachse, Lammschulter (in der Schüssel oben), Toulouser Wurst, Enten-Confit, Speckstücke, Schwarte, Petersilie, Lorbeerblätter (in der ovalen Schüssel) sowie gehacktes Knoblauch, Thymian, Salz und Pfeffer.*

verschaffen. Dieselben Faktoren machen es schwer, seine gastronomischen Charakteristika auf ein paar Seiten zusammenzufassen.

Die französische Mittelmeerküste unterteilt man bequemlichkeitshalber, wenn auch nicht genau, mit den Bouches-du-Rhône in zwei Abschnitte. Im Osten liegt die Côte d'Azur, im Westen die Küste des Languedoc und dazwischen das geheimnisvolle Gebiet der Bouches-du-Rhône selbst, deren faszinierendster Teil die Camargue ist. Was den eßbaren Fisch und die *Fruits de mer* anbelangt (der bequeme französische Ausdruck umfaßt Weich- und Schalentiere des Meeres ebenso wie eine Anzahl eßbarer Merkwürdigkeiten

Moules grillées *(links und unten, in* LES FRERES RUNEL *in Montpellier zubereitet) werden gewöhnlich als Vorspeise gegessen. Gehacktes Knoblauch, Schalotten, und Petersilie werden mit Butter vermengt und auf die Muschelhälften gestrichen. Dann werden diese mit Bröseln bestreut und kurz überbacken.*

Andere Fruits de mer *sind (rechte Seite): Bouzigues-Austern (oben);* Bizoux *(Seebirnen, auf dem Brett);* Tellines *(kleine Klaffmuscheln, im Korb rechts);* Palourdes *(unten); Herzmuscheln (im Korb links) und darüber* Escargots de mer.

tion verkündet die Languedoc genannte Region eben durch ihren Namen, daß sie das Kernstück des Südens ist, jenes Occitaniens, das keine offizielle Existenz besitzt, aber ganz bestimmt lebt.

Einige Autoritäten glauben, daß es so etwas wie die Küche von *Oc* gibt. Der Begriff erscheint etwas künstlich, doch muß man zugeben, daß eine Quelle dieses Kapitels ein in *Oc* geschriebenes Kochbuch ist (und zwar »Nostra Cózina« von Dóttór Charles Vidal, Editions Occitania, Paris und Toulouse 1930), das jedem, der französisch liest, nur teilweise verständlich ist. Es stimmt natürlich, daß zwischen der Küche des Nordens und der des Südens erhebliche, durch Klima und Erzeugnisse bedingte Unterscheidungen gemacht werden müssen. Wenn man den Süden als gastronomische Einheit betrachtet, wird man einige gemeinsame Faktoren finden, aber auch wichtige Unterschiede. Die Küche des Landes ist einfach anders als zum Beispiel die Nizzas und seiner Umgebung. Und das Olivenöl, welches so fundamentaler Bestandteil provenzalischen Kochens ist, macht im Südwesten dem Gänseschmalz Platz. In diesem Zusammenhang wird die Bedeutung des Languedoc klar: seine weite Ausdehnung, die abwechslungsreiche Landschaft und seine zentrale Lage zwischen Gascogne und Provence, die sich von der Olivenöl- bis zur Gänseschmalzregion erstreckt, verbinden sich, um ihm einen gewissen Vorrang zu

wie Seeigel und *Violets de mer*), unterscheidet sie sich kaum von der Küste des Languedoc. Doch ist bemerkenswert, daß es auf einem beträchtlichen Teil ihres Gebietes große Salzwasserlagunen gibt, die für die Zucht von Austern und anderen Muscheln, insbesondere Miesmuscheln, gut geeignet sind. Wenn man von den Bouches-du-Rhône in westlicher Richtung die Küste entlangfährt, kommt man an langen Straßenabschnitten vorbei, die beinahe gesäumt sind von Ständen, die *Dégustation de fruits de mer* anbieten – Produkte der Bänke bei Bouzigues, einer der größeren Austern produzierenden Städte Frankreichs. Der Verzehr von Austern, Mies- und anderen Muscheln aus Bouizgues bei den Straßenhändlern macht großen Spaß und ist ein billiges Vergnügen.

Ein an der ganzen Küste des Languedoc festzustellendes Phänomen ist, daß die örtlichen Bezeichnungen der Fische oft katalanischen Ursprungs sind, wie auch viele Fischer katalanische Vorfahren haben. Weiter westlich, im Roussillon an der spanischen Grenze ist dies keine Überraschung. Besonders im 18. Jahrhundert ließen sich katalanische Fischer in relativ großer Zahl an der französischen Mittelmeerküste nieder. Teilweise ist dies damit zu erklären, daß die Menschen des Languedoc mehr am Weinanbau und Handel als am Fischen interessiert waren.

Wein ist das Haupterzeugnis des Landes, obwohl er in der traditionellen Küche kaum verwendet wird. Dieser Teil Frankreichs produziert große Mengen Wein, doch hauptsächlich den eher schwachen *Vin ordinaire*, der mit stärkeren Weinen aus Nordafrika oder Italien verschnitten wird, um einen annehmbaren *Vin de table* zu ergeben. Damit soll nicht gesagt sein, daß die Weine des Languedoc generell uninteressant seien. Im Gegenteil: es gibt viele kleine Gebiete, wo wenig bekannte, wirklich hervorragende Weine produziert werden. Einer davon ist der *Minervois* und *Appellations contrôlées* zum Beispiel aus Banyuls, Maury, Lund; der *Muscat de Frontignan* und der *Muscat de Mireval* sind weitere Beispiele. Die letzten beiden sind fruchtige Dessertweine, die einen gewissen Ruf besitzen. Doch obwohl Weinfreunde viele glückliche Wochen damit zubringen könnten, die Schätze der Region zu erforschen, würden sie viele Landstriche durchqueren, in denen nur einfacher Wein produziert wird.

Eine Auswahl aus Dutzenden Petits pâtes de Béziers *(linke Seite). Es gibt sie in vielen Größen und Formen, aus verschiedenen Teigsorten – Blätterteig, Mürbeteig oder Hefeteig – und gefüllt mit Meeresfrüchten, süßsaurem Fleisch oder Kräutern.*

Im Hafen von Sète (unten) werden die Fischernetze nach der Tagesarbeit zum Trocknen aufgehängt.

Zubereitungsmethode kann man zum Beispiel auch auf Huhn anwenden, dann jedoch tritt in der Bezeichnung ein subtiler Unterschied zutage: dies ist nicht *Confit de poulet,* sondern *Poulet en confit.* Mann kann auch andere Dinge *en confit* bekommen, doch die *Confit*-Zubereitung paßt im allgemeinen am besten zu Gans und Ente, die ihr eigenes Schmalz liefern.

Eine gemästete Gans hat meist mehr Schmalz als man benötigt, um ihr Fleisch zu *Confit* zu machen. Man kann es daher allgemein zu Kochzwecken verwenden oder anderes Fleisch *en confit* verarbeiten. Gänseschmalz allein oder als Teil eines *Confit d'oie* wird zum *Cassoulet* verwendet, einem der beiden Gerichte, die dem Languedoc großen Ruhm eingebracht haben. Im Grunde ist dies ein Eintopf aus weißen Bohnen und verschiedenen Fleischsorten, der langsam gekocht und mit Knoblauch gewürzt wird und so gehaltvoll ist, daß niemand darüber hinaus noch etwas essen kann.

Die Herkunft des *Cassoulet* ist umstritten. Die früheste Theorie schrieb es den Arabern zu, die im

Gigot de palavas *(links und unten) ist kein Lammgericht, sondern mit Gemüse und Kräutern gebackener Fisch. Auberginen, Tomaten, rote Paprika und Zwiebeln (links) werden erst mit Knoblauch in Öl angebraten und dann als Unterlage für den Fisch, der wie ein* Gigot *mit Knoblauch gespickt wird, in einer Backform verteilt.*

Eine Pflanze, deren Bedeutung im Verhältnis zum Weinstock noch wächst, ist der Mais. Er hat in Südfrankreich eine lange Geschichte. Seit er aus der Neuen Welt zurückgebracht wurde, spielte er eine bedeutende Rolle in der menschlichen Ernährung (wie zum Beispiel noch in Norditalien, wo *Polenta* ein beliebtes Essen geblieben ist). Heutzutage wird Mais in Frankreich fast ausschließlich als Viehfutter angebaut. Im Spätherbst sind die Erntewagen, die so aussehen, als wären sie mit Gold beladen, ein vertrauter Anblick, und für die Bauern bedeutet Mais tatsächlich Gold, da die neuen Sorten hohe Erträge bringen und ein großer Teil des Landes im Süden und Südwesten Frankreichs für Maisanbau ideal ist.

Von noch größerer Bedeutung für die Bauern ist die Gans im westlichen Languedoc, das eines der verschiedenen *Foie gras*-Gebiete Frankreichs ist (*Foie gras* ist die geschwollene Leber einer Gans, welche während des frühen Winters bis zu einem Punkt gemästet wurde, an dem weiteres Nudeln keinen Effekt mehr zeigt). Im Languedoc wird *Confit* zubereitet, das in seiner Idealform aus großen, im eigenen Fett konservierten Stücken von Gans- *(Confit d'oie)* oder Entenfleisch *(Confit de canard)* besteht. Diese

17. Jahrhundert die weißen Bohnen in Südfrankreich eingeführt und den Einheimischen beigebracht haben sollen, ein *Ragoût de mouton aux fèves blanches* zuzubereiten, das man als ›Ahne‹ des *Cassoulet* ansehen kann. Dann gibt es die Ansicht, daß dieses Gericht erst nach Entdeckung der Neuen Welt entwickelt werden konnte, da die in seiner Komposition so wichtige Bohne die *Phaseolus vulgaris* ist, die in Mittel- und Südamerika entstand und den Westeuropäern erst im 16. Jahrhundert vertraut wurde. Doch scheint es durchaus plausibel, daß der arabische Einfluß in Südfrankreich ein Gericht entstehen ließ, das der Vorläufer des *Cassoulet* war und daß die Franzosen ihr *Cassoulet* schließlich daraus entwikkelten, indem sie die aus der Neuen Welt eingeführten Bohnen dazu nahmen und den Hammel durch Gans, Schwein und Lamm ersetzten.

Was auch immer die Wahrheit sein mag: Es gibt keinen Zweifel, daß das westliche Languedoc die Heimat des *Cassoulet* ist. Die meistdebattierte Frage ist jedoch, ob das Rezept von Castelnaudary, von Toulouse oder von Carcassone das authentischste

Für Gratin de sole et langoustines *(rechts und unten) werden die Seezungen und die Garnelen mit Muscheln, Trüffeln und Pilzen angereichert, in einer Sahnesauce mit* Blanc de blanc *und geriebenem Gruyère-Käse im Grill überbacken und mit Blätterteig-Gebäck serviert.*

oder beste sei. Wenn die einfachste Version eines Rezeptes gewöhnlich die früheste ist, gewinnt Castelnaudary. Die Leute dort (in der kleinsten und freundlichsten der drei konkurrierenden Städte) bereiten es herkömmlicherweise mit Bohnen und Knoblauch zu (auch mit anderen Gewürzen und Kräutern, aber Knoblauch ist das entscheidende), mit Schweineschwarte, Schweinefleisch (frisch, gepökelt, in Wurstform oder alles zusammen und (vielleicht) einer bescheidenen Portion *Confit d'oie*. In Carcassone fügen sie Lamm und, während der Jagdzeit, Rebhuhn hinzu. In Toulouse ergänzt man mit Lamm und bereitet es stets mit *Confit d'oie* und Wurst.

Ein gewisses Geheimnis umgibt übrigens die Kruste, die sich gegen Ende des Kochens auf dem Eintopf bildet. Alle scheinen darin übereinzustimmen, daß sie mindestens einmal aufgebrochen und unter die Mischung im Topf gezogen werden sollte. Aber der Streit darüber, wie oft und unter welchen Umständen sie außerdem zerstört werden sollte, führt zu jener Art gastronomischer Diskussionen, in denen die Gegner sich als »Ketzer« beschimpfen und die man am besten vermeidet.

Die Religion hat in der Ausformung der Eßgewohnheiten des Languedoc und in der Differenzierung des östlichen und des westlichen Teils eine wichtige Rolle gespielt. Das vielleicht berühmteste Schisma der Region war das der sogenannten ›albigensischen Ketzerei‹, deren Verfechter einen kühlen Blick auf ihre Umwelt geworfen hatten und so viel Schlechtigkeit darin entdeckten, daß sie zu dem Schluß kamen, der Teufel und nicht Gott müsse der Schöpfer gewesen sein. Was jedoch im Bereich der Glaubensabweichung überlebte, war, in einem späteren Stadium und trotz wütender Unterdrückung, eine teilweise politische protestantische Bewegung, welche die römisch-katholische Kirche und die königliche Herrschaft in Paris als gemeinsame Bedrohung des ›Landes von Oc‹, das heißt des Südens, ansah. Stark war diese Bewegung in den Cévennen und um Montpellier, wo die Protestanten einst freitags öffentliche, äußerst provokative Gelage veranstalteten, für die sie Menüs ersannen, die den Regeln zuwiderliefen, welche die Enthaltsamkeit vom Fleisch an diesem Tage anordneten. Es gibt keine detaillierten Schilderungen über die Wirkung dieser außergewöhnlichen Bankette, sie werden sich jedoch im Languedoc in Grenzen gehalten haben, schon aufgrund der üppigsten Fastenspeise, die je ersonnen wurde: *Brandade de morue.* Stockfisch (eingesalzener und luftgetrockneter Kabeljau) war

Oben rechts: Die Wildvögel der Region werden zu kulinarischen Leckerbissen. Lerchen in Schweineschwarte werden en brochette *gekocht und in Portionen zu je sechs Vögeln serviert; wilde Perlhühner (darüber) werden gefüllt, eingewickelt und gebacken.*

Truthähne und Perlhühner werden gezüchtet.

Um Lièvre en saupiquet *(rechte Seite) zuzubereiten, wird der Hase in einer Mischung aus Wein, Essig, Knoblauch und ein wenig seiner eigenen Leber mariniert. Er wird mit dem Rest der Leber und anderen Innereien gefüllt, die gehackt und mit Zwiebeln, Knoblauch, Kräutern und Brotkrumen vermengt und mit seinem Blut angefeuchtet werden. Das Fleisch wird reichlich mit Schmalz bestrichen und gebacken.*

Eine seltene Pâté (unten) macht man aus dem Fleisch von Drosseln.

Grand Vin Rouge
LOU CABROL
ROC-AMADOUR

PISTACHIO

FROMAGE

im Mittelalter und bis in die jüngste Zeit von überragender Bedeutung. Selbst an der Mittelmeerküste, wo man frischen Fisch bekommt, wurde er zum Grundnahrungsmittel, und es gab zahllose Arten der Zubereitung. *Brandade de morue* ist, wie viele sagen würden, die beste. Im Grunde ist dies ein Stockfisch-Püree, eine leichte, helle Crème, die hervorragend schmeckt, insbesondere in Nîmes, *der* Stadt für dieses Gericht.

Die Küche Nîmes' bringt uns zu den östlichen Ausläufern des Languedoc, genauer: ans Westufer der Rhône, und gibt uns Anlaß, die Bedeutung der Schnecken in diesem Gebiet zu erörtern. In Nîmes gibt es eine Reihe von Spezialitäten, eine davon ist die Schneckenzubereitung.

Wohlgenährte Schnecken kann man vor allem bei Beginn des Winters sammeln, da sie sich während der Vorbereitung auf die Winterstarre selbst gemästet haben. Lebendige Schnecken muß man kurze Zeit hungern lassen und dann zwei Wochen lang mit Kopfsalat und aromatischen Kräutern füttern. Diese Vorsorge ist unnötig, wenn die Schnecken in einer geeigneten Umgebung gesammelt werden, wie zum Beispiel in Weinbergen oder in der *Garrigues*.

Jacques Cambon, dessen interessantes Werk über die »Gastronomie Languedocienne« 1965 in Montpellier erschien, berichtet über die Geschichte der Annexion der Baronie Caravette in ferner Vergangenheit durch Montpellier. Jene liegt genau im Herzen der *Garrigues*, einer Region trockener Kalksteinebenen mit spärlicher Vegetation – Zwergeichen, Thymian und Lavendel – und Schafen, die hier in Frieden grasen können, da es ein wilder und unbewohnter Landstrich ist. Cambon erläutert, daß man die besten Schnecken genau in der Baronie Caravette, nördlich von Montpellier, findet, und er gibt eine pittoreske Beschreibung, wie ihre Vorzüge in Saint-Guilhem-le-Désert in der jährlichen ›Schneckenprozession‹ gefeiert werden.

Ebenso für Schafe geeignet wie die *Garrigues* sind die *les Causses* genannten Kalksteinplateaus, etwa 120 m über dem Meeresspiegel, von Schluchten durchschnitten und mit den charakteristischen Senken überzogen. Der Kalkstein saugt wie ein Schwamm den Regen auf, so daß die *Causses* an der Oberfläche ausgetrocknet sind, unterirdisch jedoch reichlich Wasser führen.

Der Kalkstein der *Causses* hat viele natürliche Höhlen. Das Dorf Roquefort liegt auf einem Hügel, der die berühmtesten und wertvollsten davon birgt. Die Höhlen, in denen man aufrecht stehen kann, bilden ein an Größe und Vielfalt bemerkenswertes System, in dem Temperatur und Feuchtigkeit das ganze Jahr über stabil bleiben. Diese Bedingungen sind ideal für den *Penicillium roqueforti* genannten Mikroorganismus; schon vor langer Zeit entdeckte man, daß in diesen Höhlen gelagerter Käse von Schimmelpilz befallen und, wenn alles gut verlief, zu

Das Essen des Languedoc ist so vielfältig wie die Region. Bei Pezenas liegt dieser herbstliche Weingarten mit Geräteschuppen (oben).

Linke Seite (reihenweise von links nach rechts): ein Glockenturm der Camargue im Zwielicht; ein einsamer Bauer auf dem Heimweg; für den bitteren Likör Suze *wird auf der Mauer eines Bauernhauses geworben; drei Käse der Region: Roquefort, Mezel und Chabrol; verschiedene* Chèvres*: einfach, mit Pistazien und mit Paprika; eine* Fermière *bietet auf dem Markt von Carcassone ihre* Chèvres *feil; Gartenkürbis und andere Kürbisse werden in Carcassone verkauft; Forellen in einem Fischgeschäft in Toulouse; zwei Olivensorten neben Walnüssen und Mandeln.*

besonders köstlichem ›blauen‹ Käse wurde, denn ursprünglich war die Roquefort-Herstellung Glückssache. Heutzutage steht sie unter wissenschaftlicher Kontrolle. In den größten Höhlen leitet ein erfahrener Führer den Besucher, erläutert, wo der Käse ankommt (stets aus reiner Schafsmilch, aber nicht mehr nur von den Schafen von *les Causses*, da ihre Mengen nicht ausreichten und Nachschub aus Korsika und dem Baskenland nötig wurde), wie er sorgfältig mit den kostbaren Mikroorganismen geimpft, mit liebevoller Sorgfalt behandelt und schließlich im Ganzen oder in Hälften zum Versand an Ziele in Frankreich und in der ganzen Welt verpackt wird. Der ›Mehrwert‹ ist natürlich beträchtlich. Roquefort ist ein teurer Käse, und das Siegel, das seinen Namen trägt, wird eifersüchtig gehütet und vor Nachahmung geschützt.

Es taucht die Frage auf, ob die Höhlen von Roquefort einmalig sind, ob es denn bei der Größe der *Causses* und der Zahl der Spalten und Höhlen keine anderen Stellen mit ähnlichen Bedingungen gibt? Die Antwort heißt: ja, doch man darf den Käse von dort nicht ›Roquefort‹ nennen; statt dessen heißt er ›Bleu de Causses‹. Er kostet etwas weniger, und ist – bestenfalls – genauso gut.

Rechte Seite:

Bei den Pâtisserie-*Spezialitäten findet man geschlitzte* Galettes aux fritons, Couques *genannte Butterbrötchen, einen runden Kuchen, den man* Soleil *nennt, und anisbestreute* Gateaux.

Nach der Weinlese bringen die Einheimischen die Kelterrückstände zu einer fahrenden Destille (vorige Doppelseite), wo sie zu einem farblosen, vorzüglichen Schnaps gebrannt werden, der in vielen Hausmachergerichten Verwendung findet.

Crème d'Homère *(links) ist eine Creme aus Eiern, Honig, Weißwein, Zimt und Zitronenschale.*

PETITS PATES DE BEZIERS *Béziers-Pastetchen*

Die Füllung für diese Pastetchen macht man aus gehacktem Hammelbraten, doch man kann auch die Reste einer Lammkeule verwenden. Sie eignen sich als Appetithappen zum Abendessen.

1 Pâte brisée (s. Anhang)
250 g gehackter Hammelbraten
¼ Tasse zerlassenes Schweinefett
(oder Lammnieren-Fett)
1 Handvoll Rosinen
2 Teelöffel brauner Zucker
Salz, frisch gemahlener Pfeffer
Geriebene Zitronenschale (nach Wunsch)

Den Backofen auf 220° C vorheizen. Das Hackfleisch mit Fett, Rosinen, braunem Zucker, Salz und Pfeffer vermengen.

Den Teig recht dünn ausrollen und in 6 große Quadrate oder Kreise und 6 etwas kleinere zerschneiden. Einen gehäuften Löffel Füllung in die Mitte jedes größeren Teigstückes setzen. Den Teig zu einem Topf mit hohen Rändern formen. Mit dem kleineren Teigstück bedecken, die Kanten mit Wasser anfeuchten und zum Verschließen zusammenpressen. 30 Minuten backen. Diese Pasteten werden warm gegessen.

Die kleinen Pézenas-Kuchen werden genauso zubereitet, nur wird noch etwas geriebene Zitronenschale zur Füllung gemischt. Die Form des Gebäcks ist jedoch anders: die Zutaten werden in einen Teigbeutel eingeschlossen.

Für 6 Personen – Abbildung Seite 198

SOUPE A LA CITROUILLE *Kürbissuppe*

Diese Suppe ist die Spezialität eines Lauragais genannten Gebietes auf halber Strecke zwischen Albi und Toulouse. Dieses Rezept wurde der »Cuisine of the Languedoc« entnommen – Teil einer vierbändigen Abhandlung von Philip und Mary Hyman.

250 g getrocknete weiße Bohnen, über Nacht in Wasser eingeweicht und abgegossen
1 gepökelte Schweinshachse, über Nacht in Wasser eingeweicht
2 Zwiebeln in dünnen Ringen
1 Bouquet garni (s. Anhang) mit 10 schwarzen Pfefferkörnern
1½ kg frischer Kürbis, geschält und in große Stücke geschnitten
2 kleine Kartoffeln, geschält und in Scheiben
100 g zu einer Paste zerkleinerter Schweinespeck
3 Knoblauchzehen
½ l Milch
Salz, frisch gemahlener Pfeffer
Geröstete Brotkrusten

Die Bohnen mit 6 Tassen Wasser, der Schweinshachse, den Zwiebeln und dem Bouquet garni in einen Topf geben. Aufkochen und 1 Stunde kochen lassen. Kürbis, Kartoffeln, zerkleinerten Speck und Knoblauch zugeben und 1 Stunde kochen lassen.

Kurz vor dem Servieren das Bouquet garni herausnehmen. Die Hachse herausnehmen und das Fleisch vom Knochen lösen. In kleine Stücke schneiden, in die Suppe zurückgeben und die Milch zugießen. Aufkochen, mit Salz und Pfeffer würzen und mit gerösteten Brotkrusten servieren.

Für 6 Personen

BROUILLADE AUX CHAMPIGNONS *Rühreier mit Pilzen*

350 g frische Waldpilze wie Maronenröhrlinge, Steinpilze, Stockschwämmchen, Pfifferlinge oder Rotkappen (s. Anmerkung)
2 bis 3 Eßlöffel Gänseschmalz oder mit Öl vermischte Butter
1 bis 2 feingehackte Knoblauchzehen
1 Handvoll feingehackte Petersilie
Salz, frisch gemahlener Pfeffer
10 Eier

Die Pilze säubern, größere in Scheiben schneiden, kleinere ganz lassen. Das Gänseschmalz in einer schweren Pfanne erhitzen und die Pilze braten, bis sie ihre Flüssigkeit verloren haben und diese verdampft ist. Mit Salz und Pfeffer würzen und Knoblauch und Petersilie zugeben.

Die Pfanne zudecken, während man in einer Schüssel die Eier schlägt, den Deckel heben und die Eier über die Pilze gießen. Auflockern und umrühren, die Eier flüssig halten. Sofort mit Salz und Pfeffer servieren.

Anmerkung: Wenn man keine frischen Waldpilze bekommt, kann man zu den Zuchtpilzen ein paar getrocknete Steinpilze geben, die 30 Minuten in warmem Wasser eingeweicht wurden, um das Aroma zu verbessern. Alternativ dazu kann man Steinpilz- oder Pfifferling-Konserven verwenden, dann sind die Pilze vor der Verwendung gründlich abzugießen.

Für 4 Personen – Abbildung rechte Seite

CASSOULET DE TOULOUSE *Bohneneintopf*

FÜR DIE BOHNEN

700 g getrocknete weiße Bohnen, über Nacht in Wasser eingeweicht und abgegossen
300 g gepökelter Rippenspeer oder Schweinebauch, über Nacht in Wasser eingelegt
250 g frische Schweineschwarte, zu einer Rolle gebunden und 1 Minute gekocht
2 geschälte Möhren
1 Zwiebel, gespickt mit einer Nelke
2 mittelgroße Tomaten, geschält und zerkleinert
1 Bouquet garni (s. Anhang)
2 gepreßte Knoblauchzehen

FÜR DAS FLEISCH

1 Eßlöffel zerlassenes Gänseschmalz
Etwa 400 g Lammschulter ohne Knochen in Würfel geschnitten
2 gehackte Zwiebeln
3 Knoblauchzehen, 2 davon gehackt
2 Tomaten, entkernt und gehackt
Salz, frisch gemahlener Pfeffer
1 kleines Bouquet garni (s. Anhang)
1 15 bis 10 cm langes Stück Toulouse-Wurst (rohe Schweinswurst) in 6 bis 8 Stücke geschnitten
Schweineschmalz (zum Braten)
6 bis 8 dicke Scheiben Knoblauchwurst
2 Stücke eingelegte Gans oder Ente *(Confit)* von etwa 450 g
160 g getrocknete Brotkrumen

Die Bohnen mit den anderen Bohnenzutaten und 2 l Wasser in einen großen Topf geben und kochen, bis die Bohnen weich sind (1½ bis 2 Stunden).

In der Zwischenzeit das Fleisch zubereiten: Das Gänseschmalz in einer großen Pfanne erhitzen, das Lamm hineingeben und auf mäßiger Hitze bräunen. Zwiebeln und gehacktes Knoblauch zugeben und leicht bräunen, dann genug Flüssigkeit aus dem Bohnentopf zugießen, um das Fleisch gerade zu bedecken. Tomaten, Salz, Pfeffer und ein kleines Bouquet garni zugeben. Zudecken und 1½ Stunden langsam kochen lassen. Die Toulouse-Wurst in etwas Schweineschmalz anbraten und mit der Knoblauchwurst in den Lammtopf geben und 10 Minuten kochen.

Den Backofen auf 180° C vorheizen. Das Bouquet garni, die ganzen Möhren und die Zwiebel aus dem Bohnentopf nehmen. Das Fleisch und die Schwarte aus dem Bohnentopf nehmen und in große Stücke schneiden. Die Innenseite eines großen Tontopfes mit der Knoblauchzehe abreiben und die Hälfte der Bohnen in diesen Topf füllen. Alles Fleisch (einschließlich des Lamms und der eingelegten Gans) zugeben und mit den restlichen Bohnen bedekken. Das *Cassoulet* auf dem Herd aufkochen, dann dünn mit Brotkrumen bestreuen.

Den Topf in den Ofen stellen und 1½ Stunden backen; die sich bildende Kruste etwa alle 15 Minuten zerbrechen und unterziehen, dann mehr Brotkrumen aufstreuen, so daß man insgesamt 5 bis 7 Krusten bricht und unterzieht; die letzte Kruste vor dem Servieren bräunen lassen.

Für 8 bis 10 Personen – Abbildungen Seite 195 und rechte Seite

MORUE A LA MINERVOISE *Stockfisch mit Oliven und Sardellen*

1 kg Stockfisch, in kaltem Wasser gespült und eingeweicht, das während 24 Stunden etwa alle 6 Stunden gewechselt werden sollte
3 Eßlöffel Olivenöl
50 g kleine schwarze Oliven, entkernt
3 Sardellenfilets
2 Zweige frischer Thymian
2 Zweige Petersilie

FÜR DIE SAUCE
1 gehackte Zwiebel
2 Eßlöffel Olivenöl
1 gehäufter Eßlöffel Mehl
1 gepreßte Knoblauchzehe
¼ l starker Rotwein (im Languedoc sollte man *Minervois* verwenden)
Salz, frisch gemahlener Pfeffer

Zunächst die Sauce zubereiten: Die Zwiebel in Olivenöl leicht anbräunen. Mit Mehl bestäuben, Knoblauch zugeben und nach und nach den Wein und eine Tasse Wasser zugießen, gut verrühren. Würzen und 45 Minuten köcheln lassen.

Den Stockfisch abgießen und trocknen und in große Würfel schneiden. Das Öl in einer Pfanne erhitzen und den Fisch golden braten, aber nicht bräunen. Mit der Sauce bedecken und die Oliven zugeben. 20 Minuten köcheln lassen. Die Sardellen hacken und zum Fisch geben. Mit Thymian und Petersilie bestreuen und mit gekochten Kartoffeln oder Maismehl-Klößen servieren.

Für 6 Personen

Sica Foncalieu
A BOIRE FRAIS
CORBIÈRES

FOIE DE PORC SALE *Eingesalzene und getrocknete Schweineleber*

Dies ist eine der interessantesten Zubereitungsmethoden für Schweineleber, die man in Frankreich finden kann; sie ist recht einfach und erfordert lediglich Geduld und einen gut belüfteten Platz (Küche oder Vorratsraum).

1 ganze Schweineleber (1 kg), die getrocknet etwa 500 g wiegen wird
Grobes Salz
Frisch gemahlener Pfeffer

Eine Schicht grobes Salz in eine Glas- oder Steingutschüssel streuen, die groß genug ist, um die Leber aufzunehmen. Die Leber auf das Salz legen und mit Salz vollständig bedecken. 18 Tage ruhen lassen, die Leber aus dem Salz nehmen und in kaltem Wasser abwaschen.

Die Leber in eine große Schüssel legen, mit kaltem Wasser aufgießen und 24 Stunden wässern; das Wasser ein- oder zweimal wechseln. Abgießen und die Leber mit einem sauberen Tuch trocknen. Reichlich mit frisch gemahlenem Pfeffer würzen. Auf ein sauberes Tuch legen und darin wurstförmig einrollen. Das Tuch mit Kordel fest umwickeln und die Enden so dicht bei der Leber wie möglich zubinden. Die Leber zum Trocknen mindestens eine Woche an einem gut belüfteten Platz oder draußen im Schatten aufhängen, bevor man sie auswickelt und zubereitet.

Um sie als Salat zu servieren, die Leber in Scheiben schneiden und in Olivenöl scharf anbraten. Mit Radieschenscheiben, hartgekochten Eiern und Artischockenherzen vermengen. Die Pfanne mit ein paar Tropfen Weinessig ablöschen und über den Salat träufeln. Je nach Geschmack Olivenöl zugeben.

Für 6 bis 8 Personen – Abbildung rechte Seite

GIGOT DE PALAVAS *Steinbutt-Gigot*

1 großes Stück Steinbutt oder Seehecht, geputzt und ausgenommen (1 kg)
60 ml Olivenöl
3 kleingehackte Zwiebeln
3 grüne Paprika, entkernt und in Streifen geschnitten
250 g Auberginen in Streifen
10 Knoblauchzehen
500 g Tomaten, entkernt und geviertelt
Salz, frisch gemahlener Pfeffer
250 g Zucchini in Scheiben

Den Backofen auf 180° C vorheizen. In einer ofenfesten Schüssel das Öl erhitzen und die Zwiebeln golden braten. Die Paprikastreifen zugeben und schmoren, bis sie weich sind. Die Auberginenscheiben zugeben. 3 Knoblauchzehen pressen und mit den Tomaten zugeben. Mit Salz und Pfeffer würzen und auf geringer Hitze schmoren, ohne umzurühren, so daß das Gemüse leicht einkocht. Die Zucchini zugeben und 20 bis 25 Minuten leicht schmoren. Den Steinbutt mit Knoblauchscheiben spicken (wie eine Lammkeule) und auf der Gemüseschicht plazieren; mit Salz und Pfeffer nachwürzen.

In den Backofen schieben, den Fisch regelmäßig wenden, so daß er gleichmäßig gart. Mit den Gemüsesäften begießen und garbacken (20 bis 25 Minuten; bei der Prüfung mit einer Gabel sollte der Fisch sich in Schichten heben und nicht mehr durchscheinend sein). In derselben Schüssel servieren, in der der Fisch gebacken wurde.

Für 6 Personen – Abbildung Seite 200

CREME D'HOMERE *Wein-Honig-Creme*

⅓ l süßer Weißwein
150 g heller Honig
6 Eier
1 Prise gemahlener Zimt
1 Streifen Zitronenschale
Zucker (zum Karamelisieren)

Den Backofen auf 150° C vorheizen. Den Wein mit dem Honig, dem Zimt und der Zitronenschale in einen Topf geben und langsam bis zum Siedepunkt erhitzen. Wenn der Honig sich vollständig aufgelöst hat, beiseite stellen und ein wenig abkühlen lassen, während man die Eier schlägt.

Die Flüssigkeit langsam zu dem Eischaum gießen, ständig schlagen. Wenn man 1 oder 2 Eiweiß wegläßt, wird die Konsistenz cremiger und leichter.

Eine große oder mehrere kleine Formen mit Karamel ausfüttern: dazu die Form mit Zucker bestreuen und im Ofen bei geringer Temperatur erhitzen, bis der Zucker braun wird und Blasen wirft. Die Ofentemperatur auf 160° C steigern. Die Formen mit der Ei-Honig-Mischung füllen, kleinere Formen 30 Minuten, eine große ein wenig länger backen lassen.

Abkühlen lassen, stürzen und servieren. Die Creme paßt zu trockenen Kuchen wie den *Croquets* von Limoges.

Für 6 Personen – Abbildung Seite 208

PAYS BASQUE

Baskenland

In Ainhao, einem würdigen baskischen Dorf, in dem das 20. Jahrhundert durch eine Tankstelle und kaum mehr repräsentiert wird, verhüllt der Abendnebel die Berggipfel. Im Gasthof wird man herrlich willkommen geheißen und es wird ein angemessen frühes Abendessen serviert (die frische Luft der Atlantikbrisen beschleunigt den Appetit). Die Inspektion der Speisekarte jedoch zeigt, daß die einheimischen Spezialitäten nicht sehr zahlreich sind. Wenn man erst einmal ein paar baskische Suppen, eine *Pipérade* (ein Rührei-Gericht mit Knoblauch, Zwiebeln, Pfeffer und etwas *Jambon de Bayonne*), Hühnchen oder frischen Thunfisch *à la basquaise*, ein wenig vom Brot der Gegend, ebenfalls mit *Jambon de Bayonne* und mit baskischer *Charcuterie*, und eine gute Portion *Gâteau basque* gegessen hat, bleiben nicht besonders viele baskische Speisen zum Probieren übrig, es sei denn, man findet Zutritt zu Bauernhäusern, kann sich verständlich machen und einige der seltsam klingenden Bauerngerichte wie *Etchke Biskoxa* oder *Arrouchquilla* kosten.

Doch es lohnt durchaus, die baskische Küche zu entdecken. Obwohl der Spielraum klein ist, sind alle Zutaten harmonisch und natürlich. Der Geschmack der Forellen aus den kleinen Flüssen, des Salms der Adour (einer der wenigen französischen Flüsse, die noch Salm führen), von Hammel, Lamm und Gemüse wird durch die Zubereitung unterstrichen. Hinzu kommt die herrliche Landschaft mit malerischen Orten, was das Eßvergnügen erheblich steigert.

Die Frage, wer die Basken sind und wie sie dazu kamen, so lange in dieser Region zu bleiben, stellt sich eher auf der französischen als auf der spanischen Seite der Grenze, zum Beispiel beim Besuch in den Buchhandlungen. Das Essen und die Küche der baskischen Bevölkerung in Spanien sind Thema nicht nur einiger, sondern vieler Bücher; dazu gehört ein ganzer Band der »Enciclopedia Vasca«, auf 550 Seiten kulinarisches Wissen und gastronomische Feinheiten (sieben verschiedene Rezepte für *Piperrada* – das spanische Wort für *Pipérade*) mit

Das zwischen den Pyrenäen und dem Golf von Biskaya eingebettete Baskenland im Südwesten Frankreichs ist seit Jahrhunderten die Heimat von Bauern, Jägern und Fischern. Das Weideland um Saint-Maur par Mirande (vorige Doppelseite) ist karg und abweisend; der malerische Hafen von Saint-Jean-de-Luz (oben) öffnet sich in die trügerischen Wasser der Biskaya.

Die Basken haben aus den Erzeugnissen ihrer Region eine vielfältige und persönliche Kochkunst entwickelt; zum Besten davon gehören (rechte Seite): blaurückige Sichar-*Fische und gepunktete* vivis *(im Vordergrund), Garnelen und kleine, silberne Sardellen; und (im Korb) zwei Kiebitze und eine Drossel, die in den Bergen ins Netz gingen.*

Der Salm zieht zur Laichzeit den Ardour hinauf und wird, wenn er frisch gefangen ist, einfach zubereitet (links): Zum Saumon grillé *mariniert Küchenchef Rouzard vom Restaurant* CARAVELLE *bei Tarbes dicke Salm-Steaks in Olivenöl, dann grillt er sie kurz und wendet jedes Steak sorgfältig, was ein Kreuzmuster hinterläßt. Er vollendet das Gericht (rechte Seite), indem er den Salm auf einer Unterlage aus Fenchel, Lorbeer und Thymian grillt.*

vielen bezaubernden, farbenfrohen Bildern baskischer Feste.

Über den französischen Teil des Baskenlandes findet man nichts Vergleichbares. Tatsächlich scheint niemand ausschließlich die Kochkunst dieser Region zu behandeln. Ein Buch verbindet sie mit Béarn, ein anderes mit den Landes und der Gascogne, ein drittes mit dem Südwesten Frankreichs. Das liegt offenbar daran, daß die Basken in Spanien weit zahlreicher sind und ein weit größeres Gebiet bewohnen als in Frankreich.

Die Küstenregion des Baskenlandes hat sich, insbesondere als Resultat der jährlichen Urlauberflut fast bis zur Unkenntlichkeit verändert; doch nur wenige Kilometer ins Land hinein zu fahren, bedeutet, in eine Welt zurückzukehren, die sich seit dem Mittelalter kaum verändert hat. Zu wenig, sagen jene Basken, die empfinden, daß ihre Ecke Frankreichs bei der wirtschaftlichen Planung unfairerweise vernachlässigt wurde.

Andererseits ist verständlich, daß die Beamten in Paris, die über dieses kleine, baskisch sprechende Gebiet nachdachten und über die Entschlossenheit und die Bemühungen der Basken, ihre Sozialstruktur, ihr Grundbesitz-System, ihre Sprache (obwohl sie keinen offiziellen Status besitzt) und Gewohnheiten zu bewahren, zögerten, eine scheinbar unabänderliche Struktur umzuformen. Eine Untersuchung der natürlichen Schätze des Baskenlandes – im landwirtschaftlichen Sinne – konnte ihr Zögern nur bekräftigen.

Das Rohmaterial, das baskischen Köchen zur Verfügung steht, ist heute ebenso begrenzt wie vor Jahrhunderten; und als Ergebnis der baskischen kulturellen Tradition fahren sie fort, mit diesem beschränkten Vorrat an Erzeugnissen in überlieferter Art und Weise zu kochen.

Das Baskenland umschließt in seinen engen Grenzen sehr verschiedene Landschaftstypen. Zunächst gibt es da den Küstenstreifen von der spanischen Grenze bis südlich von Bayonne. (Bayonne ist übrigens die Hauptstadt des Baskenlandes, obwohl es außerhalb der Sprachgrenze liegt.) Dieser Küstenstreifen hat Zugang zu den Reichtümern des Atlantik, oder genauer: zu denen der Biskaya. Dann gibt es Bergtäler, deren kleine Flüsse ausgezeichnete Forellen führen und die für den Anbau von Gemüse und der langen, dünnen und mäßig pikanten Paprikaschoten, die in so vielen baskischen Gerichten erscheinen, Platz bieten. Darüber hinaus können in den noch teilweise bewaldeten Bergen, Schafe und Schweine unter idealen Bedingungen umherziehen.

Und schließlich gibt es einige kleine Ebenen wie die um Saint-Palais, wo Landwirtschaft betrieben wird und wo man 15 Kilometer weit durch Maisfelder fahren kann, da dieses Getreide unter den lokalen klimatischen Bedingungen bestens gedeiht.

Betrachten wir nun das Meer und seine Nahrung. Saint-Jean-de-Luz, der Hauptfischereihafen, spezialisiert sich auf den Thunfischfang. Die Einwohner scheinen eine althergebrachte Vorliebe für große Fische wie Thunfische und Wale zu haben. Doch fischen sie auch in den Küstengewässern nach Sardellen und Sardinen. Ein Großteil ihres Fangs ist für die Konservenfabriken bestimmt, die sie auf Kooperative-Basis aufgebaut haben. Den Thunfisch, der an der baskischen Küste in großen Mengen gefangen wird, serviert man meist *à la basquaise*, ein sehr schmackhaftes Gericht, das man überall zwischen Saint-Jean-de-Luz und Biarritz probieren kann.

Der Ausdruck *à la basquaise* scheint in keinem der frühen französischen Kochbücher gebraucht zu werden. Er wird weder bei Gouffé noch bei Urban-Dubois erwähnt. Selbst »La Grande Cuisine Illustrée« von Salles und Montagné (deren erste Ausgaben um die Jahrhundertwende datieren) enthält sich jeder Erwähnung des Pays Basque. Tatsächlich scheinen der Ausdruck und die Region erstmals mit der Publikation von Austin de Crozes' »Plats Régionaux de France« (1928) auf der gastronomischen Landkarte aufgetaucht zu sein, obwohl die baskischen Traditionen so stark sind, daß man annehmen darf, daß schon seit Jahrhunderten Gerichte *à la basquaise* zubereitet wurden. Was also bedeutet diese Bezeichnung? Ein Gericht, in einer dicken Sauce gekocht oder von ihr bedeckt, deren Farbskala von grau-orange bis zu einem leuchtenden Rot reicht und deren Hauptbestandteile Tomaten und scharfe rote Paprikaschoten aus dem Baskenland sind. Diese Paprikaschoten werden in verschiedenen Teilen der Region, vor allem aber in Espelette angebaut, einem größeren baskischen Dorf, das sich rühmen darf, für eine der verbreitetsten Postkarten dieser Gegend verantwortlich zu zeichnen: sie zeigt ein typisch baskisches Haus im Dorf, das mit Girlanden der zum Trocknen in die Sonne gehängten roten Paprikaschoten geschmückt ist. Überall in der Region kann man Plastik-Duftkissen mit grob gemahlenen oder zerstoßenen roten Paprika kaufen.

Die Baskischen Fischer sind Urheber eines der bekanntesten französisch-baskischen Gerichte: der *Ttoro* oder auf der spanischen Seite der Grenze *Tioro* genannten Suppe. In ihrer einfachsten Form wird diese Suppe mit Kräutern, Brot, Olivenöl und dem Kochwasser von Stockfisch (*Morue*, nicht zu verwechseln mit *Cabillaud* oder frischem Kabeljau) zubereitet; und Stockfisch ist oder war etwas für alle, nicht nur für die Fischer. Doch gewöhnlich enthält die Suppe auch Fisch, zum Beispiel Meeraal oder Meerteufel; und wie bei der *Bouillabaisse* war ihr Ursprung die Zubereitung einer Mahlzeit aus Resten des Tagesfanges.

Ttoro *(linke Seite) ist die baskische Version der* Bouillabaisse. *Im Hotel* BAKEA *in Biriatou an der spanischen Grenze bereitet Küchenchef François Bakea ein scharfes* Fumet *aus Tomaten und Chilis mit Muscheln, Langustinen und verschiedenen Arten Fisch zu.*

Im Baskenland, wo man nie weit von den Bergen oder vom Meer entfernt ist, kann die Beute eines Tages Fisch oder Wild sein oder beides, wie Salm und Schnepfe (oben). In der Mitte das unvermeidliche Bouquet garni, *hier mit Lorbeerblättern, Petersilie, Thymian und Lauchzwiebeln.*

Alevins d'anguilles, *ein ungewöhnliches Gericht aus jungen Aalen (rechts unten), wird bei* PABLO *in Saint-Jean-de-Luz serviert.*

Durch die Anreicherung mit mittlerweile teuren Zutaten wie Langustinen, Garnelen oder Austern wurde sie zum Mahl für Gourmets. Die im Baskenland überraschend zahlreichen Ein-Stern-Restaurants verlangen, daß man *Ttoro* 48 Stunden vorher bestellen muß, eine Forderung, die viel über die Zubereitung dieser ›einfachen Fischermahlzeit‹ aussagt.

Ein anderes, vielleicht interessanteres Gericht ist die *Soupe de poissons à la Biarrotte,* deren Basis *›Poissons maigres‹* sind, d. h. Fische, die nur zur Suppe taugen, und die das für den ganzen Südwesten Frankreichs typische Gänseschmalz wie auch reichlich Sauerampfer und Kopfsalat erfordern. Die Suppe ist gut, wie auch das spanisch-baskische *Marmitako,* dessen Hauptzutaten Kartoffeln und Blaufisch sind, der in Nordspanien hochgeschätzt wird. Ein echtes Fischgericht!

Jambon de Bayonne *(rechte Seite) ist eines der bekanntesten Erzeugnisse des Baskenlandes. Die Schinken werden in eine saure Marinade mit Wein eingelegt und dürfen leicht geräuchert werden. Trotz ihres Namens stammen sie aus Orthez, und die Hersteller haben sich zusammengeschlossen, um den unverfälschten Konservierungsprozeß zu schützen.*

Eine Bauersfrau (unten) sammelt frisches Heu für ihre Ziegen und Kaninchen.

Der ›Fortschritt‹ schien die Zukunft von Saint-Jean-de-Luz zu bedrohen, da der bezaubernde kleine Hafen, der als Zuflucht für die hübsch bemalten und relativ kleinen Fangboote der baskischen Fischer durchaus geeignet ist, die heutzutage gebräuchlichen größeren Schiffe nicht aufnehmen kann, die daher ihren Fang in Bayonne oder sogar in Spanien löschen müssen. Doch ein anderer Aspekt des Fortschritts, die verbesserten Straßen, hat dafür gesorgt, daß derselbe Fang schnell zu den Konservenmaschinen von Saint-Jean-de-Luz transportiert werden kann, so daß es scheint, als ob die Konservenfabrik bis in ferne Zukunft weiterarbeiten kann. Auch müßte die Küstenfischerei ausreichen, um die Existenz der Stadt als malerischer und aktiver Fischereihafen zu garantieren.

Doch verlassen wir die Fischer und betrachten das baskische Schwein und den berühmten *Jambon de Bayonne.* Dies ist mit *Sel de Bayonne* (das aus unterirdischen Quellen zwischen Mouguerre und Briscous kommt) gesalzener und mit den ortsüblichen roten Paprikaschoten abgeriebener Schinken. Er kann roh in sehr dünnen Scheiben – wie Parmaschinken – gegessen oder gewürfelt und zum Kochen verwendet werden. In vielen Gerichten, zum Beispiel bei gebratener Forelle, fungiert er als Teil der Garnierung. Seine Qualität ist bis weit über die Grenzen Frankreichs bekannt. Die Nachfrage ist im Verhältnis zum Schweinevorrat der Region so groß, daß etwa 90 Prozent der Schinken aus anderen Gegenden ›importiert‹ werden, um hier zubereitet zu werden. Leider kann das Baskenland nicht ohne weiteres mehr Schweine ernähren, denn jene Tiere, die sich auf den waldigen Hügeln ihre Nahrung suchen, haben besonders wohlschmeckendes Fleisch. Wie die meisten Regionen Frankreichs besitzt das Baskenland seine eigene *Charcuterie.* Eine besondere Delikatesse ist Blutwurst mit kleinen, darin eingeschlossenen Schweinezungen. In Scheiben geschnitten sieht sie aus wie ein rundes, schwarzes Gesicht, aus dem zwei rosa Augen schauen.

Die Ausläufer der Pyrenäen mit ihrer Schweinezucht sind eine ländliche Region, in der nur wenige Städte, aber um so mehr Dörfer liegen, und sogar einige große. Diese Dörfer sind sehenswert und eindrucksvoll: große Häuser in einem Baustil, der sich über die Jahrhunderte kaum verändert hat, ein Gespür für Würde und Tradition. An den meisten Häusern nennt ein steinerner Türbalken oder Fenstersturz den Namen des Erbauers und das Datum der Errichtung. Zu jedem Haus gehört etwas zu Haushaltszwecken bebautes Land; und jedes Dorf besitzt größere Mengen Land für die Kommune. Grundbesitz wird beim Tod des Besitzers nicht unter

1964
Madiran

die Nachkommenschaft aufgeteilt, sondern geht unangetastet auf den Haupterben über. Dadurch behalten die Anwesen ihre ursprüngliche Größe. Dieses System veranlaßt Kinder, die nicht erben, auszuwandern; Tausende von Basken haben ihr Land verlassen oder sich in den Dienst der Kirche begeben.

Wenn Sie das Baskische Museum in Bayonne besuchen und den Wächter überreden, die Glasvitrine mit Publikationen aufzuschließen und Ihnen ein verblaßtes Pamphlet mit dem Titel »Usoak et Panthières en Pays Basque« herauszunehmen, werden Sie sich über das rätselhafte Umschlagbild wundern. Da steht ein Mann mit Baskenmütze breitbeinig auf einer leicht getarnten Plattform hoch über der Landschaft. Er scheint im Begriff zu sein, eine weiße Scheibe in die Luft zu schleudern. Im Büchlein steht die Erklärung: er ist tatsächlich dabei, eine weiße Scheibe emporzuschleudern; und sein Ziel ist ein Schwarm Ringeltauben auf ihrem jährlichen Zug gen Süden.

Es wird erzählt, daß vor vielen hundert Jahren ein junger Mönch, der sich die Zeit damit vertrieb, flache weiße Steine in die Luft zu werfen, bemerkte, daß sich die Tauben, wenn sich ein Stein auf einen Schwarm zu bewegte, fast bis zum Boden fallen ließen, wobei sie unter dem falschen Eindruck, sie würden von einem in charakteristischer Weise von unten angreifenden Sperber attackiert, mit den Flügeln schlugen. Sehr schnell begriff der Mönch, daß unten im Tal postierte Helfer mit Netzen viele der Vögel einfangen könnten, und so wurde der baskische Gemeinschaftssport der Taubenjagd erfunden.

Seit damals haben Jäger und Vögel dieselben Verhaltensmuster beibehalten. Obwohl die Zahl der Zugvögel abzunehmen scheint, ist es im Herbst noch möglich, in den baskischen Dörfern ein gutes *Salmis de palombes* zu bekommen. Die Tauben werden geviertelt und in heißem Olivenöl gebräunt. Kleine Zwiebeln und gewürfelter *Jambon de Bayonne* werden kurz angeröstet und beiseite gestellt. In der Pfanne wird eine Mehlschwitze zubereitet, mit einem Glas rotem Bordeaux abgelöscht und mit einem Viertelliter Bouillon aufgegossen. Die Tau-

M. Justin Daréet aus Saint-Maur par Mirande (linke Seite) zieht das meiste, was er ißt, selbst und ist nie ohne seine Baskenmütze zu sehen.

Die Foie de canard aux pommes *(rechts oben) wird auf kleiner Flamme in Portwein gekocht. Noch rosa wird sie in Scheiben geschnitten (rechts unten) und mit Bratapfelscheiben auf Toast serviert.*

Œufs Grand-père Rouzard *(oben) ist ein einfaches, aber elegantes Gericht, für das ein Ei in* Sauce Périgueux *oder in Trüffelsauce pochiert und mit der Sauce auf gebratener* Foie de canard escalopé *serviert wird. M. Rouzard vom* CARAVELLE *bei Tarbes benannte dieses Gericht nach seinem Vater, der ihm das Rezept gab.*

Rechte Seite: Eine Scheibe von Rouzards Dodine de foie de canard à l'Armagnac, *eine Entenleberpastete, die in Armagnac getunkt und mit etwas Brunnenkresse serviert wird.*

benstücke, die Zwiebeln und der Schinken einschließlich der Schwartenstücke werden in die Sauce gelegt und anderthalb Stunden auf kleiner Flamme geschmort. Die Taubenstücke werden mit viel Sauce auf in einer Öl-Butter-Mischung gerösteten Brotscheiben serviert.

Dies wäre eine gute Mahlzeit, um sie an einem kühlen Abend am Feuer sitzend zu genießen – auf einem Möbelstück, das ebenfalls im Baskischen Museum zu sehen ist: eine hochlehnige Holzbank für zwei; doch ein Brett läßt sich an einer Hälfte so herunterklappen, daß es die Bank zu einem Sitz für eine Person mit einem Tisch in Ellbogenhöhe verwandelt. Das andere einfallsreiche Stück baskischer Wohnkultur im Museum ist ein vorzüglicher Küchen-Eßtisch, der eine immense Schublade birgt. Warum so groß? Dies war die Speisekammer, erklärt der Führer. Mit diesem Meisterstück des Design wurde jegliches Hin- und Herlaufen zwischen Tisch und Vorratskammer vermieden.

Ein weiteres Büchlein im Baskischen Museum erzählt die merkwürdige Geschichte der Schokoladenmacher von Bayonne. Die Erklärung, warum Bayonne sich einen Namen als Quelle feinster *Chocolaterie* machte, wie auch für viele kleinere gastronomische Rätsel, reicht mehrere Jahrhunderte zurück, bis in die Zeit, als die Schokolade zum ersten Mal aus der Neuen Welt nach Spanien kam. Unter denen, die zuerst mit dem neuen Produkt arbeiteten, waren spanische Juden, die nach der Verfolgung in Spanien und dann in Portugal im Südwesten Frankreichs eintrafen, wohin sie Handelsbeziehungen unterhielten. Seit dem frühen 17. Jahrhundert machten sie in der Bayonner Gegend Schokolade. Zuerst konnten sie nur für die französischen *Chocolatiers* arbeiten; doch nach der Französischen Revolution hatten ihre Bemühungen, sich als selbständige Schokoladenmacher zu etablieren, Erfolg. Im 18. Jahrhundert wurde Schokolade in Frankreich sehr beliebt, und das fundiertere Wissen um die Qualitäten der verschiedenen Sorten von Kakaobohnen und die Verarbeitungstechniken kam den Bayonnern sehr zustatten. Die Reputation solcher Häuser wie Biraben, das bis heute überlebt hat, wuchs schnell.

Eine amüsante Anekdote illustriert den Ruf der Bayonner Schokolade: Als zu Ende des Karlistenkrieges 1876 die besiegte Karlisten-Armee sich durch das Baskenland zurückschlug, gab es in Bayonne einigen Tumult. Einer der führenden *Chocolatiers* ließ seinen Laden in der Obhut eines jungen Angestellten, während er selbst hinausging, um den Aufruhr zu betrachten. In den Laden stürmte bald ein Adliger der karlistischen Armee. Selbstverständlich wollte er Schokolade aus Bayonne mitnehmen. Er raffte einen Beutel voll Schokoladenriegel aus dem Schaufenster zusammen, warf dem Jüngling vier *Douros* hin und galoppierte davon. Als der Inhaber später zurückkam, sah er zu seinem Erstaunen, daß all seine hölzernen Schokoladenattrappen verschwunden waren.

Die andere Schokoladengeschichte aus dem Baskenland spielt im 2. Weltkrieg: Zucker war in Frankreich sehr knapp, und die *Chocolatiers* waren genötigt, Ersatz zu verwenden. Alle, bis auf einen: Polit aus Arnéguy. Dieser glückliche Mann hatte seine Fabrik auf dem spanischen Ufer der Nive, wo sie die Grenze zu Frankreich bildet, und seinen Laden auf dem französischen Ufer. Beide waren durch einen Steg verbunden. Er verarbeitete spanischen Zucker

Pétite tarte aux pommes à la crème *(linke Seite) wird nach Michel Guérards Rezept zubereitet.*

Tarte à l'orange *(rechts) ist ein beliebtes Rezept im Restaurant* CARAVELLE *bei Tarbes.*

*Zur Auswahl von Nougat-*Tourons *(oben) gehören Mischungen mit Kaffee und Vanille (zuoberst), Pistazien (Mitte) und Früchten (Vordergrund).*

in seiner Schokolade und machte enorme Gewinne. Er hätte seine Produktion noch wesentlich steigern müssen, um der Nachfrage gerecht zu werden.

Weitere Beweise, daß die Basken Süßes lieben, gibt es in Fülle. Die augenfälligsten Stücke in baskischen Süßwarenläden sind die farbenfrohen *Touron*-Auslagen, wie man das berühmte Nougat aus Spanien nennt (in Spanien *Torron*). Das Nougat hat die Form langer, flacher Laibe, die angeschnitten werden, um die verschiedensten Muster im Inneren zu zeigen. Weiß, Grün und Braun sind die wichtigsten (aber nicht die einzigen) Farben. Ein Geschäft führt 18 verschiedene Versionen, deren vielleicht delikateste das Pistazien-Nougat ist. Eine Untersuchung der Mustervielfalt läßt vermuten, daß die Nougat-Hersteller in zwei Schulen zerfallen: die Proto-Iberier, die sich auf an bestimmte Höhlenmalereien erinnernde Spiralformen spezialisieren, und die Modernisten, die witzige kleine Farbrechtecke einfügen. Doch visuelle Genüsse dieser Art sind, obwohl sie dem baskischen Temperament durchaus entsprechen, kein Wesenszug der Süßigkeiten. Die Makronen aus Saint-Jean-de-Luz sind äußerlich enttäuschend normal, doch sie gehören zu den besten, die man irgendwo finden kann.

Auch eine andere baskische Spezialität ist von unscheinbarem Äußeren: der *Gâteau basque*, ein wohlschmeckendes, flaches Gebäck. Die Zutaten sind einfach: Mehl, Eier, Zucker, Butter, Milch und ein wenig geriebene Zitronenschale. Einige geben Rum dazu. Mit oder ohne Rum: der Kuchen ist sehr gut. Das gleiche gilt für das baskische Kürbisbrot, das den Einfluß der Kost der Neuen Welt auf diese alte Gesellschaft symbolisiert, da es sowohl Maismehl als auch Kürbis erfordert, und möglichst etwas Rum von den Westindischen Inseln. Es ist ein süßliches Brot, das sehr gut zu frischem Obst paßt. Diese Geschmackskombination behält man gerne im Gedächtnis, wenn man das Land der Basken verläßt.

OMELETTE LA PIPERADE *Paprikaomelett*

Pipérade (siehe Rezept unten)
6 Eier
2 Eßlöffel gehackte Petersilie
Salz, frisch gemahlener Pfeffer
1 reichlicher Eßlöffel ausgelassenes Gänse- oder Schweineschmalz, 4 kleine Scheiben Schinken

Die Eier mit Petersilie in einer Schüssel aufschlagen und mit Salz und Pfeffer würzen. Das Fett in einer großen Pfanne erhitzen, wenn es heiß ist, die Eier hineingießen. Wenn sie beginnen, fest zu werden, die *Pipérade* zugeben und unter die Eier ziehen. Das Omelett falten, bevor es durchgebacken ist. Mit den in einer separaten Pfanne schön angebräunten Schinkenscheiben servieren.

Für 4 Personen

PIPERADE

4 große rote, gelbe und grüne Paprikaschoten
60 ml Olivenöl
1 große Zwiebel in Ringen
4 große Tomaten, geschält und in Stücke geschnitten
1 Knoblauchzehe in Scheiben
½ Chilischote
1 Lorbeerblatt
1 Zweig frischer Thymian
Salz

Die Paprika abziehen, indem man sie über offener Flamme röstet, bis die Haut sich abhebt und Blasen wirft. In einer Packpapiertüte 5 bis 6 Minuten dampfen lassen, die Haut dann abziehen, die Paprika entkernen und in Streifen schneiden.

Das Öl in einem schweren Topf erhitzen, darin die Zwiebeln rösten, bis sie weich sind. Die Paprikastreifen, Tomaten, Chilischote, Knoblauch, Lorbeerblatt und Thymian zugeben. Langsam schmoren, eine Zeitlang umrühren, dann den Topf schließen und 30 Minuten schmoren lassen, bis alle überschüssige Flüssigkeit verdunstet ist. Mit Salz abschmecken.

Für 4 Personen

MOULES AUX AMANDES
Muscheln mit Mandeln

2 kg Muscheln

FÜR DIE FÜLLUNG
1 Knoblauchzehe
2 Zweige gehackte Petersilie
50 g weiche Butter
30 g frische Weißbrotkrumen
2 oder 3 Eßlöffel Weißwein
100 g gemahlene Mandeln (oder feingehackte Mandeln)
Salz, frisch gemahlener Pfeffer

Die Füllung zubereiten: Knoblauch und Petersilie zusammen zerstoßen, dann die weiche Butter zugeben. Die Brotkrumen in Weißwein einweichen und ausdrücken, zur Knoblauchmischung geben. Die Mandeln damit vermengen und würzen, alles zu einer Paste verarbeiten.

Den Backofen auf 220° C vorheizen. Die Muscheln unter fließendem Wasser reinigen. In einen großen Topf mit Deckel legen und über kräftiger Hitze schwenken, bis sie sich geöffnet haben. Etwas abkühlen lassen und die oberen Schalen entfernen. Die Muscheln auf einen größeren oder zwei kleinere Teller plazieren und ein wenig Mandelmischung auf jede Muschel setzen. Die Muscheln 5 bis 6 Minuten überbacken.

Diese Muscheln werden brutzelnd heiß gegessen. Dazu trinkt man *Pousse rapière:* ein Glas mit Eis füllen, dazu eine Portion Armagnac und eine Orangenscheibe und mit moussierendem trockenen, sehr gut gekühlten Weißwein auffüllen.

Für 4 Personen – Abbildungen links und rechte Seite

SAUMON GRILLE *Gegrillter Salm*

4 dicke Scheiben frischer Salm, jede etwa 250 g
110 ml nicht zu starkes Olivenöl
Salz, frisch gemahlener Pfeffer
Öl (um das Papier zu fetten)
4 Lorbeerblätter
4 Zweige Petersilie
8 Zweige Fenchel
2 Zitronen

Den Salm etwa 1 Stunde in Olivenöl marinieren, ab und zu wenden. Er wird in zwei Abschnitten zubereitet: Zuerst den Salm abgießen und leicht braten, die Scheiben mehrmals umdrehen. Nicht zu lange braten, die Scheiben sollten gerade durch sein. Das Fleisch an den Gräten sollte rosa, nicht rot sein.

Den Backofen auf 200° C vorheizen. Für jede Scheibe Salm zwei Kreise Pergamentpapier (oder Aluminiumfolie) ausschneiden, einölen und auf je eine ein kleines Bund Kräuter plazieren. Den Salm darauf legen, gut würzen und mit dem zweiten Stück Papier bedecken; die Ränder nach oben biegen und verschließen. Im Papier 5 Minuten backen und mit Zitronenkeilen garnieren.

Salzkartoffeln mit zerlassener Butter und gehackter Petersilie vollenden das Gericht.

Für 4 Personen – Abbildungen Seite 220 und 221

CHIPIRONS EN SU TINTA *Tintenfisch in der eigenen Tinte*

1 kg Tintenfisch
2 Zwiebeln
2 Knoblauchzehen
60 ml Olivenöl
30 g frische Brotkrumen
Salz, frisch gemahlener Pfeffer
¼ l Weißwein
2 große Tomaten, geschält und kleingehackt
1 Prise Chilipulver
Ein wenig Kartoffelmehl oder Pfeilwurz
Ein Spritzer Armagnac (nach Wunsch)

Die Tintenfische putzen. Köpfe und Fangarme abschneiden, die vom harten Teil in der Mitte (dem Magen) abgetrennt werden sollten, und beiseite stellen. Die schwarze Stelle (den Mund) am Unterteil des Kopfes abschneiden. Die Magenknochen entfernen, Körper aufschneiden und die Eingeweide wegwerfen, aber die Tintensäcke aufbewahren. Vorsicht: nicht platzen lassen! Die dunkle Außenhaut vom Magen abziehen und die Mägen beiseite stellen.

Eine Füllung zubereiten: Köpfe und Arme der Tintenfische in kleine Streifen schneiden. 1 Zwiebel hacken und in 2 Eßlöffeln Öl weichschmoren mit 1 gepreßten Knoblauchzehe und den Fisch-Streifen 30 Minuten leicht schmoren lassen. Die Brotkrumen, Salz und Pfeffer dazugeben, die Mägen mit dieser Mischung füllen und die Enden mit Zahnstochern verschließen.

Die restlichen 2 Eßlöffel Olivenöl in einer Pfanne erhitzen und die Tintenfische mit den restlichen feingehackten Zwiebeln und Knoblauch anbräunen. Weißwein, Tomaten und Chilipulver zugeben und ohne Deckel etwa 30 Minuten schmoren lassen.

Die Tinte in eine Tasse gießen, etwas Kartoffelmehl einrühren und unter die Sauce ziehen, die ziemlich schwarz wird. Einen Spritzer Armagnac zugießen, mit Salz und Pfeffer würzen und mit Deckel 1 Stunde garen lassen. Vor dem Servieren abschmecken – es sollte ein außerordentlich scharfes und aromatisches Gericht sein.

Für 4 Personen – Abbildung unten

TTORO *Baskische Fischsuppe*

FÜR DAS FUMET
1 Kopf eines Meeraals und Flossen und Kopf eines Hechtdorsches, *Rascasse* (Klippfisch) oder Meerteufels
30 ml Olivenöl
2 Zwiebeln in Ringen
1 Bouquet garni (s. Anhang)
2 gepreßte Knoblauchzehen
1 Tomate
½ Chilischote
½ l trockener Weißwein

FÜR DIE SUPPE
1 ganzer Meerteufel, geputzt (500 g)
1 ganzer Meeraal, geputzt (500 g)
1 ganze kleine *Rascasse*, geputzt
2 kleine Knurrhähne, geputzt
4 rohe Langustinen oder große Garnelen, geputzt
1 kg Muscheln, geputzt
2 bis 4 Eßlöffel Olivenöl
2 Eßlöffel Mehl
Salz, frisch gemahlener Pfeffer

Um den Sud zuzubereiten, die Fischköpfe und -flossen zerhacken. In einem großen, zugedeckten Topf anschwitzen, indem man sie im Olivenöl mit Zwiebeln, Knoblauch und dem Bouquet garni leicht schmort.

Wenn die Zwiebeln beginnen braun zu werden, Tomate, Chilischote, Weißwein und 5 Tassen Wasser zugeben. Zudecken und 1 Stunde kochen lassen. Den Sud durch ein feines Sieb streichen und aufkochen – er sollte von cremiger Konsistenz sein.

Den Backofen auf 230° C vorheizen. Die Suppe zubereiten: Den Fisch in dicke Scheiben schneiden. Mit Salz bestreuen und in Mehl wälzen. Das Öl in einer großen Pfanne brutzelnd heiß werden lassen und die Fischscheiben von beiden Seiten braten. Gut abgießen und in eine große Kasserolle legen (möglichst feuerfester Ton). Die Langustinen und Muscheln zugeben und den kochenden Sud aufgießen, der alles gerade bedecken sollte. Die Suppe im Backofen aufkochen und 5 Minuten kochen lassen. Mit Salz und Pfeffer würzen.

Die Suppe mit gehackter Petersilie bestreuen und mit Croûtons von mit Knoblauch abgeriebenem, geröstetem Brot servieren.

Für 4 bis 5 Personen – Abbildung Seite 222

PASTIZA *Baskischer Kuchen*

FÜR DEN TEIG

275 g Mehl
200 g weiche Butter
1 ganzes Ei
2 Eigelb
200 g Puderzucker
Die Schale einer Zitrone
1 Prise Salz
Mehl (zum Bestäuben)

FÜR DIE FÜLLUNG
¼ l Milch
3 Eigelb
200 g Zucker
30 g Mehl
45 ml Rum

Den Teig zubereiten: Das Mehl in eine Schüssel füllen und in der Mitte eine Vertiefung formen. Alle restlichen Teigzutaten in die Vertiefung geben und mit den Fingern vermengen, nach und nach das Mehl unterziehen. Man sollte einen geschmeidigen Teig erhalten. Wenn er zu steif ist, 1 bis 2 Eßlöffel lauwarmes Wasser einkneten. Zu einem Ball formen und mindestens 1 Stunde kühlen.

In der Zwischenzeit die Cremefüllung zubereiten. Die Milch in einem Topf aufkochen. 2 Eigelb mit Zucker schlagen, bis sie hell und leicht sind. Das Mehl einrühren und dann nach und nach die kochende Milch zugießen, ständig schlagen. Die Mischung in den Topf zurückgießen und auf schwacher Hitze rühren, bis sie dick wird. Mit Rum aromatisieren und abkühlen lassen, ab und zu umrühren.

Ein sauberes Küchenhandtuch mit Mehl bestäuben und zwei Drittel des Teiges zu einem 22 cm großen, 3 mm dicken Kreis ausrollen. Den restlichen Teig zu einem größeren Kreis ausrollen, der Boden und Rand einer 22 cm Springform bedecken soll.

Den Backofen auf 180° C vorheizen. Die Springform buttern und mit Mehl bestäuben. Mit dem Teig auskleiden, der groß genug sein sollte, um über die Ränder zu hängen. Die Creme einfüllen und die Teigränder anfeuchten. Mit der kleineren Teigplatte bedecken und die Ränder zusammenkneten. Die Oberfläche mit einer Gabel mustern; mit dem restlichen geschlagenen Eigelb überglänzen. Etwa 50 Minuten backen, aufpassen, daß der Kuchen nicht anbrennt. Wenn er schön golden ist, ein Stück Aluminiumfolie lose darauflegen, um ihn zu schützen. Kalt servieren. Man kann auch andere Füllungen wie Aprikosenpüree oder Kirschmarmelade und Kirschen verwenden.

Für 8 Personen – Abbildung linke Seite

ORANGES SOUFFLEES *Orangensorbet mit Meringe-Deckeln*

FÜR DAS SORBET
6 Orangen
Den Saft von 4 Orangen
Den Saft einer Zitrone
200 g Zucker

FÜR DIE MERINGE
2 Eiweiß
Ein paar Tropfen Zitronensaft
50 g Puderzucker
1 Eßlöffel Cointreau

Die Orangen oben aufschneiden, die abgeschnittenen Deckel begradigen, etwas aushöhlen, so daß die gefüllten Orangen später gerade darin stehen können. Das Fruchtfleisch aus den Orangen lösen und in einem Mixer zerkleinern. In eine Schüssel passieren, dazu den Saft von 4 weiteren Orangen und 1 Zitrone gießen. In einem schweren Topf den Zucker in ½ Tasse Wasser auflösen und langsam erhitzen, bis sich der Zucker vollständig aufgelöst hat. Abkühlen lassen und mit dem Orangensaft mischen. Die leeren Orangen mit der Mischung füllen und gefrieren lassen. Gegebenenfalls den überschüssigen Rest getrennt einfrieren.

20 Minuten vor dem Servieren den Backofen auf 230° C vorheizen und die Meringe zubereiten. Die Eiweiß mit ein paar Tropfen Zitronensaft steifschlagen, dann nach und nach unter ständigem Rühren den Puderzucker dazugeben. Die Orangen aus dem Gefrierfach nehmen, auf einen feuerfesten Teller setzen und mit Eiswürfeln umlegen. In jede etwas Cointreau gießen und etwas Meringe obenauf setzen. 3 bis 4 Minuten backen, bis die Meringe golden ist, mit Puderzucker bestreuen und sofort servieren.

Für 6 Personen – Abbildung unten

BORDELAIS

Bordelais

Wenn Sie je die Provinz Gironde und das Bordelais genannte Weinanbaugebiet mit seiner Hauptstadt Bordeaux besuchen sollten, spät im Jahr, wenn die Trauben gelesen und zu Wein gekeltert sind und die Rebentriebe als Brennholz verwendet werden, und wenn Sie eingeladen wären, sich in einem kleinen Schloß wie dem Château Cissac in Médoc an den Küchentisch zu setzen, um mit dem Schloßherrn und vielleicht dem Kellermeister, dem *Maître de chai,* zu speisen, gehörte zu Ihrer Mahlzeit sicherlich ein Rippensteak mit Knochen, über qualmenden Rebentrieben gegrillt und mit einer großzügigen Portion braunhütiger, saftiger Steinpilze serviert.

Das Steak käme mit gehackten Schalotten auf den Tisch, und die Pilze wären mit feingehackter Petersilie und Knoblauch bestreut. Der Schloßherr von Cissac, Louis Vialard, ist eine Autorität der bordelaisischen Kochkunst und bereits im französischen Fernsehen aufgetreten, um Köchen zu zeigen, wie man regionale Gerichte zubereitet, insbesondere ein echtes *Entrecôte bordelaise*. Wenige Restaurants werden sich die Mühe machen, zum Grillen ihrer Steaks Weinreben *(Sarments)* zu beschaffen, so daß das *Entrecôte bordelaise* nur in seiner natürlichen Umgebung, dem Weinberg, zu finden ist.

Nach dem Historiker Christian Guy wurde das ursprüngliche Gericht vor langer Zeit mit dem Fleisch von (offensichtlich sehr schmackhaften) Nagetieren aus dem Weinberg zubereitet, die in ihrer Umgebung fett und saftig geworden waren: »Der Vorfahre des Steaks *à la bordelaise* ist das Steak *tonnelier* (Küfer). Man macht es mit in den weinerzeugenden Betrieben der Gironde gemästeten Ratten. Nach dem Säubern und Ausnehmen werden sie mit einer dünnen Schicht aus Öl und einer Menge grob gehackter Schalotten bedeckt, dann über einem Feuer aus Überresten von Fässern oder Weintrieben gegrillt.« Wahrscheinlich wurde das *Entrecôte*, eine englische Erfindung, nach seiner Einführung im 18. Jahrhundert eine Spezialität dieser Region, die für ihr Rindfleisch nicht gerade berühmt ist.

Es ist wichtig, erläutert Vialard, daß das Steak über zwei *verschiedenen* Rebensorten gegrillt wird: der

In einem Weinberg des Bordelais (vorige Doppelseite) pflügen ein Vigneron *und sein Ackergaul den schweren Boden des Château de Suduirant, wo der* Sauternes *wächst. Bordeaux an der Garonne (oben) wuchs und gedieh mit dem Weinhandel und ist eines der gastronomischen Zentren Frankreichs.*

Austern aus Arcachon sind eine Spezialität der bordelaisischen Küche und können mit Crepinettes truffées *– mit Trüffeln garnierte Schweinswürsten – serviert werden. Zu den Austern wie zu den Würsten gehört eine Sauce aus Weinessig und Schalotten. Ein trockener weißer Bordeaux ist das angemessene Getränk dazu.*

Cabernet Sauvignon-Rebe, die eine sengende Hitze erzeugt, und im letzten Moment über einer Handvoll Zweige der Merlot-Rebe, deren Rauch dem Fleisch Aroma gibt. Das etwa fünf Zentimeter dicke Steak muß von beiden Seiten gegrillt werden, bis an der Oberfläche Saft austritt. Dann wirft man die Merlot-Triebe ins Feuer, wartet ein bis zwei Sekunden, und das Steak ist fast fertig – bis auf den letzten Schliff: die Zugabe gehackter, roher Schalotten. Wie bei den meisten regionalen Rezepten gibt es im Bordelais von Weinberg zu Weinberg viele Abwandlungen, – manche garnieren sogar mit pochiertem Rindermark.

Genaugenommen ist jenes Gericht ein *Entrecôte maître de chai,* denn was man in Restaurants *Entrecôte bordelaise* nennt, ist gewöhnlich ein mit einer Wein-Schalotten-Sauce serviertes Steak, wahrscheinlich eine Erfindung der Pariser Küche des 19. Jahrhunderts. Die Schalotten symbolisieren die kultivierten, die Pilze die wildwachsenden Erzeugnisse des Bordelais. Von Ende August bis November treiben die braunhütigen, fettstieligen Steinpilze in den Gehölzen der Gironde und den Wäldern der Landes südlich von Bordeaux im Humus der Eichen- und Kastanienblätter. Die *Cèpes* sind schwierig aufzuspüren, weil sie gut getarnt sind; und ihr Erscheinen wird von einer Armee von ›Pilz-Jägern‹ mit Spannung erwartet. Ärzte berichten, sie würden wegen Attesten für ›Krankheitsurlaub‹ bestürmt, da jederman frei haben wolle, um Pilze zu sammeln oder in den Wäldern zu jagen. Jedoch in diesen Zeiten heftigen Wettbewerbs kehren die Pilzsucher oft mit leeren Händen zurück, obwohl einige besonders pfiffig im Aufspüren sind – man könnte fast meinen, sie riechen sie.

Der erfahrene Pilz-Sammler nimmt einen Weidenkorb – Plastiktüten sind ungeeignet – und sucht in den Eichen- oder Kiefernwäldern nach der Delikatesse. Es gibt zwei Hauptarten von Steinpilzen: den *Vrai cèpe de Bordeaux,* auch *Cèpe de chêne* genannt, und die weniger geschätzte Subspecies, den *Cèpe des pins.*

Man zieht einen Pilz nicht mit der Wurzel aus, sondern schneidet den Stil am Boden mit einem scharfen Messer ab. Die Spielregeln sind nicht weniger exakt, wenn es ans Kochen geht, und dabei ist jedermann Experte. Nach allgemeiner Ansicht soll man zunächst überschüssige Feuchtigkeit eliminieren, indem man die Steinpilze leicht anröstet. Dann trennt man den Hut vom Stiel, macht in jeden Hut einen Einstich mit der Messerspitze und pochiert die Pilze in reichlich Erdnußöl in einem Topf. Dies setzt die braune Farbe, nämlich Tannin, frei. Dann läßt man die Pilze auf Küchenkrepp abtrocknen und brät sie erneut in frischem Öl. Kurz bevor sie gar sind, wirft man die feingehackte Petersilie und etwas Knoblauch hinein. Einige Köche ziehen es vor, während des vorbereitenden Röstens eine ganze Knoblauchzehe im Öl mitzusieden, aber niemals werden Schalotten erwähnt. Die *Cèpes bordelaises* bereitet man nie mit anderen Pilzen zusammen zu.

Die Zutaten vieler regionaler Gerichte enthüllen eine delikate Balance zwischen Nord und Süd. Butter wird selten zum Kochen verwendet, Öl wird, wie im Süden, vorgezogen; Knoblauch verdankt man dem Einfluß des Südens und Schalotten dem des Nordens, vielleicht sind sie von den Kanalinseln und der Bretagne eingeführt. Ebenso sind viele Fischgerichte im Stil nördlich – wie die *Alose,* die Alse aus Loire und Seine, die in Bordeaux über *Sarments* gekocht und mit Sauerampferpüree serviert oder gefüllt

Eine unversehrte Foie gras de canard *kommt so verpackt vom Bauernhof (unten). Wenn man sie* à la bordelaise *zubereitet (rechte Seite), wird sie zwanzig Minuten gebraten und das Fett abgeschöpft. Dann wird sie wieder, diesmal zehn Minuten, mit unreifen, geschälten Trauben gebraten, die in Cognac eingeweicht wurden.*

Cèpes *(oben) sind die wild wachsenden, eßbaren Steinpilze, ein fast ebenso wichtiges Element der Kochkunst wie der Wein. Mit Knoblauch gekocht sind sie echt* à la bordelaise, *mit Schinken* à la provençale. *Pariser Restaurants bereiten dieses Gericht mit Schalotten und nennen es* à la bordelaise.

wird, das, wie man sagt, durch chemische Prozesse die dünnen Gräten des Fisches aufweichen soll. Es gab einst eine kleine Kaviarindustrie an der Gironde, als in der Mündung noch Stör gefangen wurde, aber in den letzten zehn Jahren hat niemand hier einen Stör gesehen.

Nicht typisch für die Kochkunst des Bordelais, aber eine ›Spezialität der Region‹ ist das seltsame Gericht *Lamproie à la bordelaise.* Neunaugen sind aalähnliche Fische, die man in den Mündungen großer Flüsse fängt und die wie Salm flußaufwärts zu den Laichplätzen wandern, wo sie mit Leichtigkeit zu fangen sind. Das Rezept hat viel mit Lyoner Rezepten wie *Matelote d'anguilles* und der *Meurette* gemeinsam, in der Flußfische mit kleinen Zwiebeln und Schinkenstücken in einer schweren Rotweinsauce gekocht werden; es ist möglich, daß *Lamproie* die bordelaisische Version eines Lyoner Gerichtes ist. Die Köche pflegten die Neunaugen vorzubereiten, indem sie sie lebend an die Wand nagelten, um sie auszubluten, da man das Blut braucht, um die Sauce anzudicken. Dann muß der giftige Knorpelstrang entfernt werden, der das Neunaugen-Rückgrat herab verläuft. Dies zu versäumen, kann zum Tod Heinrichs I. geführt haben, der bei einem Neunaugen-Festmahl starb.

Die Neunaugen werden mit Porree, Pilzen, Zwiebeln, Schinkenstücken und einer Flasche Rotwein gekocht. Die Leute der Gironde sagen, daß Neunaugenkonserven besser als frische Neunaugen seien, was wohl stimmen muß, da eine Dose *Lamproie à la bordelaise* umgerechnet 50 DM kostet.

Die Finesse der Kochkunst von Bordeaux hat ihr Gegenstück in der Qualität der Weine. Bordeaux ist selbstverständlich die erste Weinbau-Region Frankreichs, obwohl ein Burgunder da widerspräche; in Bordeaux erwähnt man das Wort Burgund nicht. Im Bordelais leben 35 000 Winzer, die Rot- und Weißweine von 3500 verschiedenen *Crus* oder Lagen erzeugen – nirgendwo sonst auf der Welt werden Weine solcher Qualität in solcher Vielfalt produziert. Tatsächlich wird einer der großen *Premier cru*-Rotweine, der *Graves* des Château Haut-Brion, innerhalb der Stadtgrenzen angebaut.

Artischocken (oben) werden in vielen Gegenden Frankreichs angebaut; im Bordelais wachsen sie am Ufer der Garonne. Auch Spargel wird fast überall angebaut.

Argenteuil-Spargel (oben) wird in der Saison auf dem Marché Saint-Michel in Bordeaux, dem größten Markt der Stadt, verkauft.

Auf Château Cissac in Pauillac im Médoc produziert Louis Vialard einen exzellenten *Cru bourgeois*-Rotwein, und dessen Lage ist nur einen Korkenwurf vom berühmten Château Lafite entfernt. Lafite führt die Liste der fünf Lagen an, welche die *Premier crus* hervorbringen – die Aristokraten der Bordeaux-Weine, von einem Händlerkomitee 1855 klassifiziert und pragmatisch anhand der Preise bestimmt, die die Weine auf dem Markt erzielten: damals wie heute bekam man, wofür man bezahlt hatte. Die anderen Lagen sind *Château Margaux, Château Latour, Château Haut-Brion* und *Château Mouton-Rothschild,* der 1973 als *Premier cru* zugelassen wurde. Dies alles sind Rotweine, und drei von ihnen wachsen in der kleinen Gemeinde Pauillac.

Während der Lese ist Vialard ständig dabei; stets wachsam geleitet er seine Weine durch jedes Produktionsstadium. »Ich lebe mit meinen Weinen, sie sind Teil von mir. Wenn ich sterbe, wird der Wein nicht mehr derselbe sein. Wohlgemerkt, ich sage nicht, er wird weniger gut sein – aber einfach nicht mehr derselbe.« In Lafite schenkt man der Weinerzeugung nicht weniger Aufmerksamkeit, doch die Lafites werden ›Aristokraten‹, für die Kenner große Summen zahlen. Grund der Unterschiedlichkeit ist, wie Vialard erläuterte, teils die Geländeneigung, die für die Dränage der Rebenwurzeln sorgt, doch hauptsächlich die Nähe zum Fluß. Die Gironde hält die Reben im Sommer kühl und feucht und im Winter warm. Die Qualität der großen Weine ist das Resultat der Lagen im Verhältnis zum Fluß und des Mikroklimas der Gironde. »Ich kann Ihnen«, sagt Vialard, »auf ein paar Meter genau die Stelle zeigen, wo die günstigen Bedingungen aufhören.« *Château Lafite* gehört den Rothschilds, die in ihren Kellern nicht weniger als 80 000 Flaschen dieses legendären Weines lagern; seine Trauben sind klein, schwarz und süß.

Auf dem trockenen, steinigen Boden zwischen den Reben zu stehen, Trauben zu essen und Kerne zu spucken, ist – wenn man bedenkt, daß durchschnittlich aus einer Rebe eine Flasche Wein erzeugt wird – der äußerste Hedonismus.

Die Küche von Bordeaux ist nicht ohne Luxus. Die Gironde bildet die Grenze zur Dordogne, wo die Trüffeln wachsen. Die Landes bringen konservierte Enten und Gänse hervor – das *Confit d'oie*, das Stendhal schaudern machte – und die Gartenammer, einen kleinen Vogel, den man als ganzen essen sollte, den Kopf unter einer Serviette verborgen, so daß nichts vom Geschmack ablenken kann. *Foie gras*, die unförmige Leber einer mit Mais besonders gemästeten Gans oder Ente, wird *à point* (halb gegart) mit einer *Demiglace*-Sauce und fein gehackten Trüffeln angerichtet. Dieses Gericht wurde nach einem *Tourin à l'ail* und gefolgt von *Confit de canard* mit Steinpilzen bei einem Mittagsmahl für 800 Gäste anläßlich des *Ban de vendanges* im Kloster Saint-Emilion serviert. Der *Ban* verkündet den Beginn der Traubenlese, und das Menü ist so repräsentativ und typisch für die

Auf der Garonne (oben) hat ein gut ausgerüsteter Angler seine Köder nach Alsen, Aalen und anderen Fischen ausgeworfen. Ein besonderes Fanggerät ist ständig am Ufer festgemacht (links): es benutzt Netze, die mit Ködern bestückt und herabgelassen werden, wenn die richtige Zeit für einen guten Fang ist.

Alose à l'oseille *(rechte Seite) ist Alse, gefüllt mit Sauerampfer, der in Butter mit Alsenrogen vermischt gebraten wird. Der Fisch wird vor dem Backen in Öl und Weißwein mariniert.*

Region, wie man es in Bordelais nur finden kann. Geographisch liegt Bordeaux auf gleicher Höhe mit Parma in Italien, so daß es nicht überrascht, daß Öl in der Küche wichtiger ist als Butter und daß in bordelaisischen Gerichten Knoblauch verwendet wird. Die Küche von Bordeaux nutzt das Beste aus Nord und Süd, darunter seit Jahrhunderten die Erzeugnisse des weiten, Aquitanien genannten Gebietes.

Der Ausdruck *à la bordelaise* bietet Raum für verschiedene Interpretationen. Für die Leute der Gironde bedeutet er ein Gericht mit gehackter Petersilie und entweder Schalotten oder Knoblauch. Er kann auch jedes mit Steinpilzen servierte Gericht meinen oder Fleisch in Rotwein-Schalotten-Sauce. Im klassischen Repertoire bedeutet *à la bordelaise* ein Fleischgericht mit einer Garnierung aus Artischokkenböden, Kartoffeln, gerösteten Zwiebelringen und Petersilie und hat mit den kulinarischen Traditionen von Bordeaux nichts zu tun.

Die frischen Fische (unten) auf dem Marché Saint-Michel in Bordeaux sind (von oben): Rougets barbets, Sardines de Royan *und lebende Aale.*

In einem Bistro in Bordeaux sind gebratene Aale ein Schnellgericht (rechte Seite). Zum Rezept – Anguilles grillées avec persillade *– gehören neben der Petersilie auch Knoblauch und Schalotten, und der Weißwein ist ein* Vin du pays, *vielleicht ein* Graves sec.

Die Stadt ist der Geburtsort eines der gefeiertsten Köche Frankreichs, Alphonse Dugléré, der um die Mitte des 19. Jahrhunderts in Paris die Küche des berühmten CAFE ANGLAIS *leitete.* Dugléré wird die Erfindung von *Potage Germiny* und *Sole Dugléré* zugeschrieben – das letztere ist ein eher prosaisches Gericht aus Zwiebeln, Tomaten und einer mit Zitronensaft gewürzten Sauce. Ob dieser Küchenchef aus Bordeaux auch die *Tournedos Rossini* kreierte, ist umstritten, da Rossini selbst sie für sich reklamierte.

Das flache Land und die scharfe, reine Luft vermitteln den Eindruck, als läge Bordeaux am Meer, doch die Stadt ist weit entfernt von den Austernbänken und Sanddünen von Arcachon. Grund für die maritime Atmosphäre ist zum Teil die weite Verzweigung der Gironde, die sich genau nördlich von Bordeaux in zwei Flüsse teilt: die Dordogne und die Garonne. Die Garonne fließt durch die Stadt und unter den 17 Bögen des Pont de Pierre hindurch, wo sich am Ufer die eleganten Fassaden der Häuser aus dem 18. Jahrhundert vom Quai Richelieu an der Börse vorbei bis zum Quai des Chartrons aufreihen, den Zentren des Weinhandels von Bordeaux. Mitte der 30er Jahre bezweifelte ein englischer Journalist, der Bordeaux besuchte, daß irgendjemand diese Stadt für schön hielte, doch für Stendhal, der genau ein Jahrhundert zuvor schrieb, war Bordeaux »fraglos die schönste Stadt in ganz Frankreich«.

Auf den Märkten der Stadt wird man von der Vielfalt, vor allem aber vom Überfluß beeindruckt – aufgetürmte Pyramiden grüner Bohnen, Tomaten, Artischocken und gesäuberter Kartoffeln. In der modernen ›Halle des Capucines‹ bemerkt man die Sorgfalt, mit der die Produkte zum Verkauf angeboten werden: Bündel winziger Radieschen, so groß wie der Daumennagel eines Kindes, Pilze mit so weicher und makellos weißer Haut wie die Rinde eines Camembert, durchsichtige gelbe Bohnen, große Gebinde Thymian, Basilikum und Rosmarin, und Möhren mit einem Bausch flaumiger Blätter.

Die Franzosen sind sorgsam bemüht, ihre Regionalgerichte zu bewahren; und die der Gironde findet man auf Speisekarten als Spezialitäten. Selbst die bescheidene, aber ausgezeichnete Knoblauchsuppe *Tourin à l'ail* ist in solchen Restaurants wie LA TUPINA oder LA GIRONDE in Bordeaux vertreten. In einem Kochbuch über die Küche von Handwerk und Industrie würden die Weinberge ein langes Kapitel erhalten, denn Traubenpflücker waren es, die das *Chabrot* einführten: wenn man seinen Teller *Tourin* fast geleert hat, gießt man ein Glas Rotwein dazu, was der farblosen Suppe ein zartes Rosa gibt. Diese

Auf einem Bauernmarkt, dem Marché Saint-Michel, werden Ferkel und junge Enten zur Aufzucht angeboten (oben).

Gewohnheit ist gänzlich verschwunden, doch die Weingut-Küchen bereiten für die Arbeiter weiterhin die alten Rezepte zu – insbesondere zur Zeit der *Vendange. Soupe de vendanges*, eigentlich ein *Pot-au-feu*, wird in einem Zehnliter-Kessel gekocht, in den man 2,5 kg Rindfleisch wirft – normalerweise Schulter oder *Plat de côtes* und Hachse, *Gite* oder *Jarret* mit Zwiebeln, Porree, Rüben und manchmal Kohl. Die Suppe wird mit großen Mengen Brot zuerst gegessen. Dann kommt das Fleisch auf den Tisch, das mit sauren Gurken, Tomaten, Sauce und Senf serviert wird.

Ein flüchtiger Blick auf die Girondegegend könnte den Eindruck vermitteln, daß das gesamte Gebiet dem Traubenanbau gewidmet ist; doch die südlichen Grenzen werden von den Pinienwäldern der Landes bedrängt, einer Quelle für Bauholz und Harz. Reiseführer entschuldigen sich für die Monotonie der Wälder, der geraden Straßen, die fast ohne Unterbrechung mehr als 150 Kilometer das Land durchziehen, an Fachwerkhäusern vorbei, die so aussehen, als seien sie im Ganzen aus der Normandie hergebracht worden. Die Wälder wurden im frühen 19. Jahrhundert angepflanzt und zogen eine Vielfalt von Wild an: Wildschwein, Rotwild, Hasen und Kaninchen, Ringeltauben, Lerchen, Spechte und Gartenammern, Schnepfen und Wildenten sind hier zu finden. Die einheimischen Gastwirte machen *Salmis* aus Nieder- und *Civets* aus geschmortem Hochwild. Die Schafhirten der Landes begannen die Methode von Pauillac zu kopieren und mit Milch gefütterte Lämmer aufzuziehen; und heute stammt dies auf die Saison von Januar bis Ostern beschränkte, fast weiße, außergewöhnlich zarte Fleisch von Lämmern, die bloß sechs bis acht Wochen alt sind. Die Wälder wuchern bis Arcachon, das für einige der besten Austern Frankreichs bekannt ist, aber auch für die höchste Sanddüne Europas, die 350 m hohe Grand Dune de Pyla. Man kommt nicht des Sandes wegen nach Arcachon – obwohl die Stadt seit dem letzten Jahrhundert eine Sommerfrische ist –, sondern wegen der *Fruits de mer*.

Das Becken von Arcachon ist eine geräumige Austernbank. Die Austern und andere Mollusken, Klaff-, Herz- und Miesmuscheln werden in Betonbassins in fließendem Seewasser gehalten, nachdem sie dort geerntet wurden. Die Austern werden in Plastikkörben, die man *Bourriche* nennt, aufbewahrt und nach Größe geordnet, von Nr. 6, der kleinsten, bis hinauf zur Nr. 0, der größten und besten. Wenn man im Restaurant Austern bestellt, bekommt man gewöhnlich Nr. 3, in der Erzeugerregion kann man sie das ganze Jahr über essen.

1970 wurde der gesamte Austernbestand von einer Parasitenepidemie befallen, die alle Austern im Bekken tötete. Die Austern – portugiesische *Plates* und *Creuses* – mußten durch die resistente und schnellwachsende pazifische Auster ersetzt werden, die *Japonaise* oder *Gigas;* und die Züchter erprobten eine Kreuzung mit einheimischen Stämmen aus der Charente und der Bretagne. Einem Austernliebhaber aus Bordeaux zufolge war es nicht die Krankheit, die die

Oben (von links): ein Bauer auf dem Markt von Bordeaux hat eine Preishenne zu verkaufen; eine alte Frau verdient sich mit Blumen ein Zubrot; ein älterer Käufer nimmt eine junge Ente mit nach Hause.

Unten: M. Céville in seinem blauen Arbeitsanzug, bei Bontoc; eine 90 Jahre alte Bäuerin in Le Merle.

Austern tötete, sondern »irgendein Idiot, der dachte, er könne das den Züchtern lästige Seegras loswerden, und der deshalb Gift in die Austernbassins pumpte«.

In den Restaurants um den Hafen verzehren Enthusiasten Berge von Schalentieren. Die weniger Beherzten begnügen sich mit einem Dutzend Austern. In einigen Lokalen werden die Austern mit kleinen, wurstähnlichen *Crépinettes aux truffes* serviert, die in Weißwein eingelegt werden. Die Austern haben gekräuselte Schalen von zartem Grün, und sie kommen auf einem Seegrasbett mit ungesalzener Butter, Brot und einer Zitronenscheibe auf den Tisch. Sie sind klein, aber köstlich. Dies ist, mit einer halben Flasche *Entre-deux-Mers*, ein bescheidenes Mahl, da die Leute der Gironde täglich zwei kräftige Mahlzeiten zu sich nehmen – mittags und um sieben Uhr abends –, wozu sie mindestens einen Liter Wein trinken.

Ein Blick von den Weingärten des berühmten Château Lafite Rothschild auf die Wirtschaftsgebäude des Gutes (oben). Das kleine rote Gebäude ist eines der Chais, wo die Trauben gekeltert und die Weine veredelt werden. In dem langen zweistöckigen Gebäude (links) werden die Weine abgefüllt und zum Versand verpackt.

Ein alter Weinbergarbeiter (links) hackt, noch früh im Weinjahr, den Boden.

Rechte Seite: ein kleineres Château und seine Weinberge; eine Skulptur als romantische Erinnerung an die Quelle des Reichtums von Bordelais im Jardin Public in Bordeaux; eine Weinrebe aus Bordeaux; die Keller des Château Lafite mit einigen der großen Weine Frankreichs.

Mittags schließen in Frankreich Büros und Läden so dicht und sicher wie die Tresore des Crédit Lyonnais, während die Leute sich mit der ernsthaften Angelegenheit des Mittagessens beschäftigen. Die Restaurants der Innenstadt sind voll. Weinkarten werden studiert, Kellner mit Speisekarten herbeigewunken, Flaschen entkorkt, Brot gebrochen, Teller gespült und Kaffee serviert. Wenn Ihnen nach Likör oder Brandy zumute ist, bestellen Sie einen Armagnac, da der beste Armagnac aus den Landes kommt; Ihre Wahl wird von einem anerkennenden Kopfnicken begleitet sein.

HUITRES ET SAUCISSES AU VIN BLANC *Austern und Würste mit Weißwein*

1 Dutzend Austern
2 gebratene Schweinewürste (man kann alle frischen Würste verwenden, doch eigentlich sollten es spezielle, handgemachte Würste mit Trüffeln sein)
2 großzügig gebutterte Scheiben Brot
Reichliche Mengen eines trockenen Weißweines wie *Graves* oder *Entre-Deux-Mers*

Die Leute von Bordeaux essen oft *Charcuterie* zu ihren Austern, z. B. *Pâté de campagne, Grattons de Lormont* (kleine Schweinefleischstücke im eigenen Schmalz) oder kleine, oft mit Trüffeln verfeinerte scharfe Würstchen.

In diesem Rezept werden die Austern mit heißen, gebratenen *Crépinettes* serviert, kleinen, in Schweinedarm gepackten groben Schweinswürstchen. Man schluckt eine Auster im Ganzen, ißt ein Stück Brot mit Butter und einen Bissen heiße Wurst und trinkt einen Schluck Weißwein. Der Zweck der heißen Wurst ist, wie man sagt, den Gaumen zu reinigen. Sie entfernt den Geschmack der Auster, so daß der leicht abweichende Geschmack der nächsten Auster voll ausgekostet werden kann.

Puristen servieren zu ihren Austern niemals Zitronensaft oder Schalottenessig, und sie essen sie gekühlt, aber nicht geeist.

Für 1 Person – Abbildung Seite 241

ANGUILLES GRILLEES *Gebratene Aale*

12 kleine, lebende Silberaale, etwa 1 kg
Ein wenig Mehl, Öl (zum Braten)
3 gepreßte Knoblauchzehen
1 Eßlöffel gehackte Petersilie
1 feingehackte Schalotte
Salz, frisch gemahlener Pfeffer
1 Eßlöffel feine trockene Brotkrumen, der Saft ½ Zitrone

Die Aale töten, abziehen und ausnehmen lassen (und Kopf und Schwanz entfernen). Vor dem Kochen 15 Minuten mit Salz bedecken. Die Aale abspülen und trockentupfen. In Mehl wälzen und in wenig heißem Öl von allen Seiten goldbraun braten (8 bis 10 Minuten). Knoblauch, Petersilie und Schalotte zugeben. Mit Salz und Pfeffer würzen und noch ein paar Minuten braten, dann die Brotkrumen darüber streuen und mit Zitronensaft beträufeln. Sehr heiß servieren und dazu einen trockenen weißen *Graves* oder einen frischen *Bordeaux-Rosé* trinken.

Für 4 Personen – Abbildung Seite 249

ESCARGOTS A LA CAUDERAN *Schnecken in Weißwein*

4 Dutzend lebende Schnecken oder zwei 200-g-Dosen Schnecken, abgegossen, und 48 Schneckenhäuser
Eine Handvoll grobes Salz
⅕ l Essig, 1 Eßlöffel Schmalz
150 g Schinken
10 feingehackte Schalotten
2 feingehackte Knoblauchzehen
1 Scheibe nicht zu frisches Weißbrot, zerkrümelt
⅜ l weißer Bordeaux
⅜ l Hühnerbrühe
Salz, frisch gemahlener Pfeffer
1 Bouquet garni (s. Anhang)

Wenn man für dieses Rezept lebende Schnecken verwendet, füttere man sie einige Zeit nur mit ein paar Löffeln Mehl; das wird sie von Giftpflanzen reinigen, die sie gegessen haben könnten. Vor der Zubereitung mehrere Male waschen, 2 Stunden in mit Essig angesäuertes Salzwasser legen, dann erneut in reichlich frischem Wasser waschen. 5 bis 6 Minuten in kochendem Wasser blanchieren.

Den Schinken in kleine Quadrate schneiden und mit Schalotten und Knoblauch in Schmalz anbraten. Die Brotkrumen zugeben und Wein und Brühe aufgießen. Die Mischung mit Salz und Pfeffer würzen, die Schnecken und das Bouquet garni zugeben und 1 Stunde kochen.

Für 4 Personen

CEPES A LA BORDELAISE *Steinpilze mit Knoblauch und Petersilie*

Im Gegensatz zur Praxis vieler Köche müssen Steinpilze lange und langsam gekocht werden, um zart und appetitlich zu werden.
1 kg frische Steinpilze
⅛ l Olivenöl
2 gehackte Knoblauchzehen
1 Bund gehackte Petersilie
Salz, frisch gemahlener Pfeffer

Wenn die Pilze klein und fest sind, sollte man sie nicht waschen oder häuten. Die Stiele fast in Höhe der Hüte abschneiden und die Pilze in einem feuchten Küchentuch aufbewahren.

Die Steinpilze in heißem Öl ein paar Minuten anbräunen, dann die Hitze reduzieren und mindestens 45 Minuten leicht schmoren lassen, bis sie weich sind. 5 Minuten vor dem Servieren Knoblauch und Petersilie zugeben. Mit Salz und Pfeffer würzen und sofort heiß servieren.

Für 4 Personen – Abbildung Seite 244

ALOSE A L'OSEILLE *Alse mit Sauerampfer*

Die Ankunft der Alsen im Frühling, wenn sie die Flüsse hinaufziehen, um zu laichen, ist der Moment für ein Festessen. Man bittet den Fischhändler, den Fisch zu putzen und auszunehmen und den Alsenrogen (für die Füllung) dazuzulegen. Dieses Rezept kann man auch für Seebarsch oder Lachsforelle verwenden.

1 Alse von etwa 1½ kg
50 g Butter
500 g Sauerampfer
Schlagsahne (nach Wunsch)

FÜR DIE MARINADE
⅕ l Olivenöl
⅕ l trockener weißer Bordeaux
2 Lorbeerblätter
2 Zweige Petersilie
1 gehackte Zwiebel
Salz, frisch gemahlener Pfeffer

FÜR DIE FÜLLUNG
500 g Sauerampfer
50 g Butter
Den aufbewahrten Alsenrogen
Salz, frisch gemahlener Pfeffer
1 Eigelb

Die Marinade zubereiten: Die Kräuter mit der Zwiebel, Salz und Pfeffer in einem Topf mit Öl und Wein aufgießen. Den Fisch etwa 1 Stunde marinieren, ab und zu wenden.

Die Füllung zubereiten: Den Sauerampfer etwa 10 Minuten in Butter braten, bis der größte Teil der Flüssigkeit verdampft ist. Den Rogen zugeben, 10 Minuten kochen, mit Salz und Pfeffer würzen und die Mischung mit dem Eigelb binden. (Der Sauerampfer weicht Fischgräten auf und löst sie schließlich auf; daher ist er beim Kochen von allen Grätenfischen nützlich.) Den Fisch abgießen, die Marinade aufbewahren. Jeden Fisch zwei- oder dreimal diagonal einschneiden, damit er gleichmäßiger gart. Die Füllung in die Bauchhöhle geben und die Öffnung vernähen. Den Ofen auf 180° C vorheizen.

Den Fisch 45 Minuten braten – je länger die Garzeit, desto besser wird der Sauerampfer die Gräten aufweichen. Den Fisch beim Braten oft wenden und reichlich mit Marinade begießen.

In der Zwischenzeit die Butter zerlassen und den verbleibenden Sauerampfer auf schwacher Hitze schmoren, bis er zu einem Püree aufweicht; leicht mit Salz und Pfeffer würzen. Abschmecken, wenn er zu sauer ist, mit Schlagsahne den Geschmack mildern. Den Fisch auf dem grünen Sauerampferpüree servieren.

Für 4 Personen – Abbildungen Seite 247 und oben

CARBONNADE GASCONNE *Kalbsschmorbraten*

Dieses ist ein traditionelles Gericht aus Aquitanien, obwohl es flämischen Ursprungs sein könnte.

1¼ kg Kalbsrumpsteak am Stück, 3 bis 4 cm dick
500 g Wurstfleisch, 4 gehackte Schalotten
3 gehackte Knoblauchzehen
1 Bund gehackte Petersilie
Salz, frisch gemahlener Pfeffer
2 Eßlöffel Olivenöl
Brotkrumen, 1 halbierte Zitrone

Den Backofen auf 220°C vorheizen. Den Boden einer großen Kasserolle einölen und das Kalbfleisch hineinlegen. Wurstmasse, Schalotten, Knoblauch, Petersilie mit ein wenig Salz und Pfeffer vermengen und in einer Schicht auf das Fleisch legen, mit den Händen gut anpressen. Mit dem restlichen Öl beträufeln und 50 Minuten braten. Wenn das Fleisch zu braun wird, mit einer Folie lose abdecken. In einer kleinen Schüssel einige Brotkrumen mit dem Saft einer halben Zitrone vermischen. Das Fleisch mit dieser Mischung bestreichen und mit dem Bratensaft begießen.

Um das Fleisch zu servieren, den Bratensaft mit dem frisch gepreßten Saft der anderen Zitronenhälfte vermischen. Als Beilage sind junges Gemüse oder Bratkartoffeln köstlich, aber auch *Cèpes à la bordelaise.*

Für 8 Personen

MACARONS DE SAINT-EMILION
Mandelmakronen

200 g gemahlene Mandeln
200 g Puderzucker
1 Prise Vanillezucker
90 ml süßer Weißwein
3 Eiweiß, 1 Eßlöffel Butter
Etwa 1 Eßlöffel Zucker oder Puderzucker

Den Backofen auf 180°C vorheizen. Die Mandeln mit Puderzucker, Vanillezucker und Weißwein vermischen. Die Eiweiß steif schlagen und unter die Mandelmischung ziehen. In einen Topf füllen und auf kleinster Hitze schlagen, um die Mischung etwas auszutrocknen, dann abkühlen lassen. Wenn sie kalt ist, kleine Häufchen davon auf ein gut gebuttertes Backblech setzen, mit Puderzucker bestreuen und etwa 15 Minuten backen, bis sie knusprig sind; nicht braun werden lassen.

BARON D'AGNEAU DE PAUILLAC
Lammbraten mit Kartoffeln und Trüffeln

1 Lende eines Milchlammes (Rücken und beide Keulen)
125 ml Olivenöl
Salz, frisch gemahlener Pfeffer
6 Eßlöffel feine, frische Brotkrumen
100 g Butter, 2 kg Kartoffeln
1 Trüffel in dünnen Scheiben
⅛ l Lamm- oder Rinderbrühe oder Wasser (nach Bedarf)
5 Knoblauchzehen 6 Zweige Petersilie

Den Backofen auf 220°C vorheizen. Eine große Pfanne ölen und das Lamm hineinlegen. Das Fleisch mit Olivenöl, Salz und Pfeffer einreiben und mit den Brotkrumen überziehen. Mit Butter betupfen und 15 Minuten im heißen Ofen bräunen.

Inzwischen die Kartoffeln schälen und in dünne Scheiben schneiden. Das Fleisch aus der Pfanne nehmen und die Kartoffeln hineingeben. Mit Salz und Pfeffer würzen und mit Trüffelscheiben garnieren. Das Lamm darauf legen und 45 Minuten braten. Wenn das Lamm besonders mager ist, Brühe zugießen, damit die Kartoffeln nicht austrocknen.

Knoblauch und Petersilie hacken und in etwas Öl braten, bis das Knoblauch golden ist. Diese Mischung über Fleisch und Kartoffeln träufeln und das Lamm mit seinem Bratensaft begießen. 15 Minuten braten und sehr heiß servieren.

Für 8 Personen – Abbildung links

PÉRIGORD

Périgord

Das Périgord liegt im Südwesten Frankreichs, etwa 150 Kilometer landeinwärts von Bordeaux, zwischen dem ausgedehnten Limoges, das für sein Porzellan berühmt ist, und dem staubigen Cahors, das als Anfang des Südens angesehen werden darf. Die Geschichte des Périgord beginnt mit den frühesten Ansiedlungen prähistorischer Menschen, die hier genügend Nahrung fanden, in seinen Quellen und Flüssen voller Fisch und den Wäldern voller Wild. Die faszinierenden Spuren des Cro-Magnon-Menschen und die Entwicklung seiner Wohnstätten um Les Eyzies-de-Tarnac sind noch zu besichtigen. Im Museum und den vielen Höhlen und Felszufluchten (die Höhlen von Lascaux sind leider geschlossen) sind Malereien und Ritzzeichnungen zu bewundern. Cro-Magnon heißt auch ein sehr gutes Restaurant, wo Sie unter den Linden sitzen und sich bei einer Scheibe *Foie gras en gelée* wie Gott in Frankreich fühlen können.

Das Périgord war einst Teil der großen Erbschaft der Eleonore von Anquitanien. 1137 wurde Eleonore im Alter von 15 Jahren mit Ludwig VII. von Frankreich vermählt, doch 15 Jahre später wurden sie wieder geschieden. Die reichste Erbin Europas – begehrt von Glücksrittern – verheiratete sich rasch aufs neue, diesmal mit Heinrich von Anjou, der kurz darauf Heinrich II. von England wurde. Gemeinsam beherrschten die beiden den ganzen Westen Frankreichs, ein größeres Gebiet als der französische König, und die Franzosen brauchten 300 Jahre, um die Engländer aus ihrem Land zu vertreiben.

Den Bauern des Périgord ging es in jener Zeit nicht gut, sie lebten hauptsächlich von Kohl, Kastanien, Möhren und Obst. Obwohl das Klima normalerweise angenehm war, litten sie unter Dürre- und Frostperioden, Überschwemmungen und Hungersnöten und durften nicht jagen, da dieses Vergnügen dem Adel vorbehalten war.

Doch nach und nach besserte sich ihr Leben, und langsam entwickelte sich mit Hilfe auswärtiger Einflüsse die Kochkunst des Périgord. Das Essen war stets einfach, aber schmackhaft, und wie André Maurois über das Périgord sagte: »Die Zutaten der *Bonne cuisine* sind hier weder exotisch noch selten. Jede Bauernhütte besitzt sie. *Foie gras:* alles was man

Im Périgord werden viele Häuser mit dem charakteristischen Sandstein der Gegend gebaut, der eine warme, purpurrote Farbe aufweist. Man sieht ihn in dem kleinen Dorf bei Turenne (vorige Doppelseite) ebenso wie in Saint-Leon-sur-Vézère (oben), einer Stadt aus dem 15. Jahrhundert in einer Schleife des Flusses Vézère. Gleichermaßen charakteristisch sind die Zutaten der Küche des Périgord. Zu den Spezialitäten der Region gehören (rechte Seite): Cou d'oie farci *(Vordergrund), mit* Pâté, *Schweinefleisch und Trüffelstücken gefüllter Gänsehals, der gewöhnlich kalt gegessen wird; eine Platte* Confit d'oie *oder Gans in Aspik mit Waldpilzen; grüner Salat, angemacht mit Essig und Walnußöl der Gegend und zwei knusprige Brote:* Pain de froment *und* Pain de seigle.

Ein hart arbeitender Bauer aus Noaille unterbricht sein Morgenpensum für einen Augenblick, um den Zuwachs seiner Herde vorzuführen.

zu tun hat, ist, eine Gans zu nudeln. Trüffel? Sie sind ein Wunder, eine Laune der Natur. *Confit* oder *Ballotine?* Hat nicht jeder Pächter seinen Hof? Einen Schinken? Alle Bauern halten Schweine. In Périgord sind ländliche Feste stets Meisterwerke des guten Geschmacks.«

Wenn man heute ins Périgord reist, findet man nicht nur außergewöhnlich gastfreundliche und erdverbundene Menschen, sondern auch eine Küche mit natürlichem ursprünglichem Geschmack. Die Landschaft voller Kontraste ist überwältigend. Auf den ziemlich kahlen, den Causse ähnlichen Höhen um die gut gedeihenden Höfe von Saint-Julien-de-Bourdeilles im *Périgord blanc* brechen die Männer noch große, wie frischer Ziegenkäse aussehende Platten aus dem Kalkstein, der keine 15 Zentimeter tief unter dem Boden liegt und oft zu einer steinigen, weißlichen Wüste ausufert, die der Gegend ihren Namen gibt. Weiter südlich liegt das *Périgord noir,* wo die Hügel, die von Zwergeichen mit schwarzen, moosüberwucherten Stämmen bestanden sind, Höhlen und Kavernen verbergen, von denen manche unterirdische Seen und ungewöhnliche Felsformationen umschließen. Im Sommer flimmern diese höheren Gebiete des südwestlichen Frankreich in sengender Hitze, und der Duft warmer Wacholderbüsche erfüllt die Luft.

Doch taucht man ein in die Flußtäler, findet man eine üppige, liebliche Landschaft. Es gibt Walnußhaine, Obstgärten und von Pappeln gesäumte Blumenwiesen, alte Männer mit Strohhüten ziehen Karren voll Löwenzahn und *Blette* für ihre Kaninchen nach Hause; Töpfe, Krüge und Kübel mit Begonien und Geranien stehen auf jeder Schwelle, und die bäuerliche Baukunst schuf Häuser, die zu den hübschesten und ansehnlichsten in Europa gehören.

Wo man auch hinschaut, sieht man Hütten und Höfe mit erlesener Steinmetzarbeit, manchmal kalkweiß, manchmal golden, manchmal rosa, viele mit Türmchen und steilen Dächern, mit Balkonen im ersten Stock und gemeißelten Türschwellen, schönen Taubenschlägen und Steinarkaden. Wenn man ein paar wirklich außergewöhnliche *Bastides* – befestigte Dörfer – und unberührte alte Bauernhäuser sehen möchte, folge man dem ›Circuit des Bastides‹ von Issigeac bis Eymet oder erforsche die kleinen Dörfer entlang der Dordogne, wie Carennac. Carennac, im Sommer Schauplatz eines großen und lebhaften Reineclaude-Marktes, ist der Ort, an dem Fénélon, der einstige Lehrer des Dauphin, im Exil lebte und im Turmzimmer seines Schlosses, das Fluß und Kloster überschaut, den »Télémache« schrieb.

Wenn Sie diese Gegend besuchen, könnten Sie Gelegenheit haben, eine ungewöhnliche örtliche Delikatesse zu kosten: ein mit Truthahnblut gemachter, flacher, rosa-grauer Kuchen, den man *Régal de sang* nennt. Er sieht bedrohlich aus, gewinnt aber an Reiz, wenn Sie erfahren, daß er in Gänseschmalz gebraten und mit Knoblauch, Salz, Pfeffer und Muskat serviert werden soll. Sie finden diese Kuchen auf dem Markt von Périgueux, einem der wichtigsten Märkte des Périgord. Das Geflügel ist, wie in der ganzen Region, absolut erstklassig. Man kann es lebend oder gerupft, aber ganz mit Kopf und Füßen kaufen, da diese auch oft gegessen werden – die enthäuteten Füße ergeben eine sehr gute Suppe.

Die meisten Landfrauen verdienen ihr Nadelgeld mit der Geflügelzucht; vor den Türen der Bauernhäuser streifen den ganzen Sommer über Enten und Gänse unter den Walnußbäumen umher und futtern Gras und Unkraut. Doch wenn der November und die *Gavage* – das Stopfen – naht, werden sie eingesperrt und mit Mais, der mit etwas Fett und Salz gekocht ist, gemästet, um rechtzeitig zu Weihnachten *Foie gras* zu liefern. Die besten Gänse für *Foie gras* sind die *Grise de foie gras* und die *Grise des Landes,* massige, breitbrüstige graue Vögel; die besten Enten sind hübsche schwarz-weiße Kreuzungen, die man *Mulards* nennt.

Gänse leiden mehr unter der Mast als Enten, so daß viele Bauern es heutzutage vorziehen, Enten zu züchten; und *Foie gras de canard* steht auf jeder Speisekarte, oft in Scheiben kurz gebraten und mit Rosinen heiß serviert, doch ebenso oft *en terrine*.

Eines der großen Zentren für *Foie gras* ist Thiviers, wo im Winter große *Foie gras-Märkte* abgehalten werden. Diese finden jeden Samstagmorgen statt, doch die wichtigsten sind die *Foire de Noël* vor Weihnachten, die *Foires des Rois* und *des Commerçants* im Januar und die *Foire de Chandeleur* im Februar. Hier wechseln die gewaltigen, rosafarbenen oder gelben geschwollenen Lebern für große Summen den Besitzer; die Restaurantbesitzer, Charcutiers und Großhändler treffen ihre Wahl und können den ganzen Rest der Enten und Gänse kaufen, um *Confit*, gefüllten Hals und Enten- oder Gänsebrust-Schinken zu machen.

Madame Deborde vom Hôtel des Griffons in Bordeilles an der Dronne macht ihre eigenen *Foie gras*- und *Confit*-Konserven. Dieses *Confit*, aus den Flügeln und Schenkeln von Gans oder Ente hergestellt, gewürzt, garniert und im eigenen Fett konserviert, ist eine der wichtigsten Speisen der Gegend und besonders zur Vorratshaltung geeignet. Man legt einfach die hübsch garnierten rötlichen, mit Gewürz gesprenkelten und in gelbem Fett schwimmenden Entenstücke in eine schwere schwarze Pfanne und läßt sie schmoren, bis sie eine goldene Kruste gebildet haben. Dazu gibt man, wenn man mag, eine Handvoll Sauerampfer. Das restliche Fett und Gelee aus der Dose benutzt man, um Kartoffeln zu braten, die zum *Confit* gereicht werden. Dann läßt man einen mit Walnußöl angemachten Löwenzahnsalat, etwas Ziegenkäse und Reineclauden folgen, und man hat eine perfekte Mahlzeit.

Ein weiterer Stolz des Périgord ist der Steinpilz. Auch *Rosés des prés* sind zu finden: schlanke, rosafarbene Wiesenpilze, die, mit Kartoffelscheiben, Knoblauch und Petersilie in Gänsefett gebraten, köstlich schmecken. (Übrigens ist das Knoblauch in dieser Region, wo es so häufig verwendet wird, besonders mild und süß.) Auch Steinpilze schmekken so zubereitet gut, doch sie sollten erst vorgeröstet werden, damit sie die Feuchtigkeit ausschwitzen. Auch im Omelett, mit Geflügel gekocht oder in einer Sauce sind sie hervorragend.

Andere suchenswerte Pilze sind die dünnen, schwarzen *Herztrompeten*, die manchmal betrügerisch anstelle von Trüffeln in der *Pâté* verwendet werden, die teuren und seltenen *Morcheln* und die schönen *Goldkappen*, die drei bis vier Minuten leicht geröstet und dann mit Butter oder frischem Walnußöl bestrichen werden. Man braucht nicht mehr als Salz, Pfeffer und vielleicht ein paar Tropfen Zitronensaft oder besser noch *Verjus*, der im Périgord anstelle von Essig verwendet wird. Seine traditionelle Herstellung: An einem sonnigen Julitag pflückt

Bauern und Hausfrauen bringen ihre Erzeugnisse auf den Wochenmarkt von Brive-la-Gaillarde, einem der geschäftigsten der Region: Die Kaninchen (links) wurden von einer Bäuerin aufgezogen; die Schweinswurst (Mitte) ist auf ländliche Art zubereitet und die gesprenkelten Perlhühner (rechts) sind für den Kochtopf gezüchtet.

man noch grüne, aber dicke Trauben und zerquetscht sie mit Mörser und Stößel oder einer *Moulilégumes.* Der Saft wird eine Stunde stehen gelassen, dann gefiltert und abgefüllt. Eine Schicht Öl obendrauf schließt luftdicht ab, und die Flaschen werden wie Weinflaschen verkorkt und im Keller gelagert. In der Küche von Sarlat (eine der hübschesten Marktstädte des Périgord) wird frischer *Verjus* noch zu Steinpilzen verwendet, während man in Domme gebratene Schnitzel oder frische *Foie gras* damit benetzt. Man kann mit delikatem Resultat den Saft unreifer Trauben direkt über einen Salat pressen oder damit ein *Lapin au vinaigre* zubereiten.

Selbst im Périgord, wo Trüffeln und Foie gras *zu den Fundamenten der Kochkunst zählen, ist* Truffe en croûte *eine außergewöhnlich elegante Vorspeise. Man bereitet sie mit schwarzen Périgord-Trüffeln zu (links), und für vier Portionen braucht man eine ganze Trüffel. Die Trüffel wird auf einer mit* Foie gras *bestrichenen Scheibe Bauernschinken drapiert (unten links). Dann wird das Ganze in Teig gewickelt und gebacken, wie im* Hotel Bonnet *in Beynac et Cazenac (unten rechts).*

Viel einfacher, aber ebenso ansehnlich sind die drei Grundbestandteile französischer Kost (rechte Seite): Wein, Brot und Käse. Im Périgord könnte der Wein eine Kanne Vin de Cahors *sein, das Brot ein Vollweizenbrot und der Käse eine vom Bauern gemachte Kuh- oder Ziegenmilch-Spezialität.*

Omelette aux boutons de scorsonères *(linke Seite) wird mit den zarten Bocksbartblüten gewürzt, die auf den Märkten des Périgord nur während einiger Frühlingstage frisch erhältlich sind. Während des restlichen Jahres muß man das Omelett mit getrocknetem Bocksbart zubereiten. Das fertige Gericht (rechts) kochte M. Castannet, Küchenchef des Restaurants* Belvedere. *Eine gängige Beilage ist* Salade de pissenlits, *Löwenzahnsalat (unten), mit gehackten Walnüssen bestreut und mit Essig und Walnußöl angemacht.*

Heute ist Wild im Périgord ziemlich selten. Gelegentlich sieht man ein Rebhuhn oder sogar einen Fasan, der aus dem Garten eines Züchters entkommen ist, denn Fasanen werden wie Geflügel gezüchtet und dann im Wald ausgesetzt. Es gibt jedoch Wildschweinpferche, und *Pâté de sanglier* (Wildschwein) und *Pâté de marcassin* (Frischling) sind zwei der vielen sehr guten *Pâtés* der Gegend. Hier findet man *Foie gras* in all ihren Varianten (doch frisch ist sie nur von November bis Februar erhältlich), Gänseschmalz zum Braten, *Confit* im Steintopf und Walnußöl. Man kann auch Trüffeln im Glas kaufen – am besten sind, die in Cognac konservierten; sie sind teuer, aber echte Périgord-Trüffeln, vollkommen schwarz: die besten der Welt.

Trüffeln, die immer noch eine Aura des Mystischen umgibt, werden vom späten November bis zum März unter bestimmten Zwergeichen gefunden, mit deren faserigen Wurzeln sie in Symbiose wachsen. Sie werden von *Caveurs* mit trainierten Schweinen oder Trüffelhunden (einer Art Pudel-Beagle-Kreuzung) erschnüffelt. Das Herrchen gräbt dann die kostbare Knolle aus und verkauft sie zu hohen Preisen, am liebsten mit einer Menge Erde an der rauhen Haut, um sie schwerer zu machen.

Eines der größten Trüffelzentren ist Brantôme – eine Stadt, die wegen ihrer Renaissance-Uferpromenade und ihres exzellenten Essens einen Besuch wert ist. Während der Saison sind die Straßen vom Duft der Trüffeln erfüllt. Ein örtliches Rezept für ein Trüffelomelett liefert exquisite Resultate: Man nehme eine selbsteingemachte, etwa kartoffelgroße Trüffel, hacke sie grob, werfe sie in die geschlagenen Eier und gieße etwas Brandy aus dem Glas dazu. Es muß Brandy sein – die Trüffel lebt davon. Dann würze man gut und backe sein Omelett.

Im Sommer schmeckt das Gemüse der Region wunderbar. Das Geflügel ist immer superb, wie auch die Butter und der Ziegenkäse. Das Lamm – von den schlanken, flinken Schafen, die auf den felsigen Hügeln weiden – schmeckt sehr streng, aber ausgezeichnet. Auf jenen kahlen Hügeln kann man auch Schnecken finden; sie bleiben in ihren Verstecken, bis es regnet, und kriechen dann in großer Zahl heraus. Es sind die großen, burgundischen Schnekken mit den hellen Häusern, die uralt aussehen. Sie lebten einst von den Reben, die hier gediehen, doch

die meisten Weinberge in den Tälern der oberen Dordogne sind leider verfallen.

Die Trauben des Périgord haben im allgemeinen seit 1880 keine Weine von hoher Qualität hervorgebracht, als alle Stöcke von der Reblaus zerstört wurden, doch um Bergerac gibt es große Weingüter, die sehr guten Rotwein herstellen. Einer davon ist *Pécharmant*, ein starker Rotwein, der nach Erde schmeckt; dieses Getränk ist, wenn es – drei bis vier Jahre alt – eine Stunde vor dem Essen geöffnet wird, gerade richtig zu solch kräftiger Winzerkost wie *Civet de lièvre*, obwohl man sich zu einem *Lièvre à la Royale*, einem außergewöhnlichen, langkochenden Gebräu von Hasen in seinem eigenen Blut, einen guten Bordeaux wünschen könnte.

Wenn man *Pécharmant* kaufen möchte, lohnt es sich, das Château Tiregand gleich vor Bergerac zu besuchen, schon wegen des ergreifenden Anblicks eines zerbröckelnden, verfallenen Renaissanceschlosses. Die Weinberge ringsum sind voll bewirt-

Aprikosen und Kirschen in Branntwein neben Weinen und Likören der Region (links).

Der Confit de canard, *nach alter Art im eigenen Fett konservierte Ente (unten links) ist bis zu einem Jahr haltbar.*

Die Tartelettes aux fruits *(unten) werden mit vielen verschiedenen Obstsorten zubereitet und gewöhnlich in Förmchen gebacken.*

schaftet. Ebenfalls bei Bergerac, einem abgelebten alten Flußhafen mit großen Munitionsfabriken und einem Tabakmuseum, liegt das schöne Montbazillac-Gebiet. *Montbazillac* ist ein delikater, süßer, goldener Wein, zur frischen *Foie gras* ein guter Ersatz für Sauternes.

Wenn man im Herbst durch diese Gegend fährt, kann man den Geruch gärender Trauben nicht verfehlen, deren Aroma die Straßen durchzieht. Im hübschen kleinen Château de Planques verkauft die Hausfrau ihre eigenen köstlichen *Pruneaux* (sonnengetrocknete Agen-Pflaumen), und für ein paar Mark pro Flasche kann man eine Kiste Montbazillac kaufen.

Wenn Sie das Périgord besuchen, versuchen Sie, in einem einfachen Alltags-Restaurant wie der AUBERGE DE CANTOU in Collonges-le-Rouge zu essen; Collonges liegt zwar schon etwas außerhalb des Périgord in der Corrèze, doch wie so oft bei regionaler Küche überlappen sich auch hier die Gren-

Die riesigen Gänse des Périgord (unten) werden vornehmlich ihres Schmalzes und ihrer rosigen, unförmigen Lebern wegen gezüchtet. Ihr Schmalz wird in vielen Gerichten anstatt Butter oder Öl verwendet, und die Leber wandert natürlich in die Pâté de foie gras. *Man kann die* Pâté *auch mit Entenlebern zubereiten, und wenn sie mit Trüffeln gespickt und mit warmem Toast serviert wird, ist sie ein waschechtes Gericht des Périgord.*

zen. Sie können am Feuer sitzen und ein sehr authentisches *Menu du jour* genießen (nehmen Sie nicht das *Menu touristique*). In der freundlichen Küche bereitet man die üblichen Gerichte nach alter Art; die Gänge werden Ihnen gebracht (man kann nicht wählen) und lassen Sie staunen, auch der einheimische Wein, der ebenfalls ohne zu fragen gebracht wird. Oft gibt es *Mique*, den berühmten Hefekloß, den man zum Aufgehen unter die Bettdecke zu stellen pflegte, da dies der wärmste Platz im Hause war. Doch selbst wenn man keinen *Mique* serviert, ist die Mahlzeit traditionell und beginnt immer mit *Soupe* – sie ist lebenswichtig, und die Hausfrauen werden eher fragen, ob die *Soupe* fertig sei als nach dem Mittagessen. Wenn Sie die Suppe bis auf ein oder zwei Löffel aufgegessen haben, gießen Sie etwas Rotwein in die Tasse und trinken den Rest. Das ist der *Chabrol*, einst in diesem Teil der Welt ein äußerst wichtiges Ritual.

Danach gibt es einige herzhafte *Rillons*, oder Ihnen wird ein Tomatensalat oder eine dicke Scheibe hausgemachter Schinken angeboten. *Rillons* sind Stückchen von Gänsefleisch, die bei der *Confit*-Herstellung übriggeblieben sind, und die mit reichlich eigenem Fett zu einer Paste zerstoßen werden. Darauf kann ein halber gekochter Schweinskopf mit gekochten Kartoffeln folgen, die mit Petersilie bestreut und ein paar durchsichtigen, rosafarbenen, in Rotweinessig eingelegten Schalotten schmackhaft gemacht wurden.

Als nächstes gibt es ein Beefsteak (oder ein anderes Hauptgericht) mit Bratkartoffeln, dann Käse, dann Obsttorte. Dann gibt es Liköre aus der Gegend; man kann zwischen einem *Eau-de-noix*, der aus grünen Walnüssen gemacht wird (schmeckt wie eine nettere Sorte Hustensaft), und *Vieille prune* wählen, der aus Reineclauden gebrannt wird und ein wahres Göttergetränk ist. Die in *Eau-de-vie* eingelegten Reineclauden und alle konservierten Früchte, Kirschen, Pflaumen, Aprikosen, selbst Walnüsse aus Sarlat und anderen Städten des Périgord sind es wert, probiert zu werden.

Die Dordogne fließt durch dieses schöne Land, und Barsch, Barbe, Hecht, Karpfen und *La friture de la Dordogne*, ein Mischmasch kleiner, grätenreicher, aber guter Bratfische, stehen oft auf der Speisekarte. Die Fischer haben spezielle schwarze Kähne, die sie mit einem einzigen Ruder gegen den Strom rudern, obwohl sonntags Motorboote mit einem Lärm aufkreuzen, der die Einheimischen erschreckt. Dieses ist ein dramatischer Fluß, der manchmal über Klippen und durch bewaldete Kalksteinschluchten fließt, mit Schlössern hoch oben auf den Felsen, sich zuweilen verbreitert und durch schöne Felder strömt, an Campingplätzen vorbei oder an mittelalterlichen Städten von berückender Schönheit wie Souillac und Saint-Céré. Das Périgord ist auf mancherlei Weise reich und bleibt vor allem eine von Ackerbau und Viehzucht lebende Region.

Mme Valen von der AUBERGE DE LA PORTE DU PRIEURE *in Collonges-la-Rouge hält einen Teller frischer* Merveilles *(links), fritierte Küchlein, deren Butterteig mit Zitronenschale oder Orangenblütenwasser aromatisiert und in Öl gebacken wird, bis sie aufgehen und goldbraun werden. Die* Merveilles *werden, wenn sie noch heiß sind, mit Zucker bestreut.*

Zwei andere Desserts der Gegend (rechte Seite) neben einem Teller Merveilles *(oben) sind* Flognarde *(Vordergrund), ein Obstkuchen mit Äpfeln, Birnen oder Pflaumen, und ein Turm knuspriger* Echaudés, *Butterküchlein, die gebacken werden, bis sie hohl und bröselig werden. Zu allen dreien paßt gut* Vieille Noise, *ein Walnußlikör.*

la vieille noix
crème de noix Louis
LOUIS ROQUE SOUILLAC

TRUFFE EN CROUTE *Trüffeln in Teigtaschen*

Dies ist ein königlicher und außerordentlich köstlicher erster Gang für ein Festmahl (leider sind Trüffeln und *Foie gras* nicht einmal in Périgord Alltagskost). Dieses Rezept stammt vom HÔTEL GOURMET in Beynac et Catenac und wird seinen Erfolg kaum verfehlen.

1 Pâte brisée (s. Anhang), 1 große frische Trüffel
100 g *Foie gras*
2 dünne Scheiben geräucherter, durchwachsener Speck
1 geschlagenes Ei (zum Glasieren)

Den Backofen auf 220° C vorheizen. Die *Pâte brisée* zu einem gleichmäßigen, etwa 3 mm dicken Kreis ausrollen. Die Trüffel putzen und abziehen und die *Foie gras* zu großen Würfeln schneiden. Den Speck dick mit den *Foie gras*-Würfeln belegen und in die Mitte des Teiges legen.

Die Trüffel darauf legen, mit dem Speck einschlagen und die Teigränder anfeuchten, den Teig darüber zu einer Tasche falten. Die Ränder einfalten, um sie zu festigen und die Tasche garnieren, indem man die Ränder mit einer großen Gabel kräuselt. Mit dem geschlagenen Ei bestreichen und vorsichtig auf ein gebuttertes Backblech setzen. 20 bis 25 Minuten backen, die Oberfläche mit einer Folie lose abdecken, wenn sie zu braun wird.

Für 6 Personen – Abbildung Seite 264

MIQUE *Hefekloß mit Pökelfleisch*

1 Päckchen frische oder getrocknete Hefe
500 g Mehl
3 Eier
1 großen Eßlöffel Butter oder Schweinebratenfett
1 Prise Salz
1 kg Pökelfleisch vom Schwein, vorzugsweise Lende
1 große *Andouille* oder Kochwurst
500 g Möhren, Sellerie, Porree und Rüben
1 Kohlkopf

Die Hefe in etwas warmem Wasser auflösen und 15 Minuten an einen warmen Platz stellen. Das Mehl in eine Schüssel füllen und Eier, Butter, aufgelöste Hefe und Salz zugeben. Die Zutaten zu einem Teig verkneten; wenn nötig, mehr Wasser zugießen und gründlich durchkneten. An einem warmen Platz mit einer Plastikhaube bedeckt aufgehen lassen, bis der Teig sein Volumen verdoppelt hat – etwa 3 Stunden.

In der Zwischenzeit das Pökelfleisch in einen großen Topf legen, mit Wasser reichlich bedecken und 2 Stunden kochen. Das Gemüse putzen und schneiden und den Kohl in 6 Stücke schneiden. Die *Andouille* und das Gemüse in den Topf geben.

Den Teig aus der Schüssel nehmen, zu einem Ball formen und leicht in Mehl rollen. Mit dem Fleisch und Gemüse in die brodelnde Flüssigkeit werfen und von einer Seite 30 Minuten kochen lassen, dann umdrehen und weitere 30 Minuten leicht kochen.

Dieser gewaltige Kloß wird in Scheiben geschnitten und heiß serviert und dient statt Brot als Beilage zu Fleisch und Gemüse.

Eine *Mique Sarladaise* ist etwas anders; sie wird aus ½ Pfund altem Brot in kleinen Würfeln zubereitet, das mit 2 Eiern, Salz und einem großen Eßlöffel Bratenfett oder extrem fein gehacktem, fettem Speck vermischt wird. Die Mischung wird zu einem Teig geknetet und zu einem Ball geformt, mit Mehl bestäubt und wie oben in die kochende Brühe gesenkt. Diese Art *Mique* erfordert nur 30 Minuten Kochzeit.

Für 6 Personen – Abbildung links und rechte Seite

POULE AU POT À LA FARCE NOIRE *Huhn mit schwarzer Füllung*

1 großes Suppen- oder Brathuhn mit Innereien und seinem Blut
(1¼ bis 1½ kg) (s. Anmerkung)
100 g frische Brotkrumen
1 gehackte Knoblauchzehe
1 große gehackte Zwiebel
4 Eigelb
Salz, frisch gemahlener Pfeffer
2 Eßlöffel Schweinebratenfett oder Gänseschmalz
5 l kochendes Salzwasser

FÜR DAS POT-AU-FEU
500 g Möhren
500 g Porree
500 g Mangold
500 g Rüben
1 Bouquet garni (s. Anhang)
1 Zwiebel

Leber, Herz und Magen fein hacken. Brotkrumen in Blut einweichen und Leber, Herz, Magen, Knoblauch und Zwiebel dazugeben. Die Mischung mit den Eigelb binden. Mit Salz und Pfeffer würzen und das Huhn mit dieser Mischung würzen. Das Huhn zubinden.

Das *Pot-au-feu* zubereiten: Schweine- oder Gänsefett in einem großen Suppentopf erhitzen und das Huhn von allen Seiten anbräunen. Mit dem kochenden Salzwasser bedecken und köcheln lassen, bis das Huhn zart ist. Die Kochzeit hängt vom Alter des Huhnes ab – ein Suppenhuhn braucht mindestens 3 Stunden. Das Gemüse waschen und putzen. Mit dem Bouquet garni und der Zwiebel 1 Stunde vor dem Servieren in den Topf geben.

Das Huhn heiß, gut abgegossen und in einem Gemüsering servieren. Im Périgord serviert man es mit *Sauce verte*, einer köstlichen dicken, grünen Sauce, die aus fein gehackten Schalotten, Petersilie, Kerbel, Nelken und einem hartgekochten Eigelb besteht, gewürzt mit Salz und Pfeffer und mit Öl und Essig gemischt.

Anmerkung: Wenn man beim Metzger kein Hühnerblut bekommen kann, kann man die Brotkrumen in Milch einweichen und ¼ Pfund gehackten Schinken dazugeben.

Für 6 Personen

FLAN DU PERIGORD *Fladen nach Art Périgords*

Je nachdem, wohin man im Périgord kommt, wird dieser Fladen bei vielen verschiedenen Namen genannt. Etwas dicker, mit mehr Mehl und Milch und mit Rum aromatisiert, wird er zum *Cajassé* von Sarlat. In Limoges ist er, mit zusätzlichen schwarzen Kirschen, der berühmte *Clafoutis*. Schließlich wird er mit Obststücken – Apfel, Birne, Pflaume, Trauben oder Rosinen – die *Flognarde* der Auvergne.

40 g Mehl, 60 g Zucker, 3 Eier, ⅛ l Milch
Geriebene Zitronenschale
4 Eßlöffel Butter

Den Backofen auf 200° C vorheizen. Mehl, Zucker, Eier und Milch zusammenrühren. Mit geriebener Zitronenschale aromatisieren. Den Teig heftig schlagen und noch beim Schlagen in eine gut gefettete Form mit ziemlich hohen Rändern gießen. Butterstückchen darauf verteilen und den Fladen backen, bis er aufgeht und goldbraun wird (etwa 30 Minuten). Der Fladen kann warm oder kalt gegessen werden.

Für 4 Personen – Abbildung Seite 271

MERVEILLES *Fritierte Küchlein*

Dieses süße Gebäck findet man im ganzen Südwesten – und besonders beliebt ist es zum Mardi Gras (Karnevalsdienstag). Das Gebäck hat verschiedene, örtliche Namen, je nach Form: runde sind *Aghulets*, während die langen Streifen *Cambos d'oulos* genannt werden.

500 g Mehl
1 Teelöffel Backpulver (nach Wunsch)
4 oder 5 Eier
100 g weiche Butter oder Schmalz
1 Prise Salz
Den Saft 1 Zitrone oder 1 Eßlöffel Cointreau oder Cognac
Öl (zum Fritieren), Puderzucker zum Abschmecken

Mehl und Backpulver (wenn man es verwendet, wird es die *Merveilles* noch leichter machen) in eine Schüssel sieben und 4 Eier, Butter, Salz und Zitronensaft untermischen. Zu einem weichen Teig kneten, wenn nötig, das restliche Ei hineinschlagen und auf einem mit Mehl bestäubten Brett etwa 5 mm dick ausrollen. In Kreise oder Streifen von etwa 15 mal 2 cm schneiden.

Das Öl in der Friteuse erhitzen; wenn es Blasen wirft, die *Merveilles* hineinwerfen. Sie werden sich aufblähen und sehr schnell bräunen. Sofort umdrehen, mit einem Sieblöffel oder einer Siebkelle herausheben und auf Papiertüchern trocknen. Reichlich mit Puderzucker bestreuen.

Merveilles sind warm besonders köstlich, halten sich aber in einem luftdichten Behälter bis zu 2 Wochen.

Für 8 Personen – Abbildungen Seite 270 und 271

CIVET DE MARCASSIN *Frischling in Rotwein*

Dieses Rezept stammt von der AUBERGE DE LA PORTE-DU-PRIEURNÉ in Collonges-la-Rouge.

1 Hinterteil (Rücken und Keulen) eines jungen Wildschweines
15 g Schweine- oder Gänseschmalz
125 g magerer, durchwachsener Speck, in Streifen geschnitten
6 gehackte Schalotten
1 Eßlöffel Mehl
1 l guter Rotwein
Salz, frisch gemahlener Pfeffer
1 Dutzend Gewürz- oder Silberzwiebeln
500 g frische Steinpilze (oder andere Waldpilze)

FÜR DIE MARINADE
½ l Rotwein
⅕ l Weinessig
¼ l Olivenöl
1 Zwiebel in Ringen
2 Zweige frischer Thymian
1 gepreßte Schalotte
1 feingehackte Knoblauchzehe
1 Möhre in Scheiben
3 Nelken
5 schwarze Pfefferkörner
5 Wacholderbeeren, Salz, ein paar frische Salbeiblätter

Zwei Tage im voraus alle Marinadezutaten in eine große, flache Schüssel füllen. Das Wildschwein in recht große Stücke zerteilen (etwa wie das Rindfleisch für eine *Daube*) und 48 Stunden marinieren, ab und zu wenden.

Das Fleisch abgießen und trocknen, die Marinade aufbewahren. Das Wildschwein in einer sehr großen Kasserolle mit den Speckstreifen in Schmalz anbräunen.

Wenn das Fleisch von allen Seiten gut gebräunt ist, die Schalotten zugeben und weitere 3 bis 4 Minuten schmoren, dabei umrühren. Das Mehl einstreuen und bräunen lassen. Mit Rotwein ablöschen und die durchgeseihte Marinade zugießen. Mit Salz und Pfeffer würzen, den Topf zudecken und 1 Stunde kochen, dann die Zwiebeln zugeben und eine weitere Stunde kochen. Die Pilze zugeben und weitere 30 Minuten köcheln lassen, sehr heiß servieren.

Als Beilagen zum *Civet* Salzkartoffeln oder ein grüner, mit Walnußöl angemachter Salat (nach Möglichkeit Löwenzahn).

Für 6 bis 8 Personen – Abbildung oben

Danksagung

Wie aus meiner Einführung hervorgeht, haben viele anonyme Helfer das Zustandekommen dieses Buches ermöglicht; einigen gebührt besonderer Dank. All meine Dankbarkeit möchte ich dem Manne ausdrücken, der am meisten dazu beitrug, daß dieses Buch möglich wurde: M. Jacques Garai, Chefredakteur von »Marie Claire«, der als erster vorschlug, für seine Zeitschrift jene Reportagen zu machen. Ich bin ihm auch dankbar dafür, daß er Jacqueline Saulnier damit beauftragte, die Regionen Frankreichs zu erforschen und uns durch ganz Frankreich zu begleiten, wobei sie alle Zutaten besorgte, um die Aufnahmen möglich und die Rezepte druckreif zu machen. In der Bretagne erfüllte Georgette Matthews diese Aufgabe bewunderswert, und in der Ile de France Bob Chambers und Beth Gurney.

Als das »London Sunday Times Magazine« 1981 beschloß, das Projekt zu vervollständigen und erneut zu publizieren, übernahm die »Times«-Herausgeberin Susan Hodgart die Aufgabe, die besten Autoren zu finden, um jede Region vorzustellen. Unter der Obhut Michael Rands, des Art Direktors des »Sunday Times Magazine«, wuchs in mir der Gedanke, jene 14 Regionen in Buchform zusammenzufassen. Meine Unerfahrenheit in solchen Angelegenheiten erforderte die Unterstützung meiner vorzüglichen Agenten Peter Schub und Robert Bear. Mit ihrer Anleitung stieß ich schließlich auf den Verleger, der mir die Freiheit ließ, den Weg dieses Buches selbst zu bestimmen. Mit der unerläßlichen Hilfe des Art Direktors Nai Chang, des Graphikers Jim Wageman und insbesondere des Herausgebers Leslie Stoker, der nie zu lächeln aufhörte, während er den Text redigierte, ist dieses Buch zustandegekommen.

Ein Großteil des Verdienstes geht an die Küchenchefs, die Köche und das Personal der Restaurants, die ich im Text nicht mehr erwähnen konnte. Ich zähle sie nicht ihrer Bedeutung nach auf, sondern in der Reihenfolge, wie wir sie kennenlernten: in Collognes bei Lyon Paul Bocuse, Küchenchef, Fotograf und *le maître, l'empereur* seines Standes; Roger Vergé, Besitzer und Küchenchef des bekannten Au Moulin de Mougins; M. Hure, ein bemerkenswerter und geduldiger Gastgeber in seinem erstklassigen Hôtel de la Poste in Avallon; Patrick Lefèvre, Besitzer der schönen Grange de Meslay in Tours; die Brüder Haeberlin von der Drei-Sterne-Auberge de l'Ill in Illhaeusern im Elsaß; Yves und Marie Luce Mesnard, die Wirte des Restaurant de la Gironde in Bordeaux; Marc Chevillot, ein großer Küchenchef, ein teurer Freund und der Besitzer des reizenden Hôtel de la Poste in Beaune; Albert Augereau und sein Sohn Michel vom Hôtel Jeanne de Laval in Les Rosiers; und André Bonnaure vom Restaurant Le Maillon in Carcassonne, der uns mit zwei sehr guten Köchen im Languedoc, Pierre und Fauchon Vaquer in Preixan, bekannt machte. Von all diesen Leuten, die unserem Unterfangen so viel Zeit, Mühe und Wissen widmeten, wurden wir stets mit großen Enthusiasmus empfangen. Ich fürchte, daß ich – nach zehnjähriger Arbeit und so vielen denkwürdigen Mahlzeiten – einige vergessen habe. Ich bitte um Verzeihung!

Schließlich widme ich dieses Buch in tiefer Dankbarkeit meiner Frau Jeannette, die nicht nur Einfühlungsvermögen und Geschmack, sondern auch Geduld und – beim Reisen mit mir – ihre navigatorischen Fähigkeiten beisteuerte, sowie unserer Tochter Babette, deren reifes Hinnehmen unserer vielen langen Trennungen uns nur einander näher brachte.

Anhang

BOUQUET GARNI *Kräuterbündel*

Aromatische Kräuter oder Pflanzen werden zu einem kleinen Strauß gebunden und benutzt, um Eintöpfen und Saucen Geschmack zu geben.

3 oder 4 Zweige Petersilie
⅓ bis ½ Lorbeerblatt
2 Zweige frischer Thymian oder ⅛ Teelöffel getrockneter Thymian

Die Kräuter mit einem Faden zusammenbinden. Wenn man getrockneten Thymian verwendet, die Kräuter in ein kleines Quadrat oder ein Säckchen aus Pergamentpapier einschlagen und mit dem Faden zubinden.
Ergibt 1 Bouquet

CREME FRAICHE

Diese charakteristische französische Sahne, die mit einer besonderen Kultur fermentiert wird, bis sie dick wird, hat fast einen Nußgeschmack. Wenn auch kommerziell produzierte Crème fraîche hierzulande erhältlich ist, so ist sie doch nicht mit der französischen Version zu vergleichen. Als Ersatz kann man fette Schlagsahne nehmen, die ebenfalls 30 Prozent Fettgehalt hat; um einen authentischen Geschmack zu erhalten, versuche man folgendes Hausmacher-Rezept.

1 Tasse Schlagsahne (¼ l)
1 Teelöffel Buttermilch (5 ml)

Sahne und Buttermilch in einem sauberen Einmachglas zusammengießen und dicht verschließen. Das Glas an einen warmen Platz wie über die Zündflamme eines Gasherdes oder über die elektrische Backröhre eines Elektroherdes stellen, 6 bis 8 Stunden, bis die Sahne dick wird. Sie kann im Kühlschrank aufbewahrt werden (dort wird sie weiter dick werden), wo sie sich ungefähr eine Woche hält.
Ergibt 1 Tasse

CROUTONS

Brot-Croûtons, die man als Garnierung für delikate Gerichte benutzt, können, wie in diesem Rezept, in einem Butter-Öl-Gemisch oder in geklärter Butter gebraten werde. Wenn die Croûtons als Beilage zu Gerichten mit starkem Eigengeschmack gereicht werden, kann man die Brotwürfel auch in Olivenöl braten. Croûtons können auch getoastet statt gebraten werden; dafür verteile man die Würfel auf ein ungefettetes Backblech und toaste sie im auf 200° C vorgeheizten Ofen von jeder Seite 2 bis 3 Minuten.

2 Scheiben festes Weißbrot vom Vortag, 1 cm dick
50 g Butter
1/20 bis ⅛ l Bratöl

Die Krusten abschneiden und die Brotscheiben in Würfel schneiden (oder die für das jeweilige Rezept erforderliche Form). In einer großen Pfanne die Butter zerlassen und die Hälfte des Öls erhitzen. Wenn das Butter-Öl-Gemisch heiß ist, das Brot dazugeben und die Hitze steigern. Die Würfel von allen Seiten gleichmäßig anbräunen und, wenn nötig, Öl nachgießen, damit sie nicht anbrennen. Wenn sie servierfertig sind, auf Papiertüchern trocknen lassen. (Wenn man sie im voraus machen möchte, einfach vor dem Servieren im Ofen aufwärmen.)
Ergibt etwa 1 Tasse

GEFLÜGEL ENTBEINEN

Den Vogel mit der Brust nach unten hinlegen und mit einem langen, scharfen Messer die Haut in der Mitte des Rückens auf der ganzen Länge aufschlitzen. An beiden Seiten des Rückgrates entlang abwärts schneiden, bei der Halsgrube beginnen, dabei Haut und Fleisch ablösen, bis man zum Hüftgelenk kommt. Das Messer zwischen Gelenkkugel und Pfanne schieben und drehen, um den Schenkel abzuhebeln. Das andere Gelenk ebenso auslösen. Das Messer in entgegengesetzter Richtung zum Hals hin ziehen, bis der Schulterknochen völlig frei liegt. Ebenso mit dem anderen Schulterknochen verfahren. Die Flügelgelenke durchtrennen und weiterschneiden, dabei die Knochen soweit wie möglich vom Fleisch lösen, bis man das Brustbein erreicht. Das Skelett anheben, dabei alles restliche Fleisch abschneiden (ohne die Brust zu durchbohren). Zum Schluß das Skelett am Schwanz abschneiden, so daß es sich völlig von Fleisch löst. Dann die Beinknochen vom Körper lösen, dabei von innen beginnen. Das Fleisch abschaben, dabei die Haut so intakt wie möglich lassen, indem man jeden Knochen mit dem Messer entlangfährt. Die Flügelknochen wie die Beinknochen auslösen. Nun ist der Vogel fertig zum Füllen.

KALBSBRÜHE

1½ kg mageres, rohes Beinfleisch vom Kalb und 2 kg gespaltene rohe Kalbsknochen
2 mittelgroße geschälte Möhren
2 mittelgroße geschälte Zwiebeln
2 mittelgroße Selleriestauden
2 Teelöffel Salz
¼ Teelöffel getrockneten Thymian
1 Lorbeerblatt
6 Zweige Petersilie
2 Knoblauchzehen, ungeschält
2 ganze Nelken
2 geputzte Porreestangen (nach Wunsch)

Fleisch und Knochen in einen Suppentopf legen und mit Wasser bedecken. Die Flüssigkeit bei mäßiger Hitze langsam zum Sieden bringen. Während der ersten 5 Minuten jeglichen Schaum abschöpfen, solange, bis sich fast keiner mehr bildet.

Gemüse und Salz zugeben. Kräuter und Gewürze in ein Stück Pergamentpapier einschlagen und ebenfalls zugeben. Wenn das Wasser die Zutaten nicht mindestens 2 cm überdeckt, Wasser zugießen. Hitze bis zum Siedepunkt reduzieren, wenn nötig, abschöpfen und den Topf teilweise zudecken. Die Flüssigkeit mindestens weitere 5 Stunden köcheln lassen. Wenn das Wasser die Zutaten nicht mehr bedeckt, nachgießen. Wenn der Geschmack intensiv genug ist, die Brühe in eine Schüssel durchseihen. 5 Minuten setzen lassen und das Fett mit einem Papiertuch abschöpfen oder kühlen und das Fett abnehmen. Die entfettete Brühe abschmecken, wenn das Aroma zu schwach ist, noch etwas mehr einkochen.

Ergibt 2 bis 3 l

Anmerkung: Im französischen Haushalt werden kleinere Mengen Kalbsbrühe oft folgendermaßen zubereitet: Ein Stück Kalbsbraten, in Würfel geschnitten, mit den weißen Teilen einer Porreestange in feinen Scheiben, einer Möhre und einer Selleriestaude in Scheiben und einem Bouquet garni in ein wenig Schweine- oder Gänseschmalz anbraten. Mit Salz und Pfeffer würzen, 4 Tassen Wasser zugießen und mindestens 1 Stunde köcheln lassen.

PATE BRISEE *Mürbeteig*

250 g Mehl
½ Teelöffel Salz
125 g Butter (kalt und fest)
60 bis 90 ml Wasser

Das Mehl in eine Schüssel sieben und das Salz zugeben. Dann die Butter darauflegen und mit dem Messer in Stücke schneiden. Die kalte Butter ins Mehl schneiden, bis die Stückchen der Mischung erbsengroß sind. Diese Stückchen zwischen Daumen und Fingern reiben, bis das Fett die Konsistenz von Cornflakes hat. (Die Mischung sollte nicht wie feine Brotkrumen aussehen, was den Teig zu schwer macht für die lockere Kruste, die er bilden soll.) Genug Wasser zugießen, um die Zutaten zu vermengen (aber nicht zuviel, da die Mischung zu klebrig und elastisch wird) und mit den Händen den Teig kneten, bis er beginnt, zusammenzuhalten. Die Masse schnell zu einem Ball formen und in Cellophan- oder Pergamentpapier einschlagen. Einige Stunden oder über Nacht in den Kühlschrank stellen. Den Teig zu einem etwa 3 mm dicken Kreis ausrollen, der etwa 5 cm größer ist als die Form, und den überschüssigen Teig abschneiden.

Ergibt einen 20- bis 25-cm-Boden.

Anmerkung: Wenn das Rezept vorschreibt, den Boden blindzubacken (vor dem Füllen halbgar backen), was einen weichen und matschigen Boden verhindert, ist folgendes zu tun: Die Form mit Teig ausfüttern, den Boden mit einer Gabel einstechen und den Teig mit Aluminiumfolie bedecken, diese auch an den Seiten hochführen. Dann die Form mit getrockneten Bohnen oder Reis füllen, um den Teig niederzuhalten. Im auf 220°C vorgeheizten Ofen 12 bis 15 Minuten backen, bis der Teig leicht gebräunt ist. Die Bohnen und die Folie herausnehmen und noch ein paar Minuten backen, damit auch der Boden leicht golden wird.

PATE BRISEE SUCREE *Süßer Mürbeteig*

200 g Mehl
100 g weiche Butter
3 Eigelb
75 g Zucker
1 Prise Salz
Ein wenig geriebene Zitronenschale
1 Eßlöffel Brandy

Das Mehl in eine Schüssel sieben, eine Senke in der Mitte formen und die weiche Butter, die Eigelb, Zucker, Salz und Zitronenschale dazugeben. Den Brandy zugießen und alles mit den Fingerspitzen schnell und leicht vermengen, nach und nach das Mehl einrühren. Wenn die Mischung klumpig wird, zu einem Ball formen, wenn sie zu trocken ist, einen Eßlöffel Wasser daraufträufeln. Gut durcharbeiten, indem man die Masse – jeweils ein paar Löffel voll – mit der Handfläche über den Arbeitstisch schmiert. Mit einem Spachtel aufnehmen und in Plastikfolie gehüllt 30 Minuten kühlen. Den Teig zu einem etwa 3 mm dicken Kreis ausrollen, der etwas größer als die Form ist, und den überschüssigen Teig abschneiden. Zum Blindbacken des Bodens siehe das Rezept für Pâte brisée, sonst folge man den Anweisungen des jeweiligen Rezepts zum Füllen und Backen.
Ergibt etwa einen 20-cm-Boden

Glossar

der in diesem Buch häufig vorkommenden Fachbegriffe

Beurre blanc	Im Wasserbad geschlagene Soße aus Butter, Schalotten und Weißwein oder Essig
Beurre manié	Mit Mehl verknetete Butter, die in kleinen Portionen unter kochende Flüssigkeit geschlagen wird, um diese zur Soße zu binden
Blanchieren	Kurzes Abbrühen oder Abkochen von Lebensmitteln
Confit	Gänse-, Schweine- oder Entenfleisch, das in seinem eigenen Fett zubereitet und konserviert wird
Court bouillon	Sud aus Fischköpfen und -gräten, mit Wasser, Wein, Gemüsen und einem Bouquet garni zum Pochieren von Fisch
Daube	Schmorgericht, Eintopf
Dressieren	Festbinden von Flügeln und Keulen, um Geflügel beim Braten eine schöne Form zu geben
Duxelles	Champignons de Paris und Schalotten, kleingehackt und in Butter geschmort
Eau-de-vie	Klarer Obstschnaps, der aus Stengeln, Kernen, Schalen und Fruchtfleisch von Pflaumen, Birnen, Äpfeln, Trauben, Mirabellen u. a. hergestellt wird
Foie gras	Stopfleber; Leber von Enten und Gänsen, die so gemästet wurden, daß die Leber übergroß angeschwollen ist
Fumet	Essenz, konzentrierter Fond aus passiertem, mit Wein, Kräutern und Gemüsen zubereitetem Sud von Fisch- oder Wildresten
Pfeilwurz	Gewürz aus Westindien, ähnlich dem Sago, kommt als Tapioka in den Handel, zum Binden von Saucen
Pochieren	Garen in siedendheißer, nicht kochender Flüssigkeit
Verjus	Saft von noch unreifen Trauben

Register

WILDGERICHTE

GEFLÜGELGERICHTE

INNEREIEN

GEMÜSEGERICHTE UND PILZE

SÜSS-SPEISEN

BACKWAREN